SINA HAGHIRI

Mit Nachsicht

SINA HAGHIRI

Mit Nachsicht

Wie Empathie uns selbst und vielleicht sogar die Welt verändern kann

KÖSEL

Die therapeutischen Fallbeispiele in diesem Buch sind im Wesentlichen so geschehen, wie hier wiedergegeben. Aus Gründen des Personenschutzes sind jedoch Namen und weitere Identifikationsmerkmale so verfremdet worden, dass die beschriebenen Personen nicht erkennbar sind.

FSC www.fsc.org MIX Papier | Fördert gute Waldnutzung FSC® C083411

Penguin Random House Verlagsgruppe FSC® N001967

Redaktion: Julia Sterthoff
Umschlag: zero-media.net, München
Umschlagmotiv: Katrin Schubert
Satz: Satzwerk Huber, Germering
Druck und Bindung: CPI books GmbH, Leck
Printed in Germany
ISBN 978-3-466-37320-8

www.koesel.de

Inhalt

Vorwort		**9**
Kapitel 1	**Der Mensch ist dem Mensch ein Wolf …**	**15**
Kapitel 2	**… zumindest so lange, bis man sich kennt**	**41**
Kapitel 3	**Hauptsache überleben**	**81**
Kapitel 4	**Die süße Gefahr**	**93**
Kapitel 5	**Willkommen im Internet**	**113**
Kapitel 6	**Der Teufelskreis der Distanz**	**143**
Kapitel 7	**What's in it for me?**	**159**
Kapitel 8	**Der Klügere ~~gibt~~ sieht nach. Die Stärkere auch.**	**173**
Kapitel 9	**How to Nachsicht**	**211**
Kapitel 10	**Wut**	**239**
Danke		**253**
Bildnachweise		**255**
Anmerkungen		**257**

Für alle, die sich bemühen
und manchmal zweifeln.

Vorwort

Frau Knöll und ich stehen im Zwischengeschoss einer belebten Haltestelle. Sechs U-Bahnlinien, fünf Straßenbahnen und zwei Buslinien treffen hier aufeinander. Über 100 000 Fahrgäste steigen pro Tag ein, aus oder um. Frau Knöll hält in ihrer Hand einen Einhandzähler, ein kleines metallenes Gerät mit Ziffernblatt, dessen Anzeige man per Daumenklick um eine Zahl erhöhen kann. Bei Veranstaltungen kann Security-Personal mit solchen Geräten zum Beispiel den Überblick darüber behalten, wie viele Gäste bereits den Saal betreten haben.

Frau Knöll ist mittleren Alters und wird immer wieder von einer diffusen, gedrückten Stimmung heimgesucht. Als sie sich vor drei Monaten an mich gewendet hat, berichtete sie mir, dass sich ihr Zustand über die Jahre eher verschlechtert habe. Sie stecke häufiger und länger in diesen schlechten Phasen und wolle etwas dagegen unternehmen.

Wir stehen im Zwischengeschoss, um eine ihrer mittlerweile fest verankerten Annahmen zu überprüfen. Sie meint, die meisten Menschen seien heutzutage rücksichtslos und würden nur auf sich selbst achten. Wer in dieser Gesellschaft sensibel sei, habe keine Chance. Frau Knöll hat viele solcher Grundannahmen über sich und andere, die ihr Erleben und Verhalten prägen. Ich werde sie mit dieser Intervention nicht vom Gegenteil überzeugen, aber vielleicht setzen wir einen ersten Impuls. Denn immer, wenn mein

Glauben an die Menschheit schwindet, mache ich die Übung auch selbst im Geiste: Frau Knöll soll jedes Mal, wenn sie jemanden beobachtet, der* sich rücksichtsvoll verhält, den Klicker in ihrer linken Hand betätigen.

Zunächst scheint sie solche Menschen nicht zu bemerken – auch das ist eine Folge ihrer Grundannahmen und ihres aktuellen Befindens, eine Art Symptom. Ich erinnere sie noch einmal an unsere Aufgabe und lenke ihre Aufmerksamkeit auf die vielen Leute, die anderen den Vortritt auf der Rolltreppe lassen. Menschen, die Platz für andere beim Aussteigen machen und geduldig abwarten oder eine Tür aufhalten. Sie klickt los: 1, 2, 3, 4. Jemand rennt einer Person hinterher, um ihr den aus der Tasche gefallenen Schal zu bringen. Klick. Eine junge Frau hilft einem älteren Herrn dabei, sein Fahrrad auf der Rolltreppe zu stabilisieren. Klick. Jemand geht unaufgefordert auf zwei orientierungslos wirkende Reisende zu und bietet Hilfe an. Klick. Nach dreißig Minuten klickt der Einhandzähler in ihrer linken Hand zum 44. Mal. Halbzeit und Handwechsel. Mit dem Klicker in der rechten Hand soll Frau Knöll nun alle negativen Verhaltensweisen zählen. Rücksichtslose Menschen, unhöfliches Verhalten und gefährliche Situationen, die durch Nachlässigkeit entstehen. Sie betätigt den Klicker zum Beispiel, als ein Jugendlicher noch in die U-Bahn hechtet, während die Türen sich schon schließen und die Weiterfahrt dadurch verzögert.

Ich hatte Frau Knöll in der ausgiebigen Vorbesprechung der Übung unter anderem gebeten, eine Schätzung abzugeben. Wie wird das Verhältnis der positiven und negativen Beobachtungen

---

* Aus Gründen der besseren Lesbarkeit wird bei der Nennung von Personen- und Berufsbezeichnungen größtenteils auf eine explizite Differenzierung der Geschlechter verzichtet. Es werden randomisiert verschiedene Pronomen verwendet, es sind natürlich ausdrücklich alle Personen angesprochen.

am Ende sein? Mindestens ausgeglichen, meinte sie. So wie sie diese U-Bahnstation kenne, wahrscheinlich deutlich negativer.

Nach einer Stunde stellen wir die Zahlen gegenüber: in der linken Hand stehen 44 Klicks. In der rechten sind es sechs. Frau Knöll fängt an zu weinen.

Dabei sind die Zahlen nicht überraschend. Das ist nicht nur meine persönliche Erfahrung, es gibt sogar einen tragischen, wissenschaftlichen Beleg dafür, dass fremde Menschen selbst unter furchtbaren Umständen sehr viel besser zueinander sind, als Frau Knöll vermutet. 2005 gab es eine Serie von Terroranschlägen in London, Selbstmordattentäter zündeten insgesamt vier Bomben in U-Bahnen und einem Bus. 52 Menschen starben, viele hunderte weitere wurden verletzt. Eine Forschungsgruppe der University of Sussex analysierte, wie sich die verunsicherte Londoner Bevölkerung verhielt.[1] Die Wissenschaftler werteten über zweihundert Berichte aus unterschiedlichen Quellen über das Verhalten in den U-Bahnschächten direkt nach den Anschlägen aus. Sie analysierten Aussagen Betroffener aus Zeitungsberichten, lasen Zeugenaussagen, die direkt im Anschluss an die Katastrophe gemacht wurden und führten selbst ausführliche Interviews. Sie kamen zu einem eindeutigen Ergebnis:

Nur achtzehn Menschen berichteten von annähernd egoistischem Verhalten. Die Zahl ist großzügig gewertet. Es ging zum Beispiel darum, dass vier Menschen sich selbst als egoistisch bezeichneten, da sie »nicht genug« geholfen hätten. Jemand anderes störte sich daran, dass ein Passagier zu sehr in sein Telefon vertieft gewesen sei.

Mehr als zweihundert Personen hatten dagegen gesehen, wie jemand anders sich hilfreich verhielt. Sie beobachteten, wie Menschen jemanden tröstend umarmten, anderen Mut zuredeten oder den Vortritt ließen, sich gegenseitig über Hindernisse halfen oder andere aus Trümmern herauszogen. Das alles taten sie, während sie in großer Angst um ihr eigenes Wohl waren. Warum hat Frau Knöll im ganz normalen Alltag trotzdem etwas ganz anderes, etwas Schlechteres, von ihren Mitmenschen erwartet?

Es ist nicht ihre Schuld, dass sie sich so verschätzt hat. Der Kontext, in dem sie aufgewachsen ist und die Zeit, in der sie jetzt lebt, haben Druck auf sie ausgeübt. Und nicht nur auf sie. Für uns alle ist die Versuchung groß, Misstrauen gegenüber anderen zu entwickeln. Die Welt als kalten Ort zu sehen, in der andere Personen eine mögliche Gefahr darstellen, vor der es sich zu schützen gilt.

Für dieses Welt- und Menschenbild lassen sich unzählige vermeintliche Belege finden. Die Literatur des zwanzigsten Jahrhunderts beschrieb den Menschen oft als Wesen voll niederträchtigster Instinkte, die nur unter dem Mantel der Zivilisation zurückgehalten werden können. Die Sozialpsychologie untermauerte diese Annahme zeitgleich mit Experimenten, deren Ergebnisse zu den am meisten verbreiteten Werken der gesamten Psychologie gehören. Und heute liefert jede Tageszeitung und Nachrichten-App 24 Stunden am Tag weitere Hinweise darauf, dass die Welt ein gefährlicher Ort ist. Verbrechen, Katastrophen und Konflikte soweit das Auge reicht.

Wie könnten wir unter diesem Eindruck anders, als misstrauisch oder zumindest vorsichtig auf andere zuzugehen? Es kann uns dann jedoch sehr leicht passieren, dass wir anderen Menschen böse Absichten unterstellen und ihr Verhalten als Bestätigung eben dieser vermuteten Intentionen interpretieren. Auf gesellschaftlicher Ebene werden die Gräben dadurch immer tiefer. Menschen übernehmen Ressentiments, sehen sie durch Einzelfälle bestätigt und übertragen sie auf ganze Gruppen. Auf individueller Ebene lösen wir gerade durch diese Erwartungshaltung oft erst die irritierten Reaktionen beim Gegenüber aus. Andere Menschen nehmen Abstand von uns – häufig, ohne dass wir es bemerken –, da sie es uns kaum recht machen können. Das verstehen wir wiederum als Beleg dafür, dass wir uns nicht auf sie verlassen können. Ein sich selbst verstärkender Teufelskreis beginnt. Und wir sind gerade dann anfällig für den ersten Schritt hinein, wenn es uns selbst am schlechtesten geht und wir ihn am wenigsten gebrauchen können.

Bei Frau Knöll war es eine Trennung, es hätte aber auch eine Erkrankung, ein Unfall oder jede andere Krise sein können. Es ist ihr zu dem Zeitpunkt nicht bewusst gewesen, aber mit einigen Jahren Abstand sieht Frau Knöll, dass sie damals zutiefst verletzt und darum nicht sie selbst gewesen ist. Sie steckte unverschuldet und hilflos in einer katastrophalen Situation, in der sie keinen Zugriff mehr auf ihre normale Kraft und Gelassenheit hatte. In ihrer Not stiegen ihre Erwartungen an die Menschen in ihrem Umfeld, gleichzeitig wurde sie in ihrem Urteil immer härter mit anderen. Sie wurde dünnhäutiger, reagierte gereizter und interpretierte das Verhalten anderer immer skeptischer. Wurde ihr Hilfe angeboten, war es die falsche Art von Hilfe. Meldete man sich zu oft bei ihr, meinte sie, man mache ihr Druck. Ließen ihre Freunde sie stattdessen in Ruhe, fühlte sie sich von ihnen im Stich gelassen. Ist das allein ihr vorzuwerfen? Oder ist es allein ihrem Umfeld anzulasten? Natürlich weder noch.

Ihre persönlichen Lebenserfahrungen und ihre Prägung durch das Menschenbild, das ihr durch den öffentlichen Diskurs über Jahrzehnte vermittelt worden ist, haben ihren Teil dazu beigetragen. Die unauflösbare Schuldfrage bringt Frau Knöll sowieso nicht weiter, sie hätte auch damals nichts verbessert. Aber wie jeder Teufelskreis lässt sich auch dieser durchbrechen. Was hätte in dieser Situation geholfen? Was hätte verhindert, dass sie sich immer weiter isoliert?

Nachsicht, auf beiden Seiten. Von ihrem Umfeld, für ihre Notlage und Hilflosigkeit. Aber auch von ihr, dafür, dass auch ihr Umfeld manchmal unbeholfen reagiert und nicht genau so, wie sie es sich wünscht.

Ich mache die kleine Zähl- und Beobachtungsübung häufig. Sie behebt nicht das Problem, aber sie bereitet den Weg, um Nachsicht zu entwickeln. Sie ist ein Beginn, um langsam an unserem Weltbild zu arbeiten, um die Welt nicht mehr nur als Haifischbecken wahrzunehmen, sondern als durchaus schwierigen und harten Ort, in dem aber jeder und jede von uns mit dieser Härte zu kämpfen hat. Und das ist schwer, besonders, wenn wir diese Härte gerade abbekommen haben. Wenn wir uns allein fühlen und nicht verstehen, warum es andere so leicht haben im Leben. Aber selbst, wenn es so aussieht, als ob sich jemand anders leichttut, kennen wir die Person wahrscheinlich einfach nicht gut genug, um auch ihre Ängste, Sorgen und Unzulänglichkeiten zu erahnen.

Mit einem nachsichtigeren Menschenbild gehen wir davon aus, dass uns genauso wie anderen aufgrund dieser Unzulänglichkeiten, aufgrund der Hilflosigkeit und den unzähligen komplexen Problemen, die uns allen begegnen, Fehler passieren werden. Fehler, die andere Menschen verletzen, ohne dass dies Absicht gewesen ist. Und weil wir alle schon mal jemanden verletzt haben und das auch in Zukunft wieder tun werden, egal, wie sehr wir uns bemühen, ist es Nachsicht, die wir dringend brauchen. Von anderen – aber auch *für* andere. Denn dann gelingt es uns, auch Nachsicht mit uns selbst zu entwickeln.

Kapitel 1

Der Mensch ist dem Menschen ein Wolf …

Am Anfang einer Psychotherapie stehen meistens Symptome. Patientinnen wie Frau Knöll wenden sich an mich und berichten von Stimmungsschwankungen, Ängsten, Antriebsverlust oder Schlafproblemen. Um diese Symptome effektiv behandeln zu können, ist es fast immer notwendig, ihre Entstehung zu verstehen. Darum beginnt die eigentliche Psychotherapie zumeist mit einer über mehrere Sitzungen dauernden, ausführlichen Anamnese. Dabei werden zum Beispiel sogenannte *Glaubenssätze* identifiziert. Das sind Überzeugungen, die wir im Laufe unseres Lebens erwerben und die unser Denken, Fühlen und Handeln beeinflussen. Sie können hilfreich oder auch destruktiv sein. Sie zu verändern ist nicht leicht, aber möglich. Dazu müssen wir jedoch ein Verständnis dafür entwickeln, wie sie zustande gekommen sind. Unsere biologischen Veranlagungen, zentrale Personen, prägende Erfahrungen und Lebensbedingungen spielen dabei eine Rolle.

Über die Jahre ist mir besonders eine solche grundsätzliche Annahme in der Arbeit mit psychisch belasteten Menschen immer häufiger aufgefallen. Die Menschen (die anderen!) seien rücksichtslos und egoistisch. Dieses zynische Gefühl gegenüber der Gesellschaft ist so destruktiv für das eigene Empfinden, Denken und Handeln, dass man es selbst als Symptom betrachten kann. Es scheint mittlerweile so weit verbreitet zu sein, dass es sich lohnt, analog zum individuellen Vorgehen der biografischen Anamnese einen Blick auf unsere gemeinsame, gesellschaftliche Biografie zu werfen.

In der Einzelpsychotherapie schauen wir auf unsere Eltern, Geschwister, Lehrerinnen und Freunde, deren Ansichten wir vielleicht schon früh und unabsichtlich übernommen haben. Was haben sie uns gelehrt? Auf gesellschaftlicher Ebene sind es selten Einzelpersonen, es sind Institutionen, Disziplinen und Organisationen. Religion, Regierungen, politische Ideologien, Wissenschaft und Kultur. Um die gegenwärtigen Symptome, Frau Knölls latente Melancholie und den weitverbreiteten Pessimismus in Bezug auf den gesellschaftlichen Zusammenhalt, zu verstehen, müssen wir deshalb zurück in die Zeit, in der unser gesamtgesellschaftliches Menschenbild entscheidend geprägt worden ist – das war insbesondere Mitte und Ende des zwanzigsten Jahrhunderts. Eine Zeit, in der Wissenschaft und Kultur danach strebten, uns das wichtige Gut der Selbsterkenntnis näherzubringen. Und dafür ganz neue Wege gingen.

Psychologie als Wissenschaft

Die Geschichte der Psychologie als Wissenschaft ist noch jung. Erst Ende 1875 gründete Wilhelm Wundt das weltweit erste Psychologische Institut an einer Universität. In den folgenden Jahrzehnten bemühten sich viele Vertreter der Psychologie, sie von einer eher spekulativen, philosophischen Disziplin hin zu einer empirischen Naturwissenschaft zu entwickeln. Gelungen ist dies zunächst vor allem den sogenannten Behavioristen.

Der Behaviorismus ist die psychologische Schule, die sich auf das Verhalten als Hauptobjekt der Studien konzentriert. Gedanken oder Emotionen spielen hierbei keine Rolle, das Verhalten soll nur durch äußere Faktoren erklärt werden. Das bekannteste Beispiel ist vermutlich Iwan Petrowitsch Pawlow, der Hunde so konditionierte, dass ihnen der Speichel im Mund lief, wenn sie Glockenläuten hörten. Sein geistiger Nachfolger Burrhus Frederic Skinner arbeitete lieber mit Ratten und Tauben. Er prägte ihnen unterschiedliche Verhaltensweisen ein. Dabei war er so erfolgreich, dass das amerikanische Verteidigungsministerium ihn mit 25 000 Dollar unterstützte, damit er Tauben beibringt, Lenkraketen zu steuern. Obwohl es ihm gelungen ist, einen funktionstüchtigen Prototyp inklusive Taubenpiloten vorzustellen, wurde diese aus heutiger Sicht natürlich absurd anmutende Idee letztlich nicht weiterverfolgt. Die Tauben lernten stattdessen Tischtennis zu spielen.

John Broadus Watson waren Tier-Experimente nicht genug. Er war davon überzeugt, dass er, würde man ihm vollkommen freie Hand lassen, theoretisch jedes Kind »so trainieren kann, dass aus ihm jede beliebige Art von Spezialisten wird – ein Arzt, ein Rechtsanwalt, ein Kaufmann und, ja, sogar ein Bettler und Dieb, ganz unabhängig von seinen Talenten, Neigungen, Tendenzen, Fähigkeiten, Begabungen und der Rasse seiner Vorfahren.«[1] Dieses Selbstbewusstsein erlangte er durch Experimente wie bei seiner Little-Albert-Studie. Dabei zeigte er einem Kleinkind namens Albert eine weiße Ratte, auf die dieser zunächst gleichgültig reagierte. Watson schlug dann jedes Mal, wenn die Ratte wieder zu sehen war, mehrfach auf einen Metallstab und erzeugte dabei ein für das Kind sehr unangenehmes und erschreckendes Geräusch.

Nach mehreren Wiederholungen zeigte Albert starke Angstreaktionen bei der bloßen Sichtung der Ratte, aber auch bei ähnlichen weißen Gegenständen. Der kleine Albert hatte eine Phobie entwickelt und wurde so auch wieder nach Hause geschickt.

Watson wurde mit diesem Experiment berühmt. Glücklicherweise würde der Versuchsaufbau heute aus ethischen Bedenken so nicht mehr durchgeführt werden können, doch zu Watsons Zeit wurden nur wenige Bedenken dazu geäußert, einen Säugling geplant und wiederholt in Angstzustände zu versetzen. Watson verlor seine Professur später trotzdem, aufgrund eines Verhältnisses mit einer Mitarbeiterin. Er wechselte in die Werbebranche.

Rivalität im Haus der Psychologie

Parallel zur Entwicklung der Psychologie an den Universitäten setzten sich Sigmund Freud, dessen Psychoanalyse und ihre Vertreterinnen im klinischen Alltag durch. Die Psychoanalyse basiert auf der Annahme, dass das Verhalten und die emotionalen Probleme eines Menschen auf unbewusste Konflikte und Traumata, zumeist aus der Kindheit, zurückzuführen sind. Um diese zu verstehen, ließ Freud seine Patientinnen und Patienten frei über deren Gedanken, Erinnerungen und Träume sprechen. Mitte des zwanzigsten Jahrhunderts dominierte die psychoanalytische Methode die Praxen. Sigmund und seine Tochter Anna Freud, Melanie Klein und Carl Gustav Jung gehörten zu den bekanntesten intellektuellen Persönlichkeiten ihrer Zeit und weckten das Interesse der breiten Öffentlichkeit weit über ihr eigenes Fachgebiet hinaus.

Ihre Arbeit wurde jedoch auch damals schon kontrovers diskutiert. Die Kritik an Freud und seinen Theorien kam vor allem aus nächster Nähe, von Seiten der universitären Psychologie und den bereits erwähnten Behavioristen. Skinner und Watson lehnten die psychoanalytischen Hypothesen strikt ab. Der Mensch, so die Kritiker der Psychoanalyse, solle durch objektive Beobachtungen und Experimente untersucht werden, sein Verhalten könne nicht auf unbewusste Motive zurückgeführt werden. Diese seien nicht messbar und damit weder empirisch noch wissenschaftlich.

Trotz dieser Einwände erlangten Sigmund Freud und seine Kollegen die Aufmerksamkeit der Weltöffentlichkeit, Freud avancierte gar zu einer Art Popstar und schaffte es gleich zweimal auf das Cover des *Time Magazine*.[2] Das lag unter anderem daran, dass er sehr viel weitreichendere Erklärungen über den Menschen liefern konnte als Pawlow, Watson und Skinner. Ein speichelnder Hund? Eine Tischtennis spielende Taube? Ein Kind, das sich vor Ratten erschreckt? Banal im Vergleich zu Freud, der sich selbst in einer Reihe mit den großen Denkern Nikolaus Kopernikus und Charles Darwin sah.[3]

Die Menschheit, erklärte Freud, habe drei große Kränkungen erfahren. Die kosmologische Kränkung durch Kopernikus, der uns zeigte, dass wir nicht der Mittelpunkt des Universums sind. Die biologische Kränkung durch Darwin, der uns auch noch die übergeordnete Rolle auf der Erde wegnahm. Seitdem wissen wir, dass wir keine einzigartigen, gottgleichen Wesen auf dem Planeten sind, sondern einfach nur Verwandte der Affen und sonstigen Tiere um uns herum. Und Freud selbst habe uns mit der schmerzhaften Einsicht konfrontiert, dass der Mensch nicht einmal »Herr sei in seinem eigenen Haus«, was er als die letzte und größte, die psychologische Kränkung sah.

Gut möglich, dass bei derart grandiosen Erfolgen seinerseits auch die ihm gegenübergestellte wissenschaftliche Psychologie gekränkt war. Neue Einsichten mussten her. Die Behavioristen und Universitätspsychologen brauchten dringend aufsehenerregende

Experimente, erschütternde Ergebnisse und laute Schlagzeilen. Die Sozialpsychologie nahm sich der Herausforderung an und rückte schon bald mitten in das Zentrum des gesellschaftlichen Diskurses.

Anklagepunkt 1: Mitläufer

Den Auftakt machte 1951 Solomon Elliot Asch. Er wuchs in einer polnisch-jüdischen Familie auf und emigrierte 1920 im Alter von dreizehn Jahren in die USA. Es heißt, er habe bei der Ankunft kaum Englisch sprechen oder verstehen können. In der Schule habe er deswegen Probleme sowohl im Unterricht als auch im Umgang mit Gleichaltrigen gehabt. Er ließ sich davon in seiner akademischen Laufbahn jedoch nicht zurückhalten und promovierte später an der Columbia University in New York. Seinen Platz unter den einflussreichsten Psychologen des zwanzigsten Jahrhunderts sicherte er sich vor allem mit seinen Experimenten zur Konformität.

Ziel seiner Studien war es zu untersuchen, wie Menschen auf Gruppendruck reagieren und ob sie ihre eigene Wahrnehmung der Realität ändern, um der Gruppenmeinung zu entsprechen. Sein berühmtestes Experiment wurde mit Gruppen von acht bis zehn Teilnehmern durchgeführt.[4] Asch wählte dafür männliche Studenten im Alter von 17 bis 25 Jahren. Alle Teilnehmer, mit Ausnahme des einen echten Probanden, waren allerdings in Wirklichkeit Mitarbeiter des Labors. In jeder Gruppe war dieser eine Teilnehmer, der echte Proband, der Einzige, der nicht über den wahren Zweck der Studie informiert war. Die Gruppe saß an einem Tisch und bekam eine einfache visuelle Aufgabe gestellt. Die Teilnehmer sahen linksseitig eine vertikale, gerade Linie. Mit etwas Abstand dazu standen auf der rechten Seite drei weitere vertikale Linien, die jeweils unterschiedlich lang waren, eine davon war aber immer genauso lang wie die erste Linie auf der linken Seite. Die Aufgabe war, unter den drei Linien rechts die eine auszuwählen, die genauso lang sei wie die Linie links.

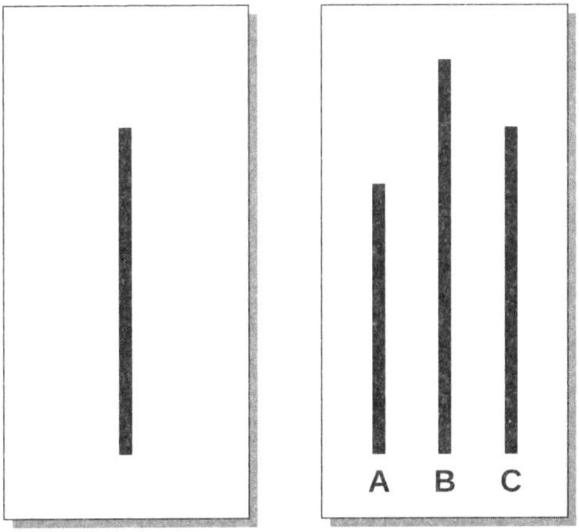

Welche der drei Linien A, B oder C ist genauso lang wie die Linie links?

Ja, die Aufgabe ist sehr einfach und die korrekte Antwort offensichtlich. Die Komplizen, also Labormitarbeiter, die nur so taten, als ob sie auch an der Studie teilnehmen, wurden jedoch instruiert, manchmal alle gleichzeitig bewusst die falsche Antwort zu geben. Der Proband war immer der Letzte oder Vorletzte, der antwortete. Das Ziel war zu sehen, ob die echten Teilnehmer den falschen Antworten der Komplizen folgen, sich also dem Gruppendruck beugen, obwohl es offensichtlich die falsche Antwort ist. 75 Prozent der Teilnehmer taten dies mindestens einmal. Für Asch ein besorgniserregender Befund. Der Mensch, so folgerte er, sei von der bloßen Anwesenheit einer Mehrheitsmeinung so weit zu bringen, sich der offensichtlichen Unwahrheit anzuschließen.

Anklagepunkt 2: Streitsüchtig

Laut Asch sind wir Menschen also Opportunisten, deren Urteil nicht zu trauen ist und die lieber lügen, als gegen die Mehrheit aufzubegehren. Ein anderes aufsehenerregendes Experiment zeigte ebenfalls die besorgniserregende Macht der Gruppe.[5] Durchgeführt wurde es 1954 von dem renommierten Psychologen Muzafer Sherif und seiner späteren Ehefrau Carolyn Wood.

Sherif stammte aus der Türkei und studierte zunächst in Istanbul, bevor er in die USA emigrierte und seine akademische Karriere erst an der Harvard University, dann an der Columbia University fortsetzte. Während seiner gesamten Laufbahn beschäftigte er sich intensiv mit dem Verhalten von Gruppen. Bekannt machte ihn vor allem das sogenannte Ferienlager-Experiment. Carolyn Woods Beitrag an diesem Experiment wird bis heute oft unterschlagen, was einerseits an der enormen Bekanntheit Sherifs lag, andererseits aber auch strukturelle Gründe hatte. Zum Zeitpunkt des Ferienlager-Experiments arbeitete Muzafer Sherif an der Princeton University. Carolyn Wood Sherif hätte sich ihm gerne in offizieller Position angeschlossen, doch die Princeton University akzeptierte damals keine weiblichen Studierenden – das dauerte noch bis 1969. Ihre Mitarbeit wurde also zunächst kaum honoriert.

In einem aufwendigen, dreiwöchigen Experiment wurden 22 »normale, gut angepasste« zwölfjährige Jungen, die sich gegenseitig nicht kannten, mit möglichst ähnlichem sozio-kulturellen Hintergrund in einen amerikanischen Nationalpark gebracht. Die Sherifs teilten die Jugendlichen vorher per Zufall in zwei Gruppen ein. Diese zwei Gruppen wussten nichts voneinander und durften zunächst eine Woche mit Spaß und Spiel im Park verbringen, ohne der jeweils anderen Gruppe zu begegnen. Verschiedene Forscher und Wissenschaftlerinnen übernahmen dabei die Rollen der Campleitung. Die Jungs machten Ausflüge, freundeten sich untereinander an und genossen ihr Ferienlager.

Dann kam die zweite Woche, und damit auch die nächste Phase des Experiments. Die Gruppen trafen aufeinander. Die Sherifs ließen die Jungs in unterschiedlichen Wettbewerben gegeneinander antreten, die so angelegt waren, dass immer nur eine der beiden Gruppen gewinnen und damit einen Preis ergattern konnte. Damit sollte eine Situation nachgestellt werden, bei der Gruppen im Umgang mit begrenzten Ressourcen in Konkurrenz zueinanderstehen. Die beiden Gruppen schaukelten sich innerhalb weniger Tage von einem vorsichtigen Abtasten über Konkurrenzgebaren zu handfesten Rivalen auf, deren Maßnahmen immer drastischer ausfielen. Flaggen wurden gestohlen und verbrannt, Vorräte geklaut, in Kabinen eingebrochen und letztendlich kam es sogar zu körperlichen Auseinandersetzungen. Die Campleitung sah sich gezwungen, aktiv einzugreifen, um weiteren Schaden zu verhindern. Die Psychologie hatte eine weitere düstere Erkenntnis gewonnen: Stehen Gruppen sich in Konkurrenz um ein knappes Gut gegenüber, ist der gewalttätige Konflikt unausweichlich.

Anklagepunkt 3: Rückgratlos

Bald sollte die nächste ernüchternde Erkenntnis über das Wesen des Menschen folgen – und zwar nur wenige Jahre später, 1961. Stanley Milgram hatte bereits mehrfach für und mit Solomon Asch gearbeitet, bevor er mit dem Experiment, um das es hier gehen soll, berühmt wurde.

Anders als Asch – Sie erinnern sich: Der Mensch ordnet sich dem Gruppenzwang unter. Konformität bei der Beurteilung der Länge von Linien – wollte er sich aber nicht mit etwas so Einfachem und Abstrakten wie der Beurteilung von ein paar Strichen aufhalten. Milgram hatte eindeutig mehr dramatisches Talent. Geboren und aufgewachsen in New York, studierte er zunächst am Queens College, promovierte dann an der Harvard University und trat dort im Anschluss eine Assistenz-Professur an. Später bekam er einen eigenen Lehrstuhl als Professor des Graduate Center of the City University of New York. Aber auch neben dem klassisch universitären Kontext zeigte Milgram vielfältige Interessen: In seiner Freizeit zeichnete er, schrieb Musicals und kooperierte auch immer wieder gerne mit unterschiedlichen TV-Produktionen.

Seine wissenschaftlichen Experimente hatten oft einen Hauch von Performance Art. Er überprüfte etwa, wie schnell man auf einer belebten Straße eine Traube von Menschen zusammenbringen kann, indem man mit der ausgestreckten Hand auf einen zufälligen Punkt am leeren Himmel zeigt. Inspiriert von Edmond Rostands Drama *Cyrano de Bergerac*, in dem der Hauptcharakter Cyrano die Worte liefert, mit denen der hübsche Christian die ihnen gemeinsame Angebetete umwirbt, arbeitete Milgram außerdem daran, seine wissenschaftlichen Mitarbeiter zu »Cyranoiden« (seine Wortwahl) zu machen, indem er ihnen per Funk in Echtzeit durchgab, was genau sie in der Interaktion mit Testpersonen sagen sollten. Ein anderes Mal überzeugte er das CBS-Fernsehproduktionsstudio von der sehr kostspieligen Idee, eigens für ihn drei unterschiedliche Enden einer Folge der damals populären Serie *Medical Center* aufzunehmen, um den Zusammenhang von Fernsehen und antisozialem Verhalten zu überprüfen.[6]

Es verwundert also nicht wirklich, dass Milgram die Erkenntnisse seines Mentors Solomon Asch nicht weit genug gingen:

> »Ich versuchte eine Möglichkeit zu finden, Aschs Konformitäts-Experiment menschlich bedeutsamer zu gestalten. Ich war un-

> zufrieden damit, dass der Test der Konformität auf Urteilen über Linien basierte. Ich fragte mich, ob Gruppen eine Person dazu drängen könnten, eine Handlung auszuführen, deren menschliche Bedeutung offensichtlicher war, wie zum Beispiel aggressives Verhalten gegenüber einer anderen Person, indem man ihr zunehmend starke Stromschläge zufügte. (...) Wie weit würde eine Person unter den Anweisungen des Experimentators gehen?«[7]

Was sagt es schon über das Wesen des Menschen aus, wenn wir zwei unterschiedlich lange Striche als gleichlang bezeichnen? Könnte man unsere Natur nicht besser daran erkennen, ob wir bereit sind, anderen Menschen ohne guten Grund echten Schaden und schlimme Schmerzen zuzufügen? Diese Frage trieb Stanley Milgram um und er ruhte nicht, bis er sie beantwortet hatte.

In den Archiven der Yale University finden sich Notizen seiner akribischen Vorbereitung für das Experiment, das ihn weit über die Grenzen der Psychologie hinaus berühmt machen sollte. Wie auch bei anderen Gelegenheiten ließ Milgram sich hier unter anderem von der Literatur inspirieren, in den Yale-Akten liegen von ihm kopierte Passagen aus William Goldings *Herr der Fliegen*. Er führte außerdem ständig ein Notizbuch mit sich, um handschriftliche Notizen zu machen, wenn ihm Ideen für den sich langsam in seinen Gedanken abzeichnenden Versuchsaufbau kamen. Er notierte auch zufällige Begegnungen mit möglichen Versuchspersonen wie diese:

> »Dieser Mann wäre das perfekte Opfer. Er ist so sanft und unterwürfig; überhaupt nicht akademisch.«[8]

Ein anderes handschriftliches Dokument gibt einen ersten Einblick in den geplanten Ablauf der Inszenierung:

»75. Au. 90. Autsch. 105. Au. 110. Au hey! Das tut wirklich weh. 135 OW– –150. Au! Das reicht!! Holt mich hier raus!«[9]

1961 ist Milgram hoch motiviert und mit 25 000 Dollar Förderung ausgestattet bereit, loszulegen. Er schaltet eine Anzeige in einer örtlichen Zeitung:

»Wir werden fünfhundert Männer aus New Haven dafür bezahlen, dass sie uns bei der Durchführung einer wissenschaftlichen Studie über Gedächtnis und Lernen helfen ... Es ist keine besondere Ausbildung oder Erfahrung erforderlich ... Wir wollen: Fabrikarbeiter, Stadtangestellte, Arbeiter, Friseure, Geschäftsleute, Angestellte, Berufstätige, Telefonarbeiter, Bauarbeiter, Verkäufer, usw. Alle Personen müssen zwischen 20 und 50 Jahre alt sein. Schüler und Studenten können nicht teilnehmen. Sie erhalten einmalig 4,00 $ (plus 50 Cent Fahrpreis), sobald Sie im Labor eintreffen.«

Wie weit ist zu weit?

Jeder Interessent erhielt einen eigenen Termin, zu dem nur er selbst, ein Experimentalleiter und ein weiterer vermeintlicher Teilnehmer – in Wahrheit ein von Milgram bezahlter Schauspieler – anwesend waren. Die Teilnehmer wurden im Labor der Yale University von einem älteren Herrn in weißem Kittel, dem Experimentalleiter, empfangen. Dieser erklärte den beiden Versuchspersonen, eine davon die echte, ahnungslose, den Ablauf.

Zunächst wurde zufällig gelost, wer in dem folgenden Experiment die Rolle des Lehrers und wer die des Schülers spielen würde. In Wahrheit war dies natürlich nicht dem Zufall überlassen, der echte Teilnehmer bekam immer die Rolle des Lehrers. Der Experimentalleiter führte die Teilnehmer dann in einen Nebenraum, in dem sich ein Stuhl und eine kleine Schalttafel mit vier Knöpfen befanden. Ihnen wurde gesagt, dass der Stuhl mit einem Generator im Hauptraum verbunden sei. Der Schüler wurde dann auf dem Stuhl festgeschnallt und an seinen Handgelenken wurden Elektroden befestigt. Mit den Fingern konnte er gerade noch die kleine Schalttafel mit den vier Knöpfen erreichen, um später seine Antworten zu geben.

Der echte Teilnehmer wurde daraufhin zurück in den Hauptraum geleitet und an einen Tisch gesetzt, auf dem ihn der zuvor angekündigte »Generator« erwartete. Eine große, kastenförmige Maschine, mit dreißig in einer Reihe angeordneten Schaltern, unter denen jeweils 15 bis 450 Volt stand. Über den Schaltern befand sich ein aufgedruckter Text mit der Aufschrift »Leichter Schock« an einem Ende und »Gefahr – schwerer Schock« kurz vor dem anderen Ende. Ganz am Schluss, bei 425 und 450 Volt, standen drei Kreuze – XXX. Eine auf Gerätschaften übliche Warnung für Todesgefahr. Milgram achtete auch hier auf jedes Detail. Die Apparatur trug die Aufschrift »Shock Generator Type ZLB« mit dem angeblichen Herstellungsort »Waltham, Massachusetts«, eine damals sehr bekannte Region für Elektronikfertigung.

Der Experimentalleiter erklärte den Teilnehmern nun die Regeln. Der Lehrer, also der Teilnehmer, habe vor sich, neben dem Generator, auch noch ein Mikrofon und Lautsprechersystem, das ihn mit dem Schüler im Nebenraum in Verbindung setze. Der Lehrer sollte eine Liste mit Wortpaaren vorlesen: »klare Luft«, »schnelles Auto« und so weiter. Dann sollte er die Liste noch einmal durchgehen und dem Schüler dieses Mal nur das erste Wort aus jedem Paar geben, zusammen mit vier Optionen, um das Paar zu vervollständigen: Er würde »klare« sagen und dann »Sache«,

»Luft«, »Fenster« und »Aussicht«. Der Lernende wählte durch Drücken einer der Tasten die seiner Meinung nach passende Antwort aus, und der Lehrer sah, wie eines von vier Lichtern im Hauptraum aufleuchtete, um die entsprechende Antwort zu übermitteln. War die Antwort korrekt, ging es mit der nächsten Frage weiter. Gab der Schüler jedoch die falsche Antwort, sollte der Lehrer ihn mit einem Stromschlag bestrafen. Beginnend mit fünfzehn Volt sollte die Spannung bei jedem Fehler erhöht werden.

Den Teilnehmern wurde gesagt, dass untersucht werden solle, ob die Stromschläge dazu führten, dass sich die Schüler mehr bemühen und dadurch besser konzentrieren würden. Ihnen wurde außerdem versichert, dass die Stromschläge zwar schmerzhaft sein könnten, aber »keine dauerhaften Gewebeschäden« verursachen würden. Den Teilnehmern blieb keine Zeit, die Situation noch einmal zu überdenken. Direkt nach der Einführung ging es los.

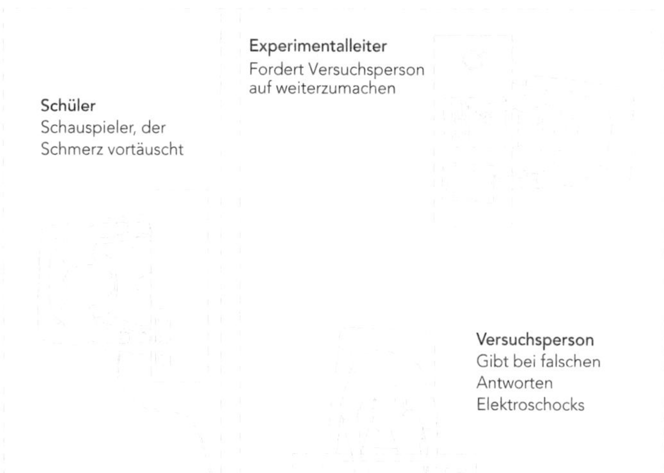

Die Versuchsteilnehmer waren räumlich von den Schülern getrennt. Sie konnten diese aber über Lautsprecher hören.

Die echten Versuchspersonen stellten pflichtbewusst in ihrer Rolle als Lehrer die Fragen und auf der anderen Seite der Wand erfüllten die Schauspieler ihre Rolle als Schüler. Sie stellten sich dabei – wie vorher mit Milgram vereinbart – nicht besonders gut an und gaben häufig falsche Antworten. Die Lehrer bestraften dies, ihren Anweisungen folgend, mit immer stärkeren Stromschlägen. Die echten Teilnehmer hörten mit steigender Intensität der Stromschläge über die Lautsprecher zuerst das Erschrecken, später das Ächzen und Stöhnen und zuletzt die panischen, schmerzerfüllten Schreie der Schauspieler. Viele Teilnehmer wendeten sich zwischendurch immer wieder an den Experimentalleiter, der mit ihnen im Raum saß. Sie fragten ihn, ob es nicht besser sei, jetzt aufzuhören? Oder sie sagten ihm, dass sie nicht weitergehen würden. Doch auch die Antworten der Experimentalleiter waren vorab von Milgram festgelegt worden: »Bitte fahren Sie mit dem Experiment fort« oder »Es ist für das Experiment erforderlich, dass Sie fortfahren.«

Die mittlerweile selbst sehr gestressten Teilnehmer befanden sich in einer bizarren Situation. Hinter einer Wand im Nebenraum war ein vor Schmerzen schreiender Mensch, den sie weiter bestrafen sollten. Mit ihnen selbst im Raum saß ein absolut ruhiger, seriös wirkender Wissenschaftler. Diejenigen Teilnehmer, die immer weiter machten und über 350 Volt gingen, hörten schließlich keine Reaktion mehr aus dem Nebenraum. Die Schreie waren verstummt, der Schüler musste mindestens ohnmächtig sein. Der Experimentalleiter gab den Teilnehmern die Anweisung, keine Antwort als falsche Antwort zu werten und die Stromschläge weiter zu verstärken, bis in den mit XXX markierten Bereich. »Bitte fahren Sie mit dem Experiment fort.«

Milgram hatte im Vornherein einigen Psychologen und Psychiaterinnen den Versuchsaufbau beschrieben und um eine Einschätzung gebeten, wie viele der Teilnehmer bis ans Ende der Voltskala gehen würden. Die Experten schätzten übereinstimmend, dass maximal 5 von 100 Personen bereit wären, so weit zu gehen. Viele schätzten die Zahl noch geringer ein und meinten, dass sich vielleicht eine unter einhundert Personen finden ließe, die dazu in der Lage sei. Milgram übertraf mit seinen Ergebnissen diese Erwartungen nicht nur, er sprengte sie. In seinem ersten Experiment erreichten alle 40 Teilnehmer die 300 Volt und 26 von ihnen, also 65 Prozent, gingen bis zu den maximalen 400 Volt. Ein furchtbar erschreckender Befund. Die New York Times berichtete, und schon bald diskutierte die ganze Welt.[10] Milgram hatte der Sozialpsychologie ein weiteres Narrativ über den Menschen hinzugefügt: Wenn wir von einer Autorität aufgefordert werden, andere zu verletzen, tun wir das auch. Wir sind alle nur einen Befehl davon entfernt, jemanden zu foltern. Der Mensch ist gehorsam, ohne Skrupel und über die eigene Moral hinweg.

Anklagepunkt 4: Sadisten

Zehn Jahre später, also 1971, folgte ein weiteres aufsehenerregendes Experiment, das bis heute sehr bekannt ist und noch immer gerne als Argument herangezogen wird, wenn es um die Frage geht, ob Macht den Menschen korrumpiert. Geleitet wurde es von Philip Zimbardo.

Genauso wie Stanley Milgram stammte auch Zimbardo aus New York. Schon früh im Leben erfuhr er Diskriminierung, seine Familie lebte teilweise von Sozialhilfe. Zimbardo war der Erste unter ihnen, der einen Schulabschluss machte.[11] Er schloss seinen Bachelor in Psychologie, Soziologie und Anthropologie am Brooklyn College ab, machte seinen Master und promovierte in Yale, unterrichtete an der Columbia Universität und ging letztendlich als Professor nach Stanford. Der Name der Fakultät ist bis heute untrennbar mit seiner bekanntesten Arbeit verbunden, dem *Stanford-Prison-Experiment*.

Es begann mit einer Annonce: »Männliche College-Studenten für eine psychologische Untersuchung des Gefängnislebens gesucht.« Gewillten Teilnehmern wurden 15 Dollar (Inflationsbereinigt entspricht das heute einer Kaufkraft von über 100 Dollar) pro Tag in Aussicht gestellt, um ein bis zwei Wochen in einem provisorisch errichteten Gefängnis im Keller der Stanford Universität zu verbringen.

Die 24 ausgewählten Studenten wurden nach einer Untersuchung ihrer körperlichen und psychischen Gesundheit zufällig in »Gefangene« und »Wärter« eingeteilt. Die Wissenschaftler unternahmen vieles, um die Simulation möglichst realistisch zu gestalten: Die Gefangenen wurden zu Hause »verhaftet« und in das Universitätsgefängnis geführt. Dort mussten sie sich komplett ausziehen, ihre Kleidung abgeben und wurden entlaust. Um das Gefühl einer Kopfrasur nachzustellen, sollten sie sich während des kompletten Aufenthalts abgeschnittene Strumpfhosen über den Kopf ziehen, um die Haare zu fixieren. Die Wärter hatten die Aufgabe, die Gefangenen unter Kontrolle zu halten und für Ordnung zu sorgen.

Zimbardos Berichte zeichnen ein beklemmendes Bild der folgenden Tage. Die Wärter begannen bald, die Gefangenen zu schikanieren. Es begann mit erzwungenen Liegestützen, Zählappellen und dem Entzug von Betten und Kleidung. Später durften die Gefangenen nachts nicht mehr die Toiletten benutzen und mussten sich, zu dritt in einer engen Zelle eingesperrt, einen Eimer teilen. Ein zwischenzeitlicher Aufstand einiger Gefangener wurde von den Wärtern verhindert, daraufhin entzogen sie den rebellischen Gefangenen weitere Rechte und belohnten diejenigen, die sich nicht beteiligt hatten. Einige Tage später änderten sie wieder die Befugnisse einiger bestrafter Gefangener, um den anderen zu suggerieren, dass sie Informationen an die Wärter weitergegeben hätten. Die Gefangenen misstrauten sich in der Folge. Die Gruppe verlor jeglichen Zusammenhalt, jeder war auf sich allein gestellt.

Insgesamt vier Gefangene wurden aufgrund emotionaler Zusammenbrüche in Folge der Behandlung durch die Wärter vorzeitig entlassen. Sie schrien unkontrolliert, oder hatten Wut- und Weinanfälle, bekamen psychosomatische Hautausschläge, verweigerten das Essen und zitterten am ganzen Körper. Die Versuchsleiter waren bereits mehrmals eingeschritten, um diversere psychische Misshandlungen und körperliche Ausschreitungen zu verhindern.

An diesem Punkt besuchte Zimbardos damalige Freundin und spätere Ehefrau die Szenerie und redete ihm ins Gewissen. Sie habe nicht fassen können, was er da mit seinen Studenten veranstalte. Nach sechs Tagen wurde das ursprünglich für zwei Wochen geplante Experiment vorzeitig abgebrochen.

Fassen wir den Aufbau der wissenschaftlichen psychologischen Narrative über den Menschen noch einmal zusammen. 1951 entdeckte Asch, dass wir uns lieber dem sozialen Druck beugen, anstatt einer Gruppe zu widersprechen, die sich auf etwas faktisch Falsches geeinigt hat. 1954 zeigte Sherif, dass wir in kürzester Zeit aufeinander losgehen, wenn die Bedürfnisse unserer Gruppe im Konflikt zu denen einer anderen Gruppe stehen. 1961 merkte Milgram, dass wir sogar ohne selbst etwas zu gewinnen oder verlieren zu haben bereit sind, einander zu quälen, solange uns eine Autorität dazu auffordert. Und 1971 reihte sich Zimbardo in die Gruppe seiner Vorgänger ein und ergänzte deren Warnungen um das finale, vernichtende Urteil über die wahre Natur des Menschen: Wir brauchen nicht einmal die direkte Aufforderung. Es reicht eine Rolle, eine Situation, in der wir uns und unser Gegenüber nicht mehr als Individuen, sondern als Teile eines Systems verstehen, um das Schlechteste in uns zum Vorschein zu bringen. Einfach weil wir es können, wenn wir Macht über andere haben, quälen, foltern und erniedrigen wir sie.

Die Wissenschaft und das, was sie uns als gesicherte Fakten über das Wesen des Menschen vermittelt, ist aber nur ein Teil des Puzzles. Ein bedeutender natürlich, aber genauso wie wir als Individuen im Laufe unseres Lebens nicht nur von einer wichtigen Person geprägt werden, wird auch die gesellschaftliche Debatte nicht nur von einer Disziplin beeinflusst – selbst wenn es, wie bei der Psychologie, ihre explizite Aufgabe ist, uns über den Menschen aufzuklären.

Der zweite und mindestens ebenso wichtige Teil des Puzzles, aus dem sich unser gesellschaftliches Welt- und Menschenbild zusammensetzt, ist die Kultur. In ihr manifestieren sich einerseits unsere bewussten und unbewussten Ängste, Bedürfnisse und Träume, andererseits formt sie ebendiese. Genauso wie wir in der Psychotherapie unsere Biografie aufarbeiten, um zu verstehen, welche Erfahrungen uns bereits in unserer Kindheit und Jugend geprägt haben und darüber unser heutiges Erleben und Verhalten beeinflussen, geht es nun auch in diesem Bereich darum zu prüfen, unter welchem Einfluss wir noch heute stehen.

Der Herr der Fliegen

Der von William Golding geschriebene Roman *Herr der Fliegen* erschien 1954 und wurde zuerst in den USA schnell zu einem Kultbuch. Die Geschichte handelt von einer Gruppe britischer Schüler, die nach einem Flugzeugabsturz auf einer einsamen Insel stranden. Die Jungen im Alter von etwa sechs bis zwölf Jahren versuchen zunächst, eine geordnete Gemeinschaft aufzubauen und auf Rettung zu warten. Aber es entstehen sofort Spannungen zwischen zwei rivalisierenden Gruppen. Die eine Gruppe, angeführt von Jack, besteht aus Jungen einer Eliteschule, die sich auf der Insel um die Jagd kümmern, während die andere Gruppe Ralph zum Anführer wählt, der versucht, die generelle Ordnung und Disziplin aufrechtzuerhalten. Jacks Gruppe wird zunehmend wild und gewalttätig, während Ralph die Vernunft und Zivilisation zu verkörpern scheint.

Mit der Zeit wird die Stimmung immer düsterer, die Jungen wirken zunehmend verstört und aggressiv. Es kommt zu Folter und zweifachem Mord unter den Jugendlichen. Schließlich spitzt sich der Konflikt zwischen Ralph und Jack zu einem gewaltsamen Showdown zu. Ralph überlebt eine Hetzjagd der restlichen Gruppe nur knapp, da er im letzten Moment von einem gerade gelandeten Marineoffizier gerettet wird.

In Goldings Roman erscheint die Insel anfangs wie das Paradies, in dem die von einer Aura der Unschuld umgebenen Kinder sich ausleben können. Je länger diese Kinder jedoch von der Zivilisation, von Gesetz, Recht und Ordnung entfernt sind, desto mehr scheint die ihnen angeborene Gewaltbereitschaft sich ihren natürlichen, unaufhaltsamen Weg zu bahnen.

Golding nimmt also schon 1954 vorweg, was Sherif, Milgram und Zimbardo in den folgenden Jahren und Jahrzehnten vermeintlich belegt haben: In jedem Menschen steckt das Böse, es wartet nur auf die richtige Situation, um auszubrechen.

Kulturell wurde diese Darstellung bereitwillig aufgenommen und sogar als besonders einsichtig honoriert. Das Buch wurde zum weltweiten Bestseller und ist bis heute eine an Schulen weit verbreitete Pflichtlektüre. Golding erhielt 1983 den Literaturnobelpreis »für seine Romane, die mit der Anschaulichkeit realistischer Erzählkunst und der vieldeutigen Allgemeingültigkeit des Mythos menschliche Bedingungen in der heutigen Welt beleuchten«.

A Clockwork Orange

1962 erschien ein weiterer Klassiker in der Literaturgeschichte des pessimistischen Menschenbilds. Der britische Autor Anthony Burgess beschreibt in *A Clockwork Orange* eine dystopische Zukunft, in der sein Protagonist Alex Teil einer brutalen und gewalttätigen Gesellschaft ist.

Alex führt eine Gruppe von Jugendlichen an, gemeinsam begehen sie Gewaltverbrechen wie Raubüberfälle und Vergewaltigungen. Alex ist ein charismatischer, aber grausamer und manipulativer Anführer, der Lust am Bösen hat und keine Reue empfindet. Eines Tages gerät er in einen Hinterhalt seiner eigenen Bande und wird von der Polizei gefasst. Für einen Mord wird er zu einer langen Gefängnisstrafe verurteilt.

Während seiner Haftzeit bietet man ihm die Möglichkeit, an einem neuartigen Experiment teilzunehmen, das darauf abzielt, gewalttätige Tendenzen in ihm zu entfernen. In einer weißen Zwangsjacke an einen Kinosessel zwangsfixiert, wird er stundenlang mit durch Klammern an den Lidern gewaltsam aufgesperrten Augen brutalen Filmsequenzen ausgesetzt. Vorab hat man ihm ein

Medikament verabreicht, das schwere Übelkeit auslöst. So soll er schrittweise konditioniert werden, körperliche und sexuelle Gewalt nicht mehr ertragen zu können. Nachdem Alex das Experiment durchlaufen hat, wird er entlassen, und ist fortan unfähig, in irgendeiner Form Gewalt zu begehen. Ehemalige Opfer von Alex rächen sich an ihm, demütigen und foltern ihn.

Der Roman beinhaltet und vermittelt natürlich vieles, er warnt vor der Bekämpfung von Gewalt durch entgegengesetzte Gewalt und ist wohl auch ein Plädoyer für individuelle Freiheit und den Schutz des freien Willens. Aber vor allem hinterlässt *A Clockwork Orange* das beklemmende Gefühl, dass der Mensch eine natürliche Neigung zum Bösen hat, die nicht anders als in einer eskalierenden Gewaltspirale aufgehen kann. Das *Time Magazin* wählte das Buch zu einem der 100 besten englischsprachigen Romane des zwanzigsten Jahrhunderts[12], und auch in einer Umfrage der BBC unter 82 internationalen Kritikerinnen wurde es zu einem der 100 bedeutendsten britischen Romane aller Zeiten ernannt.[13] 1971 wurde es durch Stanley Kubricks Verfilmung einem noch größeren Publikum zugänglich gemacht und hinterließ durch die nun in den Köpfen der Menschen eingebrannten Bilder einen noch lebhafteren, bleibenden Eindruck. Der Film erhielt unzählige Nominierungen, Auszeichnungen und Ehrungen.[14] Er wurde mehrfach in Listen der besten Filme aller Zeiten aufgenommen.[15]

Tatort

Natürlich lassen sich nicht nur in der Literatur Beispiele dafür finden, dass unsere Kultur eher eine des Misstrauens ist. Auch im Fernsehen werden wir regelmäßig vor unseren Mitmenschen gewarnt. 1970 wurde erstmals der *Tatort* ausgestrahlt und hat seitdem seinen festen Sendeplatz, fast jeden Sonntagabend zur Hauptsendezeit in der ARD. Mit über 1000 Folgen ist der *Tatort* die langlebigste und – mit einer Einschaltquote, die häufig in den zweistelligen Millionenbereich reicht – beliebteste Krimireihe im deutschsprachigen Raum. Die (fast) wöchentliche Konfrontation mit dem Sonntagsmord gehört damit genauso zum Alltag, wie einst der gemeinsame Kirchenbesuch. Etliche Episoden erhielten Nominierungen und Prämierungen für bekannte Film- und Fernsehpreise, darunter den Grimme-Preis, den Deutschen Fernsehpreis, die Goldene Kamera und die Romy.

Der *Tatort* ist kein Einzelfall und sein Erfolg kein Zufall. Menschliche Abgründe scheinen einen unwiderstehlichen Sog auf uns auszuüben. Krimis und Thriller sind Jahr für Jahr verlässlich das umsatzstärkste Genre im Buchhandel.[16] Im Streaming sowie bei Podcasts dominieren immer wieder die beliebten True-Crime-Serien das Geschehen, womit es nicht mehr nur bei fiktiven Fällen bleibt. Wir beschallen uns auffallend gerne mit spannenden, aber eben auch brutalen Tätern und ihren Verbrechen.

Das Verfolgen von Ermittlungen, das Lösen von Rätseln und das Mitfiebern bei der Jagd nach einem Verbrecher sorgen für einen Adrenalinkick. Ohne uns in tatsächliche Gefahr zu begeben, können wir ihre belebende Wirkung erfahren – und sie vor allem verlässlich überstehen. Es gibt die Vermutung, dass es gerade dieser Abfall der Anspannung ist, der uns das Genre so schmackhaft macht. Am Ende der Folge, des Podcasts oder des Buchkapitels sind wir mal wieder unbeschadet, wir haben überlebt. Unser Körper entspannt sich und ein gutes, belohnendes Gefühl breitet sich aus.

Ebenso gut könnte der Erfolg von Krimis aber auch daran liegen, dass sie vom Leser oder der Zuschauerin oft erfordern, mit den Charakteren mitzudenken. Wir versuchen, das Rätsel zu lösen, bevor es im Plot aufgedeckt wird. Das kann als intellektuelle Herausforderung wahrgenommen werden, zu der es immer eine Auflösung gibt. Auch, wenn sie uns nicht immer gefällt.

Ein anderer Aspekt ist, dass Krimis und True-Crime-Geschichten oft unser natürliches Verlangen nach Gerechtigkeit befriedigen. Der Prozess der Aufklärung und Bestrafung von Verbrechen bietet eine narrative Struktur, in der das Gute letztendlich siegt. Dieses Bedürfnis nach moralischer Klarheit und einem Ausgleich von Recht und Unrecht ist ein grundlegendes Element dieser Geschichten.

Aber was es auch immer ist, das uns so an diese Geschichten fesselt, es macht etwas mit uns, wenn wir uns so sehr mit dem Bösen beschäftigen. Wir alle sind schon mal nach einem besonders beängstigenden Kinobesuch etwas schneller nach Hause gelaufen als sonst, haben uns auf dem Heimweg ein paarmal mehr über die Schultern geschaut und mussten die Tür an diesem Abend, vor dem Schlafengehen, noch einmal überprüfen – ist sie wirklich gut abgeschlossen? An diesem Abend ist der Effekt besonders spürbar. Die etwas leichtere, aber stetige Beschallung mit dem Verbrechen hat subtile, aber langfristige Auswirkungen. Bei manchen von uns kann sie zu einer erhöhten Sensibilität führen, die sich durch ein generell erhöhtes Anspannungsniveau bemerkbar macht. Ein Rest der Skepsis und Paranoia, die direkt auf eine unheimliche Geschichte folgt, sickert ein und bleibt zurück.

Große und vor allem einflussreiche Teile der Wissenschaft und Kultur im zwanzigsten Jahrhundert vermitteln ein gemeinsames, düsteres Bild: Der Mensch als Monster, das nur durch die Ketten der Zivilisation einigermaßen in Schach gehalten wird, bis er in eine Situation gerät, in der er seine furchtbar destruktiven Impulse ausleben kann. Gelegenheit macht nicht nur Diebe, sie macht auch Mörder. Wer würde sich nicht vor einem solchen Wesen fürchten?

Im Nachhall dieser Grundstimmung ist es kein Wunder, wenn die in diesem Kontext aufgewachsenen Generationen zumindest eine Skepsis gegenüber dem Menschen an sich entwickelten und diese, bewusst oder unbewusst, weitergaben. Mit Absicht, in der Erziehung, oder auch über die wiederum von ihr erzeugten und verbreiteten Lehrmittel und Kulturerzeugnisse. Die nächsten Generationen müssten die Gefahr, die vom Menschen ausgeht, ja kennen, um sich vor ihr zu schützen. Alles andere als eine vorsichtige Abwehrhaltung im Umgang mit diesem gefährlichen Wesen, dem Mitmenschen, wäre fahrlässig – und genau dieses Weltbild ist es, das mir heute in vielen Therapiestunden in unterschiedlicher Intensität begegnet, so wie bei Frau Knöll. *Homo homini lupus* – der Mensch ist dem Menschen ein Wolf. Zumindest nach all dem, was wir meinen, über ihn zu wissen.

Kapitel 2

… zumindest so lange, bis man sich kennt

Homo homini lupus, soweit ist der römische Sinnspruch bekannt. Leider bekommt der zweite Teil des Satzes, *quom qualis sit non novit* – das gilt zum mindesten so lange, als man sich nicht kennt – weit weniger Gehör. Denn hier verbirgt sich die eigentliche Botschaft. Nur die Unkenntnis oder sogar Desinformation über die Natur des Menschen bringt das Misstrauen hervor, das wir einander entgegenbringen.

Bei genauerer Betrachtung erweisen sich die Urheber des düsteren Menschenbildes im zwanzigsten Jahrhundert zum Teil als völlig unzuverlässige Quellen. Erst ein halbes Jahrhundert später, in den 2010er- und 2020er-Jahren, haben Journalistinnen, Historiker und Wissenschaftlerinnen damit begonnen, dem Narrativ des bösen Menschen zu widersprechen, beginnend mit einer Aufarbeitung der vermeintlichen Hinweise darauf.

Denn obwohl wenige es so empfinden, leben wir wahrscheinlich in der gewaltfreiesten und friedlichsten Ära der menschlichen Zivilisation.[1] Noch nie hat ein so hoher Anteil der Menschen weltweit ein Leben geführt, dass nicht durch Gewalt, sondern im hohen Alter durch Krankheit beendet wird.

Dass wir es nicht spüren, sondern sogar Gegenteiliges vermuten, kann auch an den Bildern liegen, die Werke wie *A Clockwork Orange* und Experimente wie die Stanford-Prison-Studie in unser kollektives Gedächtnis eingeprägt haben.

Natürlich könnte ich hier auf Statistiken oder großartige Autoren wie Hans Rosling[2] und Steven Pinker[3] verweisen, die uns zeigen, dass es einen diametralen Widerspruch zwischen der gefühlten und faktischen Situation in Bezug auf Gewalt gibt. In Befragungen geben Menschen regelmäßig an, dass der Ton und Umgang in der Gesellschaft »rauer« geworden sei. Steigende Kriminalität wird nicht nur befürchtet, sie wird gefühlt, intuitiv wahrgenommen. Dabei war es in Deutschland und Europa noch nie so unwahrscheinlich, Opfer eines Gewaltverbrechens zu werden, wie jetzt[4], und auch weltweit war es noch nie so unwahrscheinlich, einen gewaltsamen Tod zu sterben, wie heute.[5]

Doch ich mache mir keine Illusionen. Die Bilder, die Werke wie die im ersten Kapitel beschriebenen oder Forschungsergebnisse wie die von Milgram, Sherif und Co. in unser kollektives Gedächtnis eingespeist haben, sind mit reinen Fakten nicht so leicht zu korrigieren. Versuchen wir also, ihre Entstehung einzuordnen. Es ist dasselbe Vorgehen, das wir in der Psychotherapie häufig verwenden, wenn wir das uns vermittelte Weltbild hinterfragen und merken, dass nicht alles, was uns in unserer Kindheit und Jugend gesagt wurde, wahr und nützlich ist. Um nicht nur in verunsicherter Ablehnung zu verbleiben, sondern mit Selbstbewusstsein unser eigenes Weltbild, unsere eigene Moral, unsere Werte und Ziele zu entwickeln, machen wir nun einen entscheidenden Schritt. Wir bohren nach, prüfen den Wahrheitsgehalt des uns erzählten und hinterfragen auch die Motive derjenigen, die versucht haben, uns ihre Weltsicht aufzudrängen.

Besorgniserregend – oder banal?

Solomon Asch ist ein behutsamer Wissenschaftler gewesen. Das merkt man auch im, in Vergleich zu seinen Nachfolgern, sehr bescheidenen Studiendesign seines bekanntesten Experiments. Kein Ferienlager, keine Folter, kein Gefängnis, sondern die simple Frage: Wie lang ist diese gerade Linie? Er betonte selbst immer wieder, dass es uns sehr leicht passieren kann, Studien falsch zu interpretieren. Er warnte:

> »Die meisten sozialen Handlungen müssen in ihrem Kontext verstanden werden und verlieren ihre Bedeutung, wenn sie isoliert werden. Kein Fehler beim Nachdenken über gesellschaftliche Tatsachen ist schwerwiegender als das Unvermögen, ihren Platz und ihre Funktion zu erkennen.«[6]

Aschs Forschungsergebnisse schienen den Menschen als willenlosen Mitläufer zu entlarven, doch bei genauerer Betrachtung zeigt sich, dass auch seine Studien nicht richtig interpretiert wurden. Tatsächlich war der messbare Effekt kleiner, als gedacht. Zwar hatten viele Teilnehmer mindestens einmal bewusst die falsche Antwort gegeben, aber sie nahmen ja an sehr vielen Durchgängen teil. Wenn man also nicht nur betrachtet, wie viele Personen mindestens *einmal* die falsche Antwort gegeben haben, sondern wie häufig sie das insgesamt taten, lesen sich die Zahlen plötzlich anders. Insgesamt widersprachen die Teilnehmer bei sehr viel mehr Gelegenheiten der falschen Mehrheitsmeinung, statt sich ihr anzuschließen.

Asch selbst räumt in einem Nebensatz der Originalstudie ein, dass »die Tatsachen, die beurteilt wurden, unter den gegebenen Umständen die entscheidendsten« waren. Tatsache ist jedoch auch, dass die Wahrheit die falsche Mehrheitsmeinung in den meisten Fällen ausstach, obwohl die Teilnehmer sich allein gegen mindestens sieben andere Personen offen aussprechen mussten. Ist das nicht eher ein Beleg für den Mut der Teilnehmer? Und waren die wenigen Male, wenn sie der Mehrheit folgten, überhaupt ein Anzeichen für ihre geringe Widerstandskraft oder ihre schwache Moral?

Dazu müssen wir darüber nachdenken, was für sie auf dem Spiel stand: Herzlich wenig. Die Teilnehmer nahmen an einem Universitäts-Experiment teil, wahrscheinlich genauso wie ich und meine Kommilitoninnen später auch, weil eine gewisse Anzahl an Versuchspersonenstunden im Studium verpflichtend waren. Ob sie die Fragen richtig oder falsch beantworteten, hatte keinen Einfluss darauf, ob ihnen die Stunden angerechnet wurden. Wie hoch ist die Motivation, als Einziger einer Gruppe von Kollegen zu widersprechen, die sich aus welchem Grund auch immer darauf geeinigt haben, dass zwei unterschiedlich aussehende Striche gleich lang sind? Tatsächlich gaben viele Teilnehmer in der Nachbesprechung an, dass ihnen durchaus klar gewesen sei, dass sie manchmal die falsche Antwort gegeben hatten. Es war ihnen einfach nicht wichtig genug, jedes Mal eine große Sache daraus zu machen.

In einer weiteren Versuchsbedingung stellte Asch den Teilnehmern einen Verbündeten zur Seite. In den kritischen Situationen nannte immer noch die überwiegende Mehrheit der Schauspieler, alle bis auf einen, die falsche Antwort. Aber der einzelne weitere Schauspieler widersprach und nannte die offensichtlich richtige Option. Wie würden die echten Teilnehmer nun reagieren? In 95 Prozent der Fälle gaben sie nun auch die richtige Antwort. Eine einzige weitere Person, die nicht eine völlig absurde Antwort gab, genügte, damit der Einfluss der Gruppe fast komplett einbrach.

Warum erwähne ich das Experiment dann hier überhaupt, wenn Asch selbst schon in seiner Originalstudie die Daten lieferte, aus denen zu lesen ist, dass 19 von 20 Versuchspersonen mindestens einmal der Mehrheitsmeinung widersprochen haben? Weil sogar Psychologielehrbücher diese Sicht auf seine Studie unterschlagen.

1990 untersuchten drei Forschende 99 Lehrbücher der Sozialpsychologie und wunderten sich, warum die Mehrheit der Bücher die vermeintliche »Macht der Situation« übertrieben darstellten und die in derselben Studie veröffentlichten Belege für den freien Willen der Teilnehmer unerwähnt ließen.[7] Besserte sich die Lage danach? Im Gegenteil. 2015 untersuchte eine weitere Studie zwanzig aktuelle Psychologielehrbücher, darunter auch das, aus dem ich Jahre zuvor in meinem Psychologiestudium gelernt hatte, verfasst von Philip Zimbardo – den wir bereits mit dem Stanford-Prison-Experiment kennengelernt haben. Das erschreckende Ergebnis war, dass neunzehn von zwanzig Lehrbüchern bei der Darstellung von Aschs Experiment die Rolle der Unabhängigkeit herunterspielten und die Macht der Konformität übertrieben.

Die einseitig negative Auslegung der Ergebnisse hat sich also zwischen 1990 und 2015 noch weiter verbreitet, als in den ersten vier Jahrzehnten nach Veröffentlichung der Ergebnisse. Das ist umso verblüffender, da Asch schon 1955 selbst zu dem Schluss kam, dass »... die Fähigkeiten zur Unabhängigkeit nicht zu unterschätzen sind ... diejenigen, die an diesem herausfordernden Experiment teilnahmen, stimmten fast ausnahmslos darin überein, dass Unabhängigkeit der Konformität vorzuziehen sei«.[8] Eine unsichtbare Hand scheint unseren Blick vom Positiven weg hin auf das Negative zu richten, und ihr Einfluss ist über die letzten Jahrzehnte sogar noch gewachsen.

Obwohl seine Studie in den folgenden Jahrzehnten immer wieder in Lehrbüchern als Grund zur Besorgnis über die menschliche Willensschwäche missbraucht worden ist, hatte Asch selbst sein Möglichstes getan, um dem vorzubeugen. Er betonte die Bedeutung der individuellen Unabhängigkeit und der Fähigkeit, sich der Konformität zu widersetzen. Es war ihm wichtig zu sagen, dass Individuen das Potenzial haben, sozialem Druck zu widerstehen und ihr unabhängiges Denken zu bewahren, was als Schutzmechanismus gegen Konformität dienen kann. Mit seinen Studien hatte er vor allem vorsichtig darauf hinweisen wollen, dass wir die Mängel unserer eigenen Überzeugungen nur dann tatsächlich verstehen können, wenn wir unsere Differenzen mit anderen Gruppenmitgliedern beilegen und im Austausch mit Andersdenkenden bleiben.[9]

Er folgte diesem Beispiel selbst, als er beobachtete, dass sich seine eigene Disziplin der Sozialpsychologie auf einen gefährlichen Weg begab. Einerseits widerstrebte ihm, dass die Experimente sich zunehmend weiter von der Lebensrealität der Menschen entfernten und damit seiner Meinung nach weniger Aussagekraft hätten. Andererseits warnte er davor, Beobachtungen zu leichtfertig zu interpretieren, um abstrakte Theorien zu bestätigen. Er wandte sich also in einer offenen Kritik direkt an seinen Kollegen Muzafer Sherif, dessen Interpretationen er oft zu voreilig fand.[10] Aber tun wir, was Asch selbst verlangte, und versuchen den Platz und die Funktion von Sherifs Arbeit zu verstehen.

Streit. Schlichtung.

Der australischen Psychologin, Historikerin und Autorin Gina Perry ist es zu verdanken, dass die Psychologie ihren Blick auf Sherifs Ferienlager-Experiment korrigieren musste. Zwar hatte der Psychologe Michael Billig schon 1976 darauf hingewiesen, dass Sherif seinen eigenen Einfluss und den seiner Assistenten massiv unterschätzt habe[11], aber erst Perry arbeitete in ihrem 2018 erschienenen Buch eine unfassbare Menge an Mängeln der Studie auf.[12]

Zunächst einmal sind 22 Jungen keine große Stichprobe, in einer so kleinen Gruppe verzerren etwaige Anomalien die Ergebnisse. Dass nur Jungen ausgewählt wurden, verbietet außerdem jede Generalisierung auf weibliche oder gemischte Gruppen. Auch durch das Alter der Kinder, mit elf bis zwölf Jahren, sind die Ergebnisse keineswegs auf andere Altersgruppen oder sogar Erwachsene Menschen übertragbar. Viel schwerer als diese methodischen Einschränkungen wiegt jedoch ihre Entdeckung, dass Sherif dasselbe Experiment bereits vorher einmal durchgeführt hatte. In seinen späteren Ausführungen fehlt jedoch nahezu jeder Hinweis darauf, er deutet den vorherigen Versuch nur in einer Fußnote an.

Warum musste Sherif das Experiment wiederholen, was war geschehen?

Nicht das, was er wollte. In seinem ersten Anlauf hatten die beiden Gruppen sich innerhalb kurzer Zeit befreundet, sie halfen sich gegenseitig und verbrachten Zeit miteinander. Sherifs Mitarbeiter taten ihr Bestes, um sie gegeneinander aufzuhetzen. Sie zerstörten heimlich Zelte und plünderten die Vorräte der Kinder, in der Hoffnung, dass sie sich dafür gegenseitig die Schuld geben und endlich aufeinander losgehen würden. Aber nichts funktionierte, die Freundschaft der Kinder hielt an.

Sherif hatte große Summen seines Forschungsbudgets für die Planung des Ferienlagers ausgegeben, der ausbleibende Erfolg machte ihm zu schaffen. So sehr, dass er sogar einem seiner Assistenten mit körperlicher Gewalt drohte, wenn dieser nicht endlich die Einigkeit unter den Jungs brechen könne. In Sherifs eigenen Tonaufzeichnungen ist zu hören, wie der Assistent sich mit einem Stück Holz bewaffnet und Sherif droht, es zu benutzen, wenn dieser nicht von ihm abweicht.

Als die Kinder Unterlagen fanden, aus denen sie klar herauslesen konnten, dass die Wissenschaftler versuchten sie zu manipulieren, war Sherifs Hoffnung auf einen Streit unter ihnen verloren. Er hatte keine andere Wahl, als das Experiment abzubrechen. Beim nächsten Anlauf, der bis heute von sich reden macht, hatte Sherif seine Lektion gelernt. Er würde nicht noch einmal mit leeren Händen zurückkehren und damit, auch aufgrund der horrenden Kosten, seine wissenschaftliche Karriere ruinieren.

Er trennte die Gruppen diesmal von Beginn an voneinander, sie sollten sich nicht kennenlernen, bevor die Wissenschaftler alles für den Konflikt vorbereiten konnten. Beim zweiten Anlauf machten sie ihre Arbeit besser und brachten die Jungs in permanente, künstlich hergestellte Konfliktsituationen. Die Assistenten randalierten und bestahlen die Kinder ein weiteres Mal, diesmal ohne Spuren zu hinterlassen. Die Zehn- und Elfjährigen ließen sich nun erfolgreich gegeneinander aufbringen. Die Erwachsenen, von denen sie es aus der Schule und von zu Hause gewohnt waren, in so einer Situation zu deeskalieren und ihnen zu helfen, verhielten sich ungewöhnlich. Sie stachelten sie weiter an.

Sherif beantwortete 1954 keine Forschungsfrage, er testete keine Hypothese. Er versuchte nicht, etwas Neues herauszufinden. Er nutzte sein Experiment als Demonstration – als Bestätigung seiner bereits bestehenden Annahme. Er suchte einfach nur einen Weg, um Ergebnisse zu erhalten, die zu seiner Theorie passen. Und als sie das nicht taten? Hat er sie begraben.

Muzafer Sherif – Mensch und Motiv

Warum ist ein angesehener Wissenschaftler so weit gegangen? Sherif wurde 1905 als Muzaffer Şerif Başoğlu in Ödemis, einer kleinen Gemeinde in der Nähe von Izmir, geboren. Dass er als Wissenschaftler seinen Namen änderte, kann mit der schwierigen Beziehung zu tun haben, die er zu seinem Heimatland hatte. Die Türkei war zu Beginn seines Lebens noch Teil des Osmanischen Reiches. Er beobachtete in seiner Heimat und deren unmittelbarer Umgebung die Auswirkungen des global zunehmenden Nationalismus und der sich ausbreitenden bewaffneten Konflikte. Sherif erlebte in seiner Jugend aus mehr oder weniger nächster Nähe 1911 den Italienisch-Türkischen Krieg, 1912 die Balkankriege und 1914 den Beginn des ersten Weltkrieges. Er wurde Zeuge des Völkermords an den Armeniern im Jahr 1915, aus seinem Heimatort wurden über eintausend Menschen deportiert.[13] Als er nach Izmir umzog, wurde die Stadt mit dem Untergang des Osmanischen Reiches zunächst von griechischen Streitkräften besetzt, bevor sie 1924 von türkischen Truppen zurückerobert wurde. Dass er das alles überlebte, bezeichnet Sherif selbst als Wunder.[14]

Bevor er dreißig Jahre alt wurde, hatte Sherif mehrfach miterlebt, wie sich die Welt in unerbittlich verfeindete Gruppen einteilen und dadurch unermessliches Blutvergießen verursachen konnte. In diesem Kontext entschloss er sich Philosophie zu studieren sowie später in die USA zu emigrieren und sich der Psychologie zu widmen. Er engagierte sich neben dem Studium immer politisch, wendete sich marxistischen und anti-rassistischen Idealen zu. Nach seiner Promotion kehrte er zurück in die Türkei, setzte sich gegen Diskriminierung jüdischer Studenten[15] ein und veröffentlichte weiter anti-rassistische Schriften.[16] All dies führte dazu, dass er 1944 im Rahmen eines Prozesses gegen Mitglieder der Türkischen Kommunistischen Partei festgenommen wurde. Es wurde keine offizielle Anklage gegen ihn vorgebracht. Nach vier Wochen Einzelhaft verließ er die Türkei mit einem staatlichen US-Stipendium.

In den darauf folgenden Jahren wurden viele seiner engen, in der Türkei verbliebenen Freunde im Zuge einer antikommunistischen Säuberungsaktion verhaftet. Sherifs Verbindungen zu seinem Heimatland endeten hier. Im amerikanischen Exil ließen ihn die Erfahrungen seiner Jugend aber nicht los. Wir können sein Ferienlager-Experiment als Reinszenierung der Gruppenkonflikte verstehen, die Sherif in seiner eigenen Jugend erleben musste. Jahrzehnte später, als angesehener Wissenschaftler, wollte er diese Konflikte noch immer verstehen, erklären – und beenden. Denn Sherif versuchte nicht nur, nachzustellen, warum ein simpler Konflikt um Ressourcen genügt, damit wir als Gruppen aufeinander losgehen. Ihm ging es auch darum zu zeigen, unter welchen Bedingungen ein solcher Konflikt aufgelöst werden kann.

Viele derjenigen, die seine Arbeit im einundzwanzigsten Jahrhundert aufgearbeitet haben, lassen kein gutes Haar an Sherif. Rutger Bregman, dessen wunderbares Buch *Im Grunde gut*[17] ich jedem nur ans Herz legen kann, stellt Sherif nur als machthungrigen, erratischen Karrieristen dar. Dabei vergisst Bregman seine eigene Lektion – das Gute im Menschen zu vermuten und es zu suchen. Denn als Sherif es bei seinem ersten, verheimlichten Ferienlager nicht schaffte, die Gruppen aufeinander los zu jagen, entglitt ihm nicht nur die Gelegenheit für eine medienwirksame

Veröffentlichung. Er verpasste dadurch auch die Chance, zwei verfeindete Gruppen wieder miteinander zu versöhnen. Denn als es ihm beim zweiten Mal gelang, Streit unter den Gruppen zu säen, hörte sein Experiment nicht auf, es ist noch nicht einmal in der entscheidenden Phase gewesen.

Sherifs eigentlichen Aussage, die in den Jahrzehnten später leider kaum mehr Gehör fand, ist, dass Gruppenkonflikte überwunden werden können, wenn ein gemeinsames, größeres Ziel verfolgt wird, auf das die Gruppen hinarbeiten können.

Sherif manipulierte den Wasserzulauf des Ferienlagers, die beiden Gruppen arbeiteten daraufhin zusammen, um das beschädigte Rohr zu reparieren. Die Wissenschaftler inszenierten, dass der Lastwagen, der das Essen für beide Gruppen transportierte, im Schlamm feststeckte. Nur gemeinsam, indem sie alle zusammen an dem Seil zogen, mit dem sie einige Tage zuvor beim Tauziehen einen erbitterten Wettbewerb führten, konnten sie den Transporter befreien. Danach, am letzten Tag des Ferienlagers, waren die Gruppen beim Frühstück und Mittagessen zum ersten Mal durchmischt. Die Kinder näherten sich einander, trotz des zunächst erbittert geführten Konflikts, wieder an.

Sherif log, er betrog, er manipulierte, er schrie seine Mitarbeiter an und drohte ihnen sogar mit Gewalt. Warum war er so versessen darauf, an seine Ergebnisse zu kommen? Ich finde es zynisch, einem Menschen, der schon zuvor bereit gewesen ist, für das Vertreten seiner Ideale eine Haftstrafe zu riskieren, reinen Karrierismus zu unterstellen. Sherif riskierte auch in den USA seine wissenschaftliche Karriere durch seine politischen Überzeugungen, das FBI beobachtete und verhörte ihn sogar.[18] Ich glaube, Sherifs Motivation lässt sich sehr viel klarer in seiner Biografie finden. Er hatte unermessliches Leid gesehen und war dagegen machtlos gewesen. Nun, da er an Einfluss gewonnen hatte, versuchte er einer Welt, die im Kalten Krieg verharrte, eine Botschaft zu vermitteln: Gemeinsame Herausforderungen können uns dabei helfen, unsere Differenzen beiseite zu legen. Sherif ist ein möglicherweise traumatisierter, teilweise suizidaler, über lange Zeit depressiver Mensch gewesen[19], der mit aller Kraft versuchte, etwas Gutes in die Welt zu setzen. Leider fokussierte sich die Welt nur auf den destruktiven Part seiner Studie.

Der Zweck heiligt die Mittel?

Als ich während meines Studiums das erste Mal von Milgrams Elektroschock-Experiment erfuhr, fragte ich mich, ob die (mal wieder nur männlichen) Teilnehmer das Experiment nicht durchschaut hatten. Glaubten sie wirklich, sie hätten in den Räumen der Yale University, während ein Dozent neben ihnen sitzt und sie bittet, fortzufahren, einen anderen Menschen gefoltert? So lange, bis dieser verstummt und darum entweder bewusstlos geworden oder sogar nicht mehr am Leben ist?

Tatsächlich hat Milgram sich dieselbe Frage selbst gestellt. Im Anschluss an sein berühmtes Experiment schickte er einen Fragebogen an alle, die teilgenommen hatten und fragte sie unter anderem, wie glaubwürdig sie die Situation fanden. Die Ergebnisse dieser Befragung behielt er zehn Jahre lang für sich.

Nur die Hälfte der Teilnehmer glaubte wirklich, dass sie während des Experiments jemand anderem Schmerzen zugefügt hatten. In den Archiven der Universität kann man heute noch die skeptischen Antworten lesen: »Ich war mir ziemlich sicher, dass das Grunzen und Schreien elektrisch von einem im Zimmer der Schüler angebrachten Lautsprecher wiedergegeben wurde.« Das stimmte. Jemand anderes merkt an: »Ich denke, einer der Hauptgründe, warum ich bis zum Ende weitergemacht habe, war, dass ich einfach nicht glauben konnte, dass Yale etwas aushecken würde, das so gefährlich wäre.« Einem weiteren Probanden war aufgefallen, dass der Experimentator ihn und nicht den Lernenden beobachtete. Noch jemand schrieb: »Es fiel mir schwer, meiner Frau das Experiment zu beschreiben, weil ich nicht aufhören konnte darüber zu lachen.«

Sieht man sich die Zahlen genauer an und betrachtet nur noch diejenigen, die das Schauspiel für echt hielten, ändern sich die Verhältnisse schnell. Vergessen wir nicht, der vertrauenswürdige Wissenschaftler forderte sie bei jedem geäußerten Zweifel immer wieder auf, weiterzumachen. »Bitte fahren Sie mit dem Experiment fort« – und als von Milgram geplante letzte Eskalationsstufe, bevor die Teilnehmer tatsächlich gehen durften: »Sie haben keine andere Wahl. Sie müssen weitermachen.« Aber selbst dort hörte der Wissenschaftler nicht auf. Obwohl Milgram diesen Satz, zusammen mit drei anderen auf einer niedrigeren Eskalationsstufe, als klar strukturiertes Vorgehen seines Experiments beschreibt, ist auf den Tonbändern des Universitätsarchivs zu hören, wie Milgrams Assistent von Tag zu Tag immer weiter improvisiert und die Teilnehmer immer deutlicher motiviert oder sogar nötigt, mit dem Experiment fortzufahren. Die Mehrheit der Personen, die dachten, sie würden einen echten Menschen verletzen, brach den Versuch trotzdem ab.

Aber was ist mit dem Rest? Warum ließen einige Teilnehmer sich von einem Wissenschaftler dazu drängen, jemand anderem Schmerzen zuzufügen? Diese Leute standen selbst unter extremen Stress.[20] Jeder einzelne Teilnehmer unterbrach das Experiment mindestens einmal und wendete sich fragend an den Experimentalleiter. War das, was sie gerade machten, wirklich o. k.? Sollten sie nicht lieber aufhören?

»Bitte fahren Sie mit dem Experiment fort.«

»Das Experiment erfordert, dass Sie weitermachen.«

»Es ist unbedingt erforderlich, dass Sie fortfahren.«

»Sie haben keine andere Wahl. Sie müssen weitermachen.«

Die Teilnehmer schwitzten, zitterten, stotterten, bissen sich auf die Lippen, stöhnten, gruben ihre Fingernägel in ihre Haut und weinten. Warum hörten sie nicht einfach auf, einen anderen Menschen zu quälen, wenn sie doch sogar selbst darunter litten?

Die Antwort liegt nicht einfach nur darin, dass ein erwachsener Mann, ein Angestellter einer der berühmtesten Eliteuniversitäten der Welt, sie dazu drängte. Diese Menschen glaubten, einem höheren Zweck zu dienen, der Wissenschaft. Ein Mann, dessen Tochter an einer frühkindlichen Hirnschädigung litt, drückte es so aus: »Ich kann nur sagen, dass ich ... schauen Sie, ich bin bereit, alles zu tun, um der Menschheit zu helfen, sagen wir es mal so.« Er habe gehofft, dass er dazu beitragen könne, dass die Medizin das menschliche Gehirn besser verstehen und eines Tages noch besser behandeln könne. Ein anderer Teilnehmer forderte Milgram auf: »Setzen Sie Ihre Experimente auf jeden Fall fort, solange dabei etwas Gutes herauskommen kann.« Er sei froh, dass er auch einen Beitrag leisten konnte.

Milgram zeigte also nicht, dass wir nur darauf warten, endlich unsere inneren Sadisten ausleben zu können. Er zeigte, dass wir bereit dazu sind, uns selbst genauso wie andere, großen Qualen auszusetzen – wenn uns von Autoritäten, denen wir vertrauen, unter großem Aufwand und dem Einsatz diverser Manipulationen erfolgreich eingebläut werden kann, dass wir damit letztendlich etwas Gutes tun.

Stanley Milgram – Mensch und Motiv

Um Milgrams Intention hinter dem berühmten Experiment richtig zu verstehen, muss man mehr über seinen biografischen Hintergrund wissen. Milgrams Familienangehörige waren Opfer des Holocaust. Nach dem Krieg lebten eine Zeit lang Verwandte, die die Konzentrationslager der Nazis überlebt hatten und KZ-Tätowierungen trugen, bei der Familie Milgram in New York. Milgram reflektierte seine Situation in einem Briefwechsel so: »Ich hätte 1922 in die deutschsprachige jüdische Gemeinde von Prag hineingeboren werden und etwa zwanzig Jahre später in einer Gaskammer sterben sollen. Wie es passierte, dass ich in einem Krankenhaus in der Bronx geboren bin, werde ich nie ganz verstehen.«

Der Holocaust beschäftigte Milgram über die gesamte Zeit seiner Laufbahn.[21] Er versuchte, das unbegreifbare Verbrechen zu verstehen, und fragte sich, warum Tausende normale deutsche Bürger als Arbeitskräfte an einem massiven Tötungsprogramm teilgenommen hatten. Er vermutete, dass der Gehorsam gegenüber Autoritäten das entscheidende Merkmal sei.

Zu seinen Lebzeiten wurde Milgram vorgeworfen, mit seinem Experiment die Schuld der Einzelnen komplett zu negieren, indem er sie nur auf den Kontext, das System, die Autoritäten überträgt. Milgram konnte die Kritik nachvollziehen, er habe sich schwergetan mit seiner Doppelrolle als Teil einer Familie und Gemeinschaft, die Opfer der Nazi-Vernichtung geworden war und als Wissenschaftler, der neutrale Forschung betreiben sollte.[22] Doch neutral zu bleiben, war ihm ein unmögliches Unterfangen.

Milgram versuchte das auch nicht zu verheimlichen. Einer der Teilnehmer seines Experimentes, Herbert Winer, sagte nach einem Gespräch mit Milgram: »Milgram war sehr jüdisch. Ich war Jude. Wir haben darüber gesprochen. Es gab offensichtlich ein Motiv hinter der neutralen Forschung.« In seinem Buch, das Milgram zehn Jahre nach seiner Studie über die Ergebnisse veröffentlichte, benennt er seine Intention ganz klar: »Ziel dieser Untersuchung war es herauszufinden, wann und wie Menschen sich angesichts eines klaren moralischen Imperativs der Autorität widersetzen würden.«[23]

Milgram wollte niemanden entschuldigen. Er wollte warnen. Er meinte, dass keine Gesellschaft sicher davor sei, Grausames zu vollbringen, wenn nicht Bedingungen geschaffen werden, die Menschen zu selbstbestimmtem Denken und Handeln ermutigen. Und genau für diese Bedingungen gab er sogar Beispiele.

In seinem Original-Experiment führte er unterschiedliche Variationen ein. Er veränderte die Nähe und Sichtbarkeit der »Opfer« (den Schülern) zu den »Tätern« (den Lehrern). In einer anderen Version nahm er dem Versuchsleiter den Laborkittel ab oder setzte ihn in einen anderen Raum. Ein anderes Mal wiederholte er den Versuch außerhalb der Universität, in einer gewöhnlichen Lagerhalle. Bei einer anderen Durchführung stellte Milgram einen weiteren, eingeweihten Schauspieler als zweiten »Lehrer« in den Raum, der sich dem Versuchsleiter widersetzte. All diese Veränderungen führten zu niedrigeren Raten an Gehorsam.

Wir haben schon festgestellt, dass diejenigen, die sich dem Leiter fügten, das taten, weil sie dachten, etwas Gutes zu tun. Aber auch in dem Fall konnte die Tat an sich unterbunden werden, wenn die Bedingungen die Verantwortung des Einzelnen sichtbar machten und die Möglichkeit, sich zu widersetzen, normalisiert wurde. Das alles war Teil der Botschaft, die Milgram vermitteln wollte. Aber da auch bei ihm, ähnlich wie bei Asch und Sherif, der Fokus der gesellschaftlichen Debatte nur auf das Negative gerichtet war, versuchte er in den nächsten Jahrzehnten immer wieder, dem etwas Positives entgegenzusetzen.

Sie kennen die Idee, dass man jeden Menschen auf der Welt über sechs Ecken kennt? Sie geht auf Milgram zurück. In seinem *Small-World-Experiment* schickte Milgram 1967 mehrere Pakete an 160 zufällig ausgewählte Personen in Omaha, Nebraska, und bat sie, das Paket über Freunde oder Bekannte an eine bestimmte Zielperson weiterzuleiten, einen Börsenmakler in Boston, Massachusetts.[24] Er überlegte sich eine Menge Regeln für die Umsetzung und gelangte letztendlich zu dem Schluss, dass die Pakete im Durchschnitt über sechs Stationen bei einer Person am anderen Ende des Landes angelangten. Das Experiment war methodisch sehr fragwürdig, was Milgram aber nicht aufhielt. Er wollte zeigen, dass wir einander näher sind, als wir glauben.

In einem weiteren Versuch, dem *Lost-Letter-Experiment*, wollte Milgram herausfinden, wie hilfsbereit wir Fremden gegenüber sind, wenn wir keinerlei Anerkennung oder sonstige Belohnung dafür bekommen. An öffentlichen Orten platzierte er mehrere versiegelte und abgestempelte Briefe, die an verschiedene Empfänger gerichtet waren. Darunter Einzelpersonen, wohlwollende Organisationen wie medizinische Forschungsinstitute und stigmatisierte Organisationen wie extremistische, politische Gruppierungen. Die Adressen führten natürlich jeweils zu ihm, damit er messen konnte, welche Briefe eingesammelt und versendet worden waren. Er stellte fest, dass die meisten Briefe, die an Einzelpersonen und wohlwollende Organisationen gerichtet waren, letztendlich verschickt wurden, während die meisten Briefe, die an extremistische Organisationen gerichtet waren, niemals ankamen.

Milgram zeigte, dass Menschen auch ohne jegliche Gegenleistung oder Anerkennung, aus reiner Freundlichkeit oder um der guten Sache willen, bereit sind, Aufwand zu betreiben. Leider werden Sie sich schwertun jemanden zu finden, der diese Studie kennt.

Zimbardo – oder eher Zampano?

Und wie ist es beim Stanford-Prison-Experiment gewesen? Können wir uns wenigstens auf Philip Zimbardo verlassen, einen der einflussreichsten Psychologen überhaupt? Er, der 2002 sogar zum Präsidenten der weltweit wichtigsten Psychologinnenvereinigung, der *American Psychological Association* (APA) gewählt wurde? Dessen Lehrbücher weltweite Bestseller sind und noch heute zur Grundlagenliteratur im Psychologiestudium gehören?

Leider nein. Wir können seiner Darstellung der Geschehnisse nicht trauen, obwohl weite Teile der Medien (egal ob wissenschaftlich oder nicht) es seit einem halben Jahrhundert tun. Dabei gab es schon lange vereinzelte kritische Stimmen. Der Psychologe und Philosoph Erich Fromm wies schon 1974 darauf hin, dass »zwei Drittel der Wärter keine sadistischen Taten aus persönlichem ›Nervenkitzel‹ begangen haben«. Er meinte, das Experiment zeige vielmehr, wie schwer es ist, Menschen in Sadisten zu verwandeln.

Banuazizi und Movahedi warnten 1975, dass es für die Studenten sehr leicht gewesen sein muss zu erraten, was das Ziel der Studie gewesen ist.[25] Sie gaben 150 Studenten eine Kopie der Unterlagen, die auch Zimbardo seinen Freiwilligen ausgehändigt hatte. Die für die Studie verwendete Anzeige, eine Beschreibung der Rechte und Privilegien, auf die die Probanden verzichteten, sowie eine Beschreibung der Festnahme und Inhaftierungsbedingungen. Im Anschluss stellten Banuazizi und Movahedi ihren Studentinnen eine Reihe offener Fragen, um die Gedanken der Schüler über die Hypothese des Experimentalleiters und dessen Erwartungen hinsichtlich der Ergebnisse des Experiments zu ermitteln. Fast alle Studenten, je nach Fragestellung 80 bis 90 Prozent, hatten Zimbardos Erwartung an das Verhalten der Wärter richtig vorhergesagt.

Was ist daran problematisch? In der experimentellen Psychologie bezeichnet genau das ein so großes Problem, dass es einen eigenen Begriff dafür gibt. *Demand Characteristics*, auf Deutsch »Anforderungs- oder Aufforderungsmerkmale«. Damit ist gemeint, dass Versuchspersonen – vor allem wenn es sich um die Studenten des jeweiligen Dozenten handelt, zu dem sie in einem Abhängigkeitsverhältnis stehen – in ihrem Verhalten beeinflusst sind, wenn sie eine Idee davon haben, welches Verhalten sich die Versuchsleitung wünscht. Sie werden tendenziell dazu neigen, sich dementsprechend zu verhalten.

1979 stellten Lovibond, Mithiran und Adams das Experiment in unterschiedlichen Bedingungen nach und kamen zu dem Schluss, dass Zimbardos eigenes Verhalten als Gefängniswärter einen großen Einfluss auf das Experiment gehabt haben muss.[26] Neben weiterer Kritik daran, ob es ethisch überhaupt zu vertreten gewesen sei, die Studenten diesem Experiment auszusetzen, gab es außerdem vereinzelte Stimmen, die darauf hinwiesen, dass Zimbardo so stark in den »Gefängnisalltag« eingebunden war, dass er den Wärtern entgegen seiner Darstellung bestimmt Handlungsanweisungen gegeben haben muss.

Doch die Zweifel verstummten, da es wenig stichhaltige Beweise dafür gab. Zimbardos Version (»Die Wärter haben vollkommen eigenverantwortlich gehandelt, wir haben ihnen keinerlei Vorgaben gemacht.«) ging als Teil seines Narrativs um die

Welt. Seine wenigen Kritikerinnen hatten indes keine Ahnung, wie nah sie der Wahrheit bereits gekommen waren. Ihr einziger Fehler war, dass sie das Ausmaß von Zimbardos Einfluss noch weit unterschätzten. Ihnen konnte nicht bewusst sein, wie sehr er in das Experiment eingegriffen, es nach seinen Vorstellungen und Zielen geformt hatte. Bis Zimbardo selbst die entscheidenden Beweise lieferte.

Im Jahr 2011 überreichte Philip Zimbardo eine große Menge Archivmaterial an seine ehemalige Universität, es waren unzählige Unterlagen, Ton- und Videoaufnahmen.[27] Die Stanford Universität digitalisierte alles und stellt es seit 2012 der Öffentlichkeit zur Verfügung.

Der Vorgang ist, auch wenn Zimbardo ihn erst viele Jahrzehnte nach dem eigentlichen Experiment nachholte, lobenswert. Denn was folgte, kann ihm keine Freude bereitet haben.

Unterschiedliche Journalisten und Wissenschaftlerinnen arbeiteten sich durch das Archivmaterial und entdeckten unzählige Unstimmigkeiten bei Zimbardos ursprünglicher, immer wieder gepredigter und tausendfach replizierter Darstellung der Ereignisse.[28] Thibault Le Texier von der Universität Nizza Sophia-Antipolis arbeitete in mühseliger Kleinstarbeit 2019 die vielen Widersprüche zwischen Zimbardos Erzählung und dessen eigenen Unterlagen auf.[29] Die Wissenschaft ist eine kritische Disziplin, sie hat das Potenzial, eigene Fehler zu korrigieren. Nur brauchen diese Korrekturen manchmal Unterstützung dabei, gehört zu werden – vor allem wenn sie sich gegen einen der bekanntesten Vertreter der Zunft richten. Le Texier veröffentlichte seinen Bericht, der sich wie eine wütende Abrechnung liest, im *American Psychologist*, dem hauseigenen Psychologie-Journal der *American Psychological Association*, deren Präsident Zimbardo zwei Jahrzehnte vorher war. Auch die APA schreckt also vor Kritik an ihren Ikonen nicht zurück. Im Artikel sind sieben Hauptkritikpunkte aufgeführt und in vielen Unterpunkten detailliert mit Referenz auf die digitalisierten Originalunterlagen gerechtfertigt. Ich möchte mich auf diejenigen beschränken, die das vermeintlich spontan aufgetretene, unmenschliche Verhalten der Wärter in ein neues Licht rücken.

Ein Blick hinter die Kulissen

Als Beleg für eben jenes fürchterliche Verhalten zeigte Zimbardo bei zahllosen Gelegenheiten immer wieder das Video von Douglas Korpi, einem Studenten, der als Gefangener nach bereits 36 Stunden im Stanford Gefängnis einen mentalen Zusammenbruch erlebte, den Zimbardo auf Video festgehalten hat. Man sieht Korpi in seiner Zelle gegen die Tür treten und brüllen »Ich brenne innerlich! ... Ich will hier raus! ... Ich kann keine weitere Nacht ertragen! Ich kann es einfach nicht mehr ertragen!«.

Das Problem ist, dass Korpi schon seit Langem betont, dass er diesen vermeintlichen Zusammenbruch nur vorgetäuscht habe und das den Wissenschaftlern die ganze Zeit bewusst gewesen sein muss. Er habe den Job überhaupt nur angenommen, da er in derselben Zeit für eine wichtige Prüfung lernen musste und sich dachte, er würde im Gefängnis sowieso nichts anderes zu tun haben als herumzusitzen und zu lernen. Als ihm jedoch kein Zugriff auf seine Lernunterlagen gewährt wurde, wollte er das Experiment schon am zweiten Tag beenden. Zimbardo untersagte es ihm. In den Tonaufnahmen ist zu hören, wie Zimbardo das Gespräch mit Korpi und einem weiteren Gefangenen seinen Assistenten beschreibt:

> »Eine interessante Sache die passiert ist, die Jungs, die gestern reinkamen, die beiden Jungs, die reinkamen und sagten, sie wollten gehen. Ich sagte Nein. Es gibt nur zwei Bedingungen, unter denen man gehen kann: medizinische oder psychiatrische Hilfe ... Ich glaube, sie haben wirklich geglaubt, dass sie nicht rauskommen.«

Korpi meldete daraufhin Bauchschmerzen an. Diese seien Zimbardo nicht genug gewesen, er habe ihn weiterhin nicht gehen lassen. Vielleicht, weil Bauchschmerzen kein beeindruckendes Videomaterial liefern? Also probierte Korpi es als nächstes mit dem, was er sich unter einem Nervenzusammenbruch vorstellte. Er simulierte. Zimbardo hatte seine medienwirksame Aufnahme, Korpi durfte gehen.

Anders als jahrzehntelang von Zimbardo behauptet, hatten er und seine Assistenten den Wärtern außerdem detaillierte Anweisungen gegeben, wie sie sich den Gefangenen gegenüber verhalten sollten. Zimbardo selbst stimmte die Wärter bereits vor Beginn des Experiments darauf ein, was für eine Art von Verhalten er sich von ihnen wünschte.

> »Wir können Langeweile erzeugen. Wir können ein Gefühl der Frustration erzeugen. Wir können ihnen bis zu einem gewissen Grad Angst machen. Wir können eine Vorstellung von der Willkür schaffen, die ihr Leben beherrscht, das vollständig von uns, vom System, von Ihnen, von mir, kontrolliert wird.«

Bei diesem kurzen Auszug aus seiner Motivationsrede ist es bei Weitem nicht geblieben. Einer der wissenschaftlichen Assistenten beschreibt seine Aufgabe darin, »zu versuchen, ein hartes Verhalten der Wärter hervorzurufen«. In den mittlerweile veröffentlichten Originalprotokollen der Studie ist zu lesen, wie dieser Assistent versuchte, am dritten Tag der Studie einen Wärter zu motivieren, der bis dahin zu nachlässig agiert hatte. Diesem sagte er:

> »Die Wärter müssen wissen, dass jeder Wärter das sein wird, was wir einen ›harten Wärter‹ (im Original: tough guard) nennen. (…) Denn ob wir es schaffen, das Ganze hier wie ein echtes Gefängnis aussehen zu lassen, was das Ziel der Sache ist, hängt weitgehend vom Verhalten der Wärter ab.«

Diejenigen Wärter, die ihre Macht über die Gefangenen im Stanford-Prison-Experiment auf erniedrigende Art und Weise ausübten, entfachten also nicht spontan ihre inneren Sadisten. Sie lebten keine unerfüllten Träume aus oder nutzten die Gelegenheit, um sich endlich mal größer zu fühlen, indem sie andere klein machten. Sie folgten einfach den konkreten Anweisungen der Wissenschaftler.

Und warum taten sie das, anstatt aufzuhören? Wie bei Milgrams Elektroschock-Experiment ist die Antwort auch hier wieder sehr viel logischer, sehr viel menschlicher, als jahrelang verbreitet. Sie taten es aus dem einen Grund, aus dem die Mehrheit der Menschen dazu bereit wäre, so zu handeln: Sie dachten, sie tun damit etwas Gutes. Der wissenschaftliche Assistent, der die Wärter im Zitat oben direkt dazu auffordert, möglichst hart gegenüber den Gefangenen vorzugehen, fügte auch noch Folgendes hinzu:

> »Und hoffentlich werden aus dieser Studie einige sehr ernsthafte Reformempfehlungen hervorgehen. Mindestens eine Reform, wenn nicht sogar eine revolutionäre Reform. Und das ist unser Ziel. Damit wir damit in die Medien und in die Presse

> gelangen und sagen können, schaut euch an, worum es hier wirklich geht.«

Anders als bei Milgram mussten sich die Teilnehmer bei diesem Experiment nicht einmal die guten, wissenschaftlichen Intentionen dahinter selbst vorstellen. Ihnen wurde direkt vermittelt: Wenn ihr es schafft, dass wir hier unmenschliche Bedingungen darstellen, können wir vielleicht eine Verbesserung der unmenschlichen Bedingungen in echten Gefängnissen erreichen. Sie legten sich ins Zeug, um Zimbardo und seinen Assistenten die passenden Bilder, Tonaufnahmen und Anekdoten zu liefern. Leider konnten sie nicht wissen, dass ihr Erbe keine Gefängnisreform sein würde.

Zimbardo und seine Assistenten hatten Bilder und eine Geschichte in die Welt gesetzt, die ein Eigenleben entwickelten. In Medienberichten und den vielfachen Verfilmungen der Studie wurden fast nie die Zustände in echten Gefängnissen thematisiert oder kritisiert. Es blieb einzig der Schrecken über das (fiktive!) lauernde Böse in ein paar unbescholtenen Studenten. In Wahrheit war es, genau wie zehn Jahre vorher bei Milgram, schon wieder eine Gruppe Menschen, die in der Rolle als Gefangene sich selbst und in der Rolle als Wärter ihre Kommilitonen Qualen aussetzten, um gemeinsam etwas Gutes zu erreichen.

Philip Zimbardo – Mensch und Motiv

Die Kritik an Philip Zimbardo ist in den letzten Jahren zu Recht immer lauter geworden. Wie wir gesehen haben, hat er seine Erkenntnisse nicht nur falsch interpretiert, er hat sein Experiment im höchsten Maße manipuliert. Wissenschaftlerinnen und Autoren kritisieren ihn nicht aber nicht nur, sie rechnen mit ihm ab. Wenn Thibault Le Texier, Rutger Bregman und andere über Zimbardo schreiben, könnte man meinen, man hat es mit einem verbitterten Mann zu tun, der für seine Karriere bereit war, über Leichen – oder zumindest Lügen – zu gehen. Ich selbst tue mich schwer, bei Zimbardo der Versuchung zu widerstehen, es dabei zu belassen. Denn auf die offensichtlichen Probleme seiner Studie angesprochen, zeigte er wenig Reue. Im Protokoll eines langen, hoch angespannten Streitgesprächs antwortete er auf die Frage, ob er denke, dass seine Arbeit aufgrund der massiven Kritik etwa von Thibault Le Texier heute vielleicht anders bewertet werde:[30]

> »Ich weiß es nicht. In gewisser Weise ist es mir eigentlich egal. An diesem Punkt besteht das große Problem darin, dass ich nicht noch mehr Zeit verschwenden möchte. Nach meinem Gespräch mit Ihnen werde ich keine Interviews mehr darüber führen. Es ist einfach Zeitverschwendung. Die Leute können dazu sagen, was sie wollen. Es handelt sich um die berühmteste Studie in der Geschichte der Psychologie. Es gibt keine Studie, über die 50 Jahre später noch gesprochen wird. ... Sie hat jetzt ein Eigenleben. Wenn er sagen will, dass alles ein Schwindel war, ist das seine Sache. Ich werde es nicht mehr verteidigen. Die Verteidigung des Experiments ist seine Langlebigkeit.«

Ich lese daraus die Arroganz und Eitelkeit eines Mannes, der einen Großteil seiner beruflichen Laufbahn an der Spitze seiner Profession verbracht hat, und dem das als Beleg für seine eigene Unfehlbarkeit genügt. Es ist aber nicht das Einzige, was ich daraus lese. Ich höre auch eine Frustration heraus. Denn Zimbardo hatte mit dem Stanford-Prison-Experiment – trotz dessen gewaltiger Bekanntheit – eigentlich mehr, oder eher etwas anderes vor, als er erreicht hat.

Wir haben schon gehört, dass einer seiner Assistenten den Teilnehmern sagte, dass das Experiment zum Ziel hatte, eine Gefängnisreform in den USA anzustoßen. Aber dem Ausmaß, in dem Zimbardo persönlich sich darum bemüht hat, ist damit noch nicht Rechnung getragen. In der Pressemitteilung, die Zimbardo schon am zweiten Tag des Experiments verbreitete, heißt es abschließend, dass die Studie darauf abzielte, auf die aus psychologischer Sicht notwendigen Gefängnisreformen aufmerksam zu machen, damit Menschen, die Verbrechen begehen, durch ihre Gefängniserfahrung nicht zu entmenschlichten Objekten gemacht werden. Denn dann wiederum wären sie bei ihrer Entlassung schlimmere Kriminelle als bei ihrer Inhaftierung.

In den folgenden Jahrzehnten setzte Zimbardo sich immer wieder für eine Verbesserung der Haftbedingungen in den USA ein. Er war Sachverständiger bei den Abu-Ghraib-Prozessen, einer Reihe von rechtlichen Verfahren im Zusammenhang mit dem Missbrauch und der Misshandlung von Gefangenen im Gefängnis Abu Ghraib im Irak. Für besonderes Aufsehen sorgte er dabei, weil er dem damals ranghöchsten Militäroffizier der Streitkräfte der Vereinigten Staaten, dem *Chairman of the Joint Chiefs of Staff* General Richard Myers, auf offener Bühne entschieden widersprach. Dieser argumentierte, dass es sich bei den US-Soldaten, die Gefangene misshandelt hatten, nur um ein paar Ausnahmen gehandelt habe. Zimbardo hielt dem entgegen, dass die Probleme vor allem auch systemischer Natur seien und auch die Beteiligten auf höherer Ebene zur Verantwortung gezogen werden müssten.

Zimbardo suchte nach seiner Stanford-Studie auch andere, weniger auf das Negative fokussierte Wege, um positive Veränderungen anzustoßen. Er gründete die *Shyness Clinic* in Kalifornien, ein Behandlungszentrum, das Erwachsenen und Kindern bei extremer Schüchternheit mit speziellen Programmen hilft. Er gründete außerdem das *Heroic Imagination Project*, eine gemeinnützige Organisation, die das – zugegebenermaßen in amerikanischem Stil groß aufgemachte – Konzept des Heldentums erforschen und fördern möchte. Es basiert auf der Annahme, dass jeder Mensch das Potenzial hat, Heldentaten zu vollbringen und in schwierigen Situationen mutig und ethisch zu handeln, um positive Veränderungen in der Welt zu bewirken.

Zimbardo sah in den Zuständen US-amerikanischer Gefängnisse einen sich selbst verstärkenden, katastrophalen Teufelskreis. Er brach die Regeln seines Berufsstandes, um etwas daran zu verändern. Es gelang ihm nicht, stattdessen schuf er mit seinem Experiment ein Märchen von der bösen Natur des Menschen. Es wirkt fast so, als hätte Zimbardo danach versucht, die Geister, die er selbst mit dem Stanford-Prison-Projekt in die Welt gesetzt hat, wieder einzufangen.

Wenn das Werk mehr über den Autor als über die Welt aussagt

Wie ist es mit den zuvor erwähnten Romanen? Selbstverständlich basieren weder *Herr der Fliegen* noch *A Clockwork Orange* auf einer wahren Begebenheit, daher müssen wir, anders als bei den sozialpsychologischen Forschungen, das Erzählte nicht korrigieren, es entspringt der Fantasie Einzelner. Warum ist es dann trotzdem wichtig, dass wir auch auf die Hintergründe fiktiver Werke schauen? Zum einen, weil es zumindest für eines der Bücher eben doch ein wahres Ereignis gibt, das erstaunlich nah an die Fiktion herankommt. Aber dazu später. Andererseits hinterfragen wir in der Psychotherapie ja nicht nur, was wir faktisch gelernt haben, sondern auch, wessen Ansichten wir vielleicht unabsichtlich und sogar unbewusst übernommen haben. Wir schauen auf Eltern, Geschwister, Lehrerinnen und Freunde. Auf gesellschaftlicher Ebene bedeutet das, die Politikerinnen, Wissenschaftler, Künstlerinnen und Autoren zu verstehen, denen wir besonders Gehör schenken. So wie den anerkannten Schriftsteller William Golding, der mehrfach, bis hin zum Literaturnobelpreis, für sein vermeintlich herausragendes Gespür für die menschliche Natur ausgezeichnet wurde. Wer ist dieser von Queen Elisabeth II. zum Ritter geschlagene Mann, dessen Menschenbild wir per Pflichtlektüre über Generationen hinweg weiterverbreiten?

William Golding

Goldings Biograf, der britische Literaturkritiker John Carey, muss es wissen. Er bekam für sein Buch Zugang zu dessen Familie, die ihm bereitwillig Interviews gab, sowie Einblick in unveröffentlichte Werke und in Goldings persönliche Tagebücher.[31] Er zeichnet das Bild eines zutiefst unglücklichen, problematischen Menschen. Mit 18 Jahren, so schrieb Golding in seinem Tagebuch, hatte er versucht, eine 15-Jährige zu vergewaltigen. »Ich war sicher, dass sie heftigen Sex wollte, das las ich ihr an ihrem kecken, reifen und begehrenswerten Mund ab.« Das Mädchen schaffte es laut dem Tagebuch gerade noch sich zu befreien und lief davon.

Golding war außerdem von depressiven Episoden sowie sozialen Ängsten geplagt und seine Alkoholabhängigkeit war in Literaturkreisen schon zu seinen Lebzeiten berüchtigt.[32] Golding war selbst klar, dass er als Mensch keinen guten Eindruck hinterlassen würde. So schreibt er in seinen Tagebüchern, »eines Tages, wenn meine literarische Wertschätzung anhält, werden sie mein Leben unter die Lupe nehmen und zu dem Schluss kommen, dass ich ein Monster bin«.

Es ist nicht an mir, dieses Urteil zu fällen. Aber was wir hinterfragen sollten, ist, ob wir wirklich das Weltbild einer solchen Person, die sich selbst als Monster bezeichnet, übernehmen und weiterverbreiten möchten. Vor allem, wenn es für seine bekannteste und düstere Fantasie, die Geschehnisse in *Herr der Fliegen*, eine wahre Begebenheit gibt, an der wir sie messen können.

Im Juni 1965 bekamen sechs Schüler einer katholischen Internatsschule in Nuku'alofa, Tonga im Alter von 13 bis 16 Jahren Lust auf ein Abenteuer und entwendeten ein Fischerboot. Der geplante Ausflug dauerte länger, als geplant. Sie gerieten in einen Sturm, trieben acht Tage lang, mit ein paar Bananen und Kokosnüssen als einzigen Vorräten, auf dem Meer, bis sie auf der verlassenen Insel 'Ata strandeten. Ihre Startbedingungen waren sogar noch schwieriger als in der Buchvorlage. Die Insel war bei Weitem kein paradiesischer Ort, sondern eher ein großer Steinhaufen. Sie gilt heutzutage als unbewohnbar, aber als die Jungs über ein Jahr nach ihrem Verschwinden von einem Boot entdeckt und gerettet wurden, erinnerte sich der Kapitän, dass sie »eine kleine Kommune mit Gemüsegarten, ausgehöhlte Baumstämme zur Speicherung von Regenwasser, einen Sportbereich mit seltsamen Gewichten, einen Badmintonplatz und Hühnerställe« eingerichtet hatten.[33]

In ihren 15 Monaten auf der Insel erlebten sie einen regenarmen Sommer und damit verbunden eine lange und wortwörtliche Durststrecke. Das Essen sei oft knapp gewesen. Einer der Jungs habe sich sogar ein Bein gebrochen und konnte der Gruppe dadurch lange Zeit nicht mehr behilflich sein. Wie hatten die anderen fünf darauf reagiert? In Goldings Fantasie hätten sie ihn wahrscheinlich entweder verdursten lassen, ertränkt oder sogar gegessen. In der wahren Begebenheit haben sie sein Bein mit Stöcken und Blättern geschient, bis es ihm wieder besser ging. Als sie alle nach ihrer Rückkehr von einem Arzt untersucht wurden, war dieser erstaunt über die tadellose Gesundheit der gesamten Gruppe und das perfekt verheilte Bein.

Und was ist mit Goldings Gewaltfantasien, den Kämpfen, dem Mord und Totschlag? Ja, es habe auch im echten Leben auf der Insel Konflikte gegeben. Manchmal stritten sich die Jungs. Aber wann immer das passierte, lösten sie das Problem, indem die Beteiligten für eine kurze Auszeit an das jeweils entgegengesetzte Ende der Insel gingen. Sie blieben beste Freunde. Nach ihrer Rettung heuerten sie alle gemeinsam als Besatzung eines Fischerboots bei dem Mann an, der sie gefunden hatte. Ginge es nach mir, wäre diese wahre Geschichte Teil jedes Unterrichts, in dem *Herr der Fliegen* wochenlang als Lektüre besprochen wird.

Anthony Burgess

Auch über Anthony Burgess finden sich problematische Berichte. Seine Biografen[34] und Zeitgenossen[35] beschreiben ihn teilweise als launischen Trinker und pathologischen Lügner. Die ersten Zeitungsrezensionen für *A Clockwork Orange* soll er unter verschiedenen Pseudonymen selbst verfasst haben. Steuern zu bezahlen, vermied er so gut es ging, sogar sein Heimatland hat er deswegen verlassen. »Natürlich werde ich die Finanztyrannen betrügen. Es wäre unmenschlich, es nicht zu tun«, schrieb er dazu.[36]

Trotzdem hatte ich beim Lesen seiner Biografie und den Berichten anderer Autoren über ihre Begegnungen mit Anthony Burgess nicht das Gefühl, auf einen zynischen Pessimisten zu stoßen. Ich las von seiner großen Lebenslust, seinem »liebevollen Geist« und seiner Großzügigkeit. Hier kann also nicht dasselbe Argument – dass wir uns nicht von jemandem, der ein extrem negatives Bild von Menschen hat, das Menschliche erklären lassen sollten – wie bei Golding angebracht werden. Außerdem lässt sich die dystopische Szenerie in *A Clockwork Orange* schlecht anhand echter Beispiele widerlegen.

Golding und Burgess – Motiv

William Golding und Anthony Burgess sind also unterschiedliche Charaktere gewesen, dennoch vermute ich eine ähnliche Ursache hinter ihren jeweils bekanntesten Werken. Golding trat 1940 der britischen Royal Navy bei und erlebte den Zweiten Weltkrieg aus nächster Nähe. Er war entsetzt über seine Erlebnisse im Krieg, sprach wenig darüber, kämpfte aber den Rest seines Lebens mit ihnen.[37] Was genau es gewesen ist, was er entweder dort oder noch früher erlebt hatte und das ihn vermeintlich für immer verdorben hatte, wissen wir nicht. Dass ihm aber etwas zugestoßen ist, deutet er in seinen Tagebüchern an:

> »Wie tief sie auch immer graben, sie werden nicht zur Wurzel vordringen, zu dem, was mich zum Monster gemacht hat, in Taten, Worten und Gedanken. Niemand außer mir weiß das, oder leidet darunter. Das ist kein Schuldbekenntnis, sondern Selbsterkenntnis.«[38]

Anthony Burgess ging später seinen Biografen gegenüber offener mit seinen frühen Verletzungen um.[39] Seine ältere Schwester und seine Mutter starben kurz hintereinander infolge einer Influenza-

Pandemie, der sogenannten Spanischen Grippe, als Burgess gerade einmal ein Jahr alt war. Sein Vater habe es ihm nie verziehen, dass Burgess im Gegensatz zu den anderen beiden überlebte. Die Antipathie beruhte auf Gegenseitigkeit, Burgess bezeichnet ihn als »größtenteils abwesender Betrunkener, der sich selbst als Vater bezeichnete«. Seine Kindheit sei eine einsame Zeit gewesen, in der er sich »ständig wütend« gefühlt und groll gehegt habe. Während seiner Jugend und Adoleszenz besserte sich die Lage nicht:

> »Entweder wurde ich verfolgt oder ignoriert. Ich war jemand, der verachtet wurde. ... Zerlumpte Jungs in Banden stürzten sich über gut gekleidete wie mich.«

In seinen frühen Zwanzigern endete Burgess' Beziehung zu seinem Vater und der, von ihm ebenfalls verhassten, Stiefmutter. Beide verstarben innerhalb von zwei Jahren. Burgess heiratete und heuerte beim britischen Militär an. Während er in Gibraltar stationiert war, wurde seine schwangere Ehefrau zu Hause in England von desertierten Soldaten vergewaltigt. Sie verlor das Kind, möglicherweise in Folge der ihr dabei zugefügten Verletzungen. Burgess beantragte Ausgang, um zumindest kurzzeitig zu ihr zurückzukehren. Es wurde ihm untersagt.

Abwehr

Erlauben Sie mir einen kurzen Ausflug. In der Psychoanalyse gibt es den Begriff des *Abwehrmechanismus.* Ich selbst bin ausgebildeter Verhaltenstherapeut, habe die Theorie der Abwehrmechanismen aber immer sehr geschätzt. Sie hilft dabei, das eigene Verhalten aus einem anderen Blickwinkel zu betrachten und zu hinterfragen. Abwehrmechanismen sind psychische Vorgänge, die wir – zumeist unbewusst – anwenden, um unangenehme oder bedrohliche Gedanken, Gefühle oder Impulse zu bewältigen oder zu reduzieren. Sie können eine Art Schutzmechanismus sein und sowohl positive als auch negative Auswirkungen haben.

Auf der einen Seite helfen sie dabei, dass wir uns kurzfristig besser fühlen und uns vor unangenehmen oder schmerzhaften Gefühlen schützen. Aber wenn wir uns langfristig zu sehr auf sie verlassen, können sie auch negative Auswirkungen haben. Wir vermeiden wichtige emotionale Erfahrungen, wir verpassen Chancen für persönliches Wachstum oder wir entwickeln andere psychische und körperliche Symptome, weil die ursprünglichen Probleme nicht aufgelöst werden. Es gibt sehr viele unterschiedliche Abwehrmechanismen, einige davon sind uns allen bekannt.

Die *Entwertung* ist ein Beispiel, mit dem wir unser Selbstwertgefühl schützen. Wenn wir das Gefühl haben, dass unser Selbstwertgefühl bedroht wird, können wir dazu neigen, andere Menschen abzuwerten, um uns selbst besser zu fühlen. Das kann zum Beispiel passieren, wenn uns jemand am Arbeitsplatz kritisiert. Anstatt uns mit der Kritik auseinanderzusetzen, kann es passieren, dass wir die andere Person abwerten und uns selbst dadurch überlegen fühlen. »Was weiß die schon, die ist ja nicht vom Fach« oder »der ist noch so jung, der hat keine Ahnung«.

Die *Verschiebung* ist ein weiterer Abwehrmechanismus. Hier geht es darum, unangenehme Emotionen, Gedanken oder Impulse von einer Person auf eine andere zu übertragen. Ein Beispiel könnte sein, wenn jemand seine Wut auf die Chefin oder die eigenen Eltern nicht ausleben oder fühlen darf – vielleicht aus Abhängigkeit, Angst oder Tabuisierung – und den Frust stattdessen an jemand anderem auslässt. Am Partner, an den Kindern, an Haustieren oder an Unbeteiligten, die man auf der Straße anbrüllt.

Interessant ist auch die *Projektion*. Dabei wehren wir eigene Gefühle oder Gedanken dadurch ab, dass wir sie unserem Gegenüber unterstellen. Anstatt zu akzeptieren, dass etwas in mir vorgeht, unterstelle ich es einfach jemand anderem. In einer Paarbeziehung zum Beispiel könnte es sein, dass wir, wenn wir gerade selbst gestresst und dünnhäutig sind, statt das zu merken und uns einzugestehen, einfach unserer Partnerin vorwerfen, sich seltsam zu verhalten. »Warum reagierst du eigentlich die ganze Zeit so komisch? Bist du etwa genervt?«

Belesene Menschen können außerdem zur *Intellektualisierung* neigen, einem weiteren Abwehrmechanismus. Dabei versuchen wir, unangenehme oder schwierige Gefühle durch eine theoretische Analyse, Rationalisierung oder Abstraktion zu verarbeiten, anstatt sie wirklich zu fühlen und zu akzeptieren. Wenn uns nach einer schweren Trennung jemand fragt, wie es uns geht, könnten wir erwidern: »Naja, es ist besser, sich auf die Fakten zu konzentrieren, anstatt sich von Emotionen überwältigen zu lassen. Statistisch gesehen ist die Wahrscheinlichkeit für Trennungen sowieso hoch. Und eigentlich sehe ich es so, dass das Konstrukt der romantischen Liebe und der Paarbeziehung als ideale Form menschlicher Bindung ohnehin auf einer Illusion der Kontrolle und Sicherheit beruht, die wir uns vorgaukeln, weil wir in einer Welt der Unsicherheit und Veränderung eine trügerische Hoffnung auf Stabilität und Glück brauchen.« Wenn das unsere Antwort ist, könnte es sein, dass wir gerade unbewusst die eigentliche Trauer, Angst, Frustration oder Wut verdrängen, indem wir intellektualisieren.

Abwehrmechanismen sind nicht per se etwas Destruktives, es ist vollkommen normal und gesund, manchmal abzuwehren. Zur Selbsterkenntnis gehört aber, mit der Zeit besser darin zu werden, die eigene Abwehr zu erkennen.

Es gibt einen letzten Abwehrmechanismus, auf den ich eingehen möchte, die *Sublimierung*. Man könnte ihn den produktivsten, neben dem Humor und der Fantasie vielleicht schönsten Abwehrmechanismus nennen. Bei der Sublimierung werden unangenehme oder unerwünschte Emotionen, Impulse oder Gedanken in eine sozial akzeptierte, sogar geschätzte Handlung umgewandelt. Zum Beispiel könnte eine Person, die starke Aggressionen verspürt, körperlich fordernden Sport treiben, um die Aggression abzubauen. Sublimierung kann aber vor allem auch zu kultureller Betätigung führen. Malen, zeichnen, singen, schreiben, tanzen, musizieren, schauspielern, fotografieren, Skulpturen herstellen, töpfern, handwerkeln und Gartenarbeit, all das kann aus psychoanalytischer Sicht manchmal auch als Sublimierung betrachtet werden. Und damit, entschuldigen Sie bitte den kleinen Umweg, sind wir wieder bei William Golding und Anthony Burgess.

Beide haben viel Einsamkeit erfahren. Sie haben beide traumatische Kriegs- und Gewalterfahrungen gemacht. Natürlich sind keine Ferndiagnosen möglich, aber es wäre höchst erstaunlich, wenn diese Erfahrungen komplett spurlos an ihnen vorbeigegangen wären. Beide betäubten sich in starker Regelmäßigkeit. Von Goldings Alkoholabhängigkeit haben wir schon gelesen. In seiner Biografie bezeichnet Burgess sich selbst auch als starken Trinker, er habe ein Leben lang mit dem Alkohol gekämpft.[40] Aber der Alkohol betäubt eben nur temporär. Darum hat er als Abwehr nicht ausgereicht.

Ich glaube, man kann sowohl *Herr der Fliegen* als auch *A Clockwork Orange* zumindest teilweise als Sublimierung verstehen. Als unbewussten Versuch, die eigene Angst, Wut, Trauer und Aggression zu kanalisieren. Und das ist nicht verwerflich, im Gegenteil!

Wer weiß, wie die Biografien dieser beiden Männer verlaufen wären, wenn sie diesen Zugang, diese Möglichkeit zur Bewältigung, nicht gehabt hätten. Auch die Gesellschaft profitiert davon, wenn die Fantasien aus *A Clockwork Orange* auf Papier ausgelebt werden anstatt in der Realität. Der literarische Wert beider Werke ist zudem unbestreitbar, nichts läge mir ferner, als mir auch nur im Geringsten eine Kritik in dieser Hinsicht zu erlauben. Also haben wir auch da wieder einen Gewinn für die Gesellschaft.

Aber der Fehler, der uns nicht passieren darf, ist, uns dieser Sublimierung von Gewaltfantasien unvorbereitet auszusetzen, sie für bare Münze zu nehmen. Die Realität entspricht nicht den schlimmsten Erfahrungen einzelner Personen. Das ist sehr viel einfacher gesagt als gespürt. Vor allem wenn man sich diesen Erfahrungen aussetzt, so wie es Millionen von Menschen bei diesen beiden Büchern gemacht haben. Ich weiß aus persönlicher Erfahrung, wie wichtig diese Unterscheidung, diese Distanz für die eigene Psychohygiene ist – sie ist Teil meiner Berufsausbildung gewesen.

Wenn Psychotherapeutinnen langfristig gesund arbeiten möchten, ist es essenziell, dass sie ihr eigenes Welt- und Menschenbild durch ihre Arbeit nicht negativ beeinflussen lassen. Denn je nachdem welche Erfahrungen wir in der Praxis hören, kann es Tage geben, an denen uns der Glaube an das Gute fast vergeht. Unsere Patienten haben manchmal furchtbare Erfahrungen gemacht, so wie Golding und Burgess. Auch sie haben manchmal Angst, Wut oder Abscheu gegenüber anderen. Dann ist es gut und extrem wichtig, dass wir jahrelang dafür ausgebildet worden sind, im Kontakt zu bleiben, teilzunehmen, uns aber gleichzeitig auch selbst zu schützen, uns innerlich zu distanzieren.

Wenn sich Jahr für Jahr zigtausende Leser, Schülerinnen und Studenten intensiv mit den Gewaltfantasien Goldings und

Burgess' auseinandersetzen, ist das natürlich nicht dasselbe, als wenn sie ihnen gegenübersitzen würden. Aber auch sie sollten sich selbst dabei schützen und aufpassen, dass das von den persönlichen Erfahrungen der Autoren geprägte Menschenbild sich nicht auf ihr eigenes auswirkt.

Storytelling

Ich hatte die Autoren bisher von den Wissenschaftlern getrennt. Man würde meinen, eine sinnvolle Unterscheidung? Ich bin mir da selbst nicht ganz sicher. Golding und Burgess haben Geschichten erzählt, vielleicht um ihre eigenen Dämonen zu vertreiben. Aber unterscheiden sich Sherif, Milgram und Zimbardo von ihnen? Auch sie sind, wenn nicht Betroffene, dann zumindest Zeugen brutaler, systematischer Gewalt gewesen. Sie haben diese nicht in Form von Fiktion und Alkohol verarbeitet, sondern versucht, mit ihrer Arbeit Zeichen zu setzen. Sie wollten warnen, Bewusstsein schaffen, Änderungen vorantreiben. Um das zu erreichen, sind auch sie eher zu Geschichtenerzählern denn Wissenschaftlern geworden.

Auffällig ist, dass sowohl Milgram als auch Zimbardo zunächst die mahnenden Zeigefinger erhoben, dann aber ihren Fokus wechselten. Beide versuchten später das Positive in den Vordergrund zu rücken: Hilfsbereitschaft, Verbindung, heldenhaftes Verhalten. All diese Arbeit hinterließ aber nicht den Hauch des Eindrucks, den ihre schockierenden Gefahrenmeldungen bereits im kollektiven Gedächtnis eingebrannt hatten.

Und das bringt mich zum nächsten und eigentlich wichtigeren Thema, denn es ist das eine, wenn jemand (selbst, wenn es aus guten Motiven passiert) die Unwahrheit erzählt. Das wird es immer geben. Es ist etwas ganz anderes, wenn besonders viele Menschen diese Lügen glauben und sie weiterverbreiten. All die negativen Geschichten aus diesem Kapitel sind unfassbare, preisgekrönte Erfolge geworden. Wir konnten nicht genug davon bekommen, sie schienen eine tief sitzende kollektive Gewissheit über die Natur des Menschen zu bestätigen.

Dasselbe gilt auch für die beliebten True-Crime-Formate, Thriller und Kriminalfilme á la *Tatort*. Sie bestätigen jede Woche wieder unsere Angst vor den anderen und dem, was uns passieren könnte. Dabei zeigen die Fakten eindeutig, dass das Bild von Kriminalität und Gefahr, dass wir als wöchentliche Zeugen von Mord und Totschlag im Sonntagsprogramm bekommen, falsch ist.[41]

Ich könnte hier spezifische Einzelstatistiken nennen, wie zum Beispiel, dass es im Jahr 1988 noch 58 Sexualmorde in Deutschland gegeben hat, 2016 aber nur noch neun, ein Rückgang von 85 Prozent. Es gäbe auch allgemeinere Daten, so zum Beispiel, dass die Zahl schwerer Gewalttaten in Schulen seit Jahrzehnten kontinuierlich sinkt, was man unter anderem aus Daten der Versicherer weiß, wo die Verletzungen im Schulbetrieb in den Akten landen. Auch Dunkelfeldstudien bestätigen diesen klaren Trend.[42]

Aus einer globaleren Perspektive gäbe es ebenso beruhigende Zahlen für uns im Heimatland des *Tatort*. Das *Institute for Economics and Peace* in Sydney errechnet jährlich einen globalen Friedensindex. Er erfasst Daten wie Mordrate, Sicherheitsempfinden, Zahl der Inhaftierten, Zugang zu Waffen, Betroffenheit durch Terrorismus, Krieg und Bürgerkrieg, aber auch Faktoren wie gewalttätige Demonstrationen, Grad der Militarisierung oder politische Stabilität. Danach ist Europa mit Abstand die sicherste Region der Erde, Deutschland liegt 2023 auf Rang Fünfzehn von 163 bewerteten Ländern. Zum Vergleich: Die USA liegen auf Rang 131.

Oder ich beschränke mich ganz simpel auf die Mordrate. Nach einer Studie der UNO aus dem Jahr 2013 lag sie in Venezuela bei 53,7 pro 100 000 Einwohner. Der globale Schnitt war 6,2. In Europa: 3,0. In Deutschland: 0,8. Pro Jahr, pro einhunderttausend Einwohner. Das bedeutet, es gab in diesem Jahr 640 Mordopfer – übrigens auch eine seit Jahrzehnten fallende Zahl. Im selben Zeitraum starben ungefähr 10 000 Menschen bei Haushaltsunfällen. Um Gefahr realistisch darzustellen, sollte der *Tatort* also eigentlich im Baumarkt spielen, mit einer Leiter in der Hauptrolle.

Aber all diese Fakten haben nur eine begrenzte Macht, es sind Geschichten, die in Erinnerung bleiben: Goldings und Burgess' Gewaltfantasien. Die Studien hinter dem Feigenblatt der Wissenschaft, die nicht nur in ihren moralischen Warnungen, sondern auch in ihrem Wahrheitsgehalt an Märchen erinnern. Die möglichst realistischen, wenn nicht sogar auf möglichst fürchterlichen Einzelbeispielen basierenden Inszenierungen von Kriminalität in Film, Fernsehen, Podcasts und Büchern. Sie alle erzählen von der Gefahr, die vom Menschen ausgeht. Wir glauben die Geschichten, wir verschlingen sie. Und dieser Konsum verändert etwas in uns, ob wir wollen oder nicht. Warum sind es gerade diese negativen Geschichten, die wir am ehesten glauben, selbst wenn sie am weitesten von der Wahrheit entfernt sind? Darum soll es im nächsten Kapitel gehen.

Kapitel 3

Hauptsache überleben

Bedenken wir wieder die Psychotherapie analog dazu, wo wir im Buch stehen. Die moderne Medizin, inklusive der Psychotherapie, betrachtet den Menschen und dessen Symptome ganzheitlich. In vielen Fällen lässt sich nicht eine einzige Ursache für unser Befinden ausmachen, sondern ein komplexes Feld von unterschiedlichen Faktoren.

Um dem gerecht zu werden, betrachten Medizinerinnen ihre Patienten heutzutage meistens im biopsychosozialen Modell von Gesundheit und Krankheit, das zurzeit als beste Hintergrundtheorie der Humanmedizin gilt. Es betrachtet sowohl für die Diagnostik als auch für die Behandlung die komplette Lebenswelt des Menschen. Um es ganz simpel zu halten, sagt das Modell, dass wir biologische (z. B. Genetik, angeborene Veranlagungen), psychologische (unsere Einstellungen und Bewältigungsmechanismen, die wir im Laufe des Lebens gebildet haben) und soziale (Umweltfaktoren, was sich aktuell in unserem Leben abspielt) Faktoren bedenken müssen, um Krankheit und Gesundheit zu verstehen.

In Kapitel eins und zwei haben wir uns mit den von Gesellschaft, Wissenschaft und Kultur vermittelten Menschenbildern beschäftigt. Sie entstanden Mitte des zwanzigsten Jahrhunderts, sind aber bis heute nicht ausreichend korrigiert worden und klingen immer noch nach. Genauso, wie das Menschenbild unserer Eltern und wie sie die Welt gesehen haben – unabhängig davon, ob wir es später korrigiert haben – wahrscheinlich einen Einfluss auf uns hat, können auch die gesellschaftlichen Einflüsse unserer frühen Kindheit und Jugend bis heute eine Auswirkung auf unser Erleben haben.

Bisher haben wir uns im biopsychosozialen Krankheitsmodell, also auf der psychologischen Ebene bewegt. Dort, wo es darum geht, was wir über uns und die Welt gelernt haben. In diesem Kapitel soll es darum gehen, warum wir als Gesellschaft und oft auch als Einzelne so empfänglich für diese negativen Sichtweisen sind. Und dafür gehen wir auf die biologische Ebene, zu unseren evolutionär geprägten, angeborenen Veranlagungen.

Der (kleine) Exorzismus

Gab es in dem Haus, in dem Sie aufgewachsen sind, im Badezimmer ein Fenster? Wenn nicht, lagen dort Streichhölzer? Als Kind war ich einmal bei einem Freund zu Besuch und habe dort das erste Mal Streichhölzer auf einem Spülkasten liegen sehen. Das hat mich sehr irritiert, ich fragte mich, welche Rituale hier wohl abgehalten werden. Ich zündete ein Blatt Toilettenpapier an und ließ es in die Keramik fallen, in der Hoffnung, dass es mir Glück bringen oder wenigstens Bakterien beseitigen würde. Erst einige Wochen später traute ich mich, nach dem Zweck der Streichhölzer zu fragen. Der Freund antwortete: »Na, sie vertreiben den Geruch! Du zündest ein Streichholz an, und der Toilettengeruch ist weg!«

Zugegeben, ich habe das Zitat etwas angepasst, er sagte nicht »Toilettengeruch«. Aber Sie verstehen, was er meinte. Die Technik erschien mir zwar praktisch, aber ich verstand sie nicht ganz. Wie konnte ein einzelnes, nur wenige Sekunden brennendes Streichholz den ganzen Geruch vertreiben? Wo geht er hin? Warum erfüllt ein Parfum, das als einzige Daseinsberechtigung für seine kostspielige Existenz hat, gut zu riechen, nicht denselben Zweck? Warum riecht man bei einem Parfum beides, die Toilette und Chanel N° 5, aber bei einem Streichholz nicht? »Verbrennt« der vorherige Geruch? Kann man Gerüche etwa anzünden und wenn ja, wieso reicht dafür eine daumengroße Flamme, wenn der Geruch doch überall im Raum ist?

Die Frage ließ mich nicht los. Über die Jahre hinweg erkundigte ich mich im Biologie-, Chemie- und Physikunterricht. Meine Lehrer hatten wenig Geduld mit mir und konnten keine befriedigende Antwort geben, es würde eben einfach funktionieren und ich solle aufhören, in meinen Schulaufgaben schriftliche Gegenfragen zu stellen. Irgendwann akzeptierte ich den Vorgang einfach als unerklärliches Wunder. Nicht alles muss man verstehen. Jedenfalls vergaß ich das Streichholz, bis es mich eines Tages von selbst wieder einholte. Im ersten Semester meines Psychologiestudiums.

Zaubertricks im Hörsaal

Ich erinnere mich lebhaft daran, als ich im Hörsaal saß und die Dozentin uns um unsere Aufmerksamkeit bat: Sie werde gleich ein kurzes Video abspielen. Dann teilte die Dozentin unseren Hörsaal in zwei Gruppen ein. In dem Video waren sechs Personen zu sehen, die in zwei gleich große Gruppen eingeteilt waren. Drei trugen ein weißes T-Shirt, die anderen drei ein schwarzes.

Jedes Team hatte einen Basketball. Die linke Hälfte des Hörsaals sollte die Anzahl der Pässe des weiß bekleideten Teams zählen, die rechte Hälfte, wo ich auch saß, die Pässe der Menschen in schwarzen T-Shirts.

Dann ging es auch schon los, wir alle starrten gebannt auf die Leinwand und zählten konzentriert. Nach kurzer Zeit, ich hatte vielleicht fünf Pässe gezählt, passierte plötzlich etwas Irritierendes. Ein Mensch in einer schwarzen Gorillaverkleidung spazierte langsam durch das Video, stellte sich in die Mitte der basketballspielenden Gruppe, schlug sich ein paarmal auf die Brust und ging dann langsam links wieder aus dem Bild. Alles klar, dachte ich mir, eine Ablenkung. Es geht darum, ob wir es schaffen, trotzdem alle Pässe zu zählen? Dann endete das Video.

Zu meiner großen Enttäuschung fragte die Dozentin aber nicht, wie viele Pässe wir gezählt haben, sondern, wer den Gorilla gesehen habe. Leicht genervt hob ich, genauso wie ausnahmslos alle anderen fünfzig Studierenden auf meiner Seite des Hörsaals, die Hand. Natürlich hatten wir den Gorilla gesehen, wieso die Frage? Die Dozentin lächelte uns an und deutete zu unserer Linken. Und dort sah ich die fünfzig anderen Studierenden, die die Pässe der Gruppe im weißen T-Shirt zählen sollten – und nur knapp die Hälfte von ihnen hatte die Hand gehoben.

Die übrigen Studierenden schauten total verwirrt. Gorilla? Welcher Gorilla? Ist das ein Witz, wieso heben so viele ihre Hände? Wo bitte ist ein Gorilla gewesen? Plötzlich wurde es spannend. Gespräche gingen los und die Dozentin ließ diese, immer noch grinsend, laufen. Ihr habt den Gorilla nicht gesehen, habt ihr was an den Augen? Er stand mitten im Bild! Schließlich spielte die Dozentin das Video noch einmal ab, nun waren natürlich alle Augen auf den Gorilla gerichtet, der unter großem Gelächter des Hörsaals seinen Auftritt hatte.

Das Video ist Teil eines Experiments von Christopher Chabris und Daniel Simons.[1] Die beiden Wissenschaftler demonstrierten damit eindrucksvoll die sogenannte *Unaufmerksamkeitsblindheit*. Die Unaufmerksamkeitsblindheit, im Englischen bekannt als *Inattentional Blindness* oder *Perceptual Blindness*, beschreibt das Phänomen, bei dem eine Person bestimmte offensichtliche visuelle Reize oder Ereignisse nicht wahrnimmt, obwohl diese sich innerhalb ihres Sichtfeldes befinden.

Es ist wichtig zu verstehen, dass Unaufmerksamkeitsblindheit häufig keine bewusste Entscheidung ist, sondern ein automatischer Prozess, der in unserem Gehirn stattfindet. Diejenigen Personen, die den Gorilla übersehen, haben nie bewusst entschieden: »Ich möchte diesen Gorilla nicht wahrnehmen.« Aber unsere Aufmerksamkeit ist begrenzt.[2] Da sie sich bewusst auf das Team in den weißen Shirts fokussieren wollten, musste ihr Gehirn entscheiden, dass diese Art von Reiz – weiß gekleidete Menschen – priorisiert wird. Um dem Auftrag gerecht zu werden, kann das Gehirn entscheiden, andere Informationen oder Ereignisse einfach auszublenden, um die Verarbeitung zu vereinfachen. Das Team mit den schwarzen Shirts wird als irrelevanter Reiz ausgeblendet. Der Gorilla, der diesem Team farblich ähnlich ist, wird dabei von den Augen selbst gesehen, er ist mitten im Blickfeld. Aber das Gehirn entscheidet, ihn nicht wahrzunehmen.*

---

* Leider wird das Experiment bei Ihnen selbst nicht mehr funktionieren, da Sie jetzt vom Gorilla gehört haben und ihn darum nicht mehr übersehen werden. Ich frage mich bis heute, ob ich ihn bemerkt hätte, wenn ich auf der anderen Seite des Hörsaals gewesen wäre. Aber wenn Sie möchten, können Sie sich immer noch den Spaß machen, den Test mit jemand anders durchzuführen und die Person dabei zu beobachten, ob sie den Gorilla bemerkt. Sie finden das Video auf www.theinvisiblegorilla.com/videos.html. Für Sie selbst gibt es auf der Seite außerdem noch ein paar weitere Videos zum Ausprobieren, die ich Ihnen nun nicht näher erkläre, damit Sie daran noch Freude haben können.

Du kommst hier nicht rein

Es klingt abstrakt, aber stellen Sie es sich folgendermaßen vor. In Ihrem Gehirn haben Sie eine Art Türsteherin.[3] Sie entscheidet darüber, welche Sinneswahrnehmungen es in ihre Aufmerksamkeit schaffen. Diese Aufmerksamkeit können wir uns wiederum als besonders exklusiven Club vorstellen. Ihre innere Türsteherin arbeitet unermüdlich, jede Minute, die Sie wach verbringen und sogar, wenn Sie schlafen, am Eingang dieses Clubs.

Tragen Sie eine Brille? Wenn ja, spüren Sie diese den ganzen Tag bewusst auf Ihrer Nase? Nein, weil die Türsteherin entscheidet, dass dieser Reiz nicht wichtig ist. Hören Sie immer wieder bewusst jedes einzelne Straßengeräusch oder das Ticken ihrer Armbanduhr? Auch das, irrelevant, wird nicht hereingelassen. Ihre Ohren nehmen diese Geräusche durchaus wahr, aber die Türsteherin lässt sie abblitzen. Wir nehmen auch nicht permanent ablenkende Gerüche wahr, obwohl sie existieren, weil die meisten davon nach einer Weile einfach ausgeblendet werden.

Die Türsteherin kann aber auch bewusste Aufträge von ihnen entgegennehmen, zum Beispiel im Gorilla-Experiment. Dort lautet ihr expliziter Auftrag, alles, was das weiß gekleidete Team macht, hereinzulassen und den Rest draußen zu behalten, weil es sonst zu schwierig wird, den Pässen zu folgen. Solche Aufträge erteilen Sie Ihrer Türsteherin täglich – meistens, ohne dass Sie es selbst bemerken. Einfach dadurch, dass Sie sich auf etwas konzentrieren. Das beste Personal bemerkt man nicht, es macht einfach seinen Job.

Wenn wir beide uns in einem gut besuchten Café gegenübersitzen und uns unterhalten würden, leistet Ihre Türsteherin Schwerstarbeit. Ihr Auftrag lautet, alles was ich zu Ihnen sage, in Ihren Club der Aufmerksamkeit hereinzulassen, denn wir möchten uns ja unterhalten. Damit das Gespräch aber funktioniert, müssen unzählige Gespräche, die zeitgleich um uns herum stattfinden, ausgeblendet werden. Ihre Türsteherin schafft also etwas, an dem selbst die hochwertigsten Aufnahmegeräte scheitern. Wenn Sie ein Mikrofon an einem Tisch mitten in einem Café aufstellen, ist die Aufnahme fast unbrauchbar, Sie werden kaum ein einzelnes Gespräch verfolgen können, weil alle Stimmen gleich laut auf derselben Aufnahmespur sind. Ihre Türsteherin aber kann aussortieren. Darum können wir uns auch in Menschengruppen relativ gut zu zweit miteinander unterhalten.

Nützliches kommt rein, Unnützes bleibt draußen. Nun gibt es aber ganz bestimmte Reize, die Sonderrechte haben. Spricht zum Beispiel jemand am Nebentisch unseren Namen aus, wird die Türsteherin diese Information durchlassen – sie macht nämlich nicht nur Dienst nach Vorschrift, sie denkt mit! Wenn da jemand Ihren Namen nennt, könnte das potenziell relevant für Sie sein. Also auch wenn ihr Job ist, alles außer unserem Gespräch draußen zu halten, macht die Türsteherin hier eine Ausnahme. Sie nimmt den Reiz kurz an der Schlange vorbei mit, klopft bei uns im Club an, macht die Tür auf und lässt den Reiz rein. Ihre Aufmerksamkeit wird für einen Moment nicht mehr nur bei unserem Gespräch sein. Ihre bewusste Aufmerksamkeit prüft den neuen Gast im Club. Sie hören zum Nebentisch, werfen vielleicht auch einen kurzen Blick in die Richtung und prüfen, ob Sie gemeint gewesen sind. Wenn nicht, fliegt der Reiz raus und wir sind wieder ungestört zu zweit. So weit, so gut.

Es gibt aber auch Reize, die nicht nur höher, sondern am höchsten priorisiert werden. Unsere Türsteherin nimmt nämlich einen Aspekt ihrer Arbeit besonders ernst, die Sicherheit. Wenn sie also einen potenziellen Gefahrenreiz bemerkt, wird dieser nicht nur vorgelassen und an der Schlange vorbei in den Club geführt. Sie packt diesen Reiz an der Hand, sprintet in den Club, reißt die Tür auf ohne anzuklopfen, stoppt die Musik, schaltet alle Lichter ein und brüllt in ihr Megafon »ACHTUNG, GEFAHR!«.

Unser Gehirn ist auf ganz grundsätzlicher Ebene darauf gepolt, Gefahren zu erkennen und tut deswegen alles dafür, unsere Aufmerksamkeit auf sie zu richten. In dem Moment, wenn wir eine Sirene hören, nehmen wir die Hintergrundmusik im Café nicht mehr wahr. Wenn Sie im Augenwinkel einen Tiger sehen, der langsam auf uns zugeht, werden Sie die schöne Tischdekoration ganz schnell vergessen. Und wenn von nebenan der Geruch von Schwefel, von Feuer, von etwas Verbrennendem in der Luft liegt, wird Ihr Gehirn das wunderbare Basilikum-Aroma Ihrer Pasta leider ausblenden, auch wenn der Teller weiterhin vor Ihnen steht. Die Gefahr überwiegt, die Türsteherin macht ihren Job.

Und so habe ich, zwanzig Jahre später, endlich das Streichholz auf der Toilette verstanden. Es vertreibt die unangenehmen Gerüche nicht, sie sind immer noch da. Aber wir bemerken sie nicht mehr, weil unser Gehirn alles vermeintlich Irrelevante – egal ob den angenehmen Duft von Blumen oder den unangenehmen Gestank von Verdautem – ausblendet, wenn es um unsere Sicherheit geht.

Zurück in die Höhle

Diese Veranlagung, alles Gefährliche primär zu priorisieren, ist evolutionär wichtig und richtig gewesen. Es war von existenzieller Bedeutung, eher den Tiger hinter dem Busch als die hübschen Blüten davor zu bemerken. Diejenigen unserer Vorfahren, die weniger Wert auf ihr eigenes Wohl gelegt haben und sich bei Feuer,

Sturm und der Anwesenheit von gefährlichen Tieren keinerlei Sorgen machten, konnten nicht überleben.

Die Fokussierung des Gehirns auf Gefahr geht aber über die situative Aufmerksamkeit hinaus, denn es war ebenso notwendig, nie wieder zu vergessen, wo und von wem Gefahr droht. Hat sich ein Sammler beim Verzehr einer bestimmten Beere heftig vergiftet, wird er diese Beere beim nächsten Mal nicht pflücken. Wurde eine Gruppe beim Jagen in einem neuen Gebiet von Wölfen oder anderen Menschen attackiert, hat man diese Gegend in Zukunft, so gut es geht, vermieden.

Die Wissenschaft geht davon aus, dass dieser evolutionäre Überlebensvorteil der Grund dafür ist, warum negative Erinnerungen eine so viel stärkere Auswirkung auf uns haben als Positive. Dieser Unterschied lässt sich auch heute noch messen. Eine Studie verglich die Erinnerung unterschiedlicher Gruppen an das *American League Championship*-Finale 2004.[4] Das Baseball-Team der Boston Red Sox besiegte damals die New York Yankees. Die Fans wurden in drei Gruppen eingeteilt, die stark positiv eingestellten Red Sox-Fans, die stark negativ eingestellten Yankees-Fans und die neutrale Gruppe (Personen, die keins der beiden Teams bevorzugten). Die emotional besetzten Erinnerungen waren dabei deutlicher als die der neutralen Zuschauer. Aber vor allem zeigte sich, dass die unglücklichen Erinnerungen des Verliererteams stärker, lebhafter und im Detail sogar faktisch korrekter waren als die des Gewinnerteams.

Weitere Studien zeigen ähnliche Ergebnisse in einer breiten Menge an Kontexten.[5] Unangenehme Gefühle, schlechte Erfahrungen und negatives Feedback haben größere Auswirkungen als die jeweiligen positiven Erlebnisse. Negative Eindrücke und abwertende Vorurteile bilden sich schneller und sind resistenter gegenüber Veränderungen als gute. Wir ärgern uns etwa nachweislich mehr darüber, 50 Euro zu verlieren, als dass wir uns darüber freuen, 50 Euro zu gewinnen – und wir erinnern uns länger an den Verlust.

Es wird aber noch absurder. Wir finden Personen, die Negatives von sich geben zwar unsympathisch, schätzen sie aber als schlau ein. Lesen Menschen positive und negative Buchkritiken, schätzen sie die Autorinnen der Kommentare als schlauer ein, wenn es sich um negative Rezensionen handelt.[6] Wir scheinen das sogar intuitiv zu wissen. Wenn Versuchspersonen Vorträge halten sollen und ihnen vorher gesagt wird, dass sie es mit einem besonders gebildeten Publikum zu tun haben, fokussieren sie sich mehr auf das Negative.[7]

Man kann diesen Tunnelblick unserer Psyche und des Gedächtnisses auf das Negative auch biologisch betrachten. Die Hauptstruktur im Gehirn, die für das Gedächtnis verantwortlich ist, ist der Hippocampus. Er ist eine kleine Struktur im Schläfenlappen, die, neben vielen anderen Funktionen, hauptsächlich für unser Langzeitgedächtnis verantwortlich zu sein scheint. Die Erinnerung an emotionales Gedächtnis erfordert jedoch nicht nur den Hippocampus, sondern auch die Amygdala und andere Regionen des präfrontalen Cortex. Die Amygdala ist eine kleine, mandelförmige Struktur im Gehirn, die hauptsächlich an der Kontrolle von Emotionen, insbesondere von Angst und Aggression, beteiligt ist. Wenn nun eine emotionale Erfahrung gemacht oder erinnert wird, trägt die Amygdala zur emotionalen Aktivierung bei. Der genaue zugrunde liegende Mechanismus der Erinnerung an emotionale Ereignisse ist noch nicht vollständig verstanden, aber die Wissenschaft vermutet, dass die zusätzliche Aktivierung und dadurch verursachte Hormonausschüttung dazu beitragen, dass emotionale Erlebnisse – und zwar vor allem negative[8] – besonders gut erinnert werden.[9]

Aber wie auch immer das genaue physiologische Zusammenspiel auf der biologischen Ebene aussieht, das Ergebnis ist klar und macht aus der evolutionären Perspektive Sinn. Der Zweck, negative Ereignisse zu erinnern, besteht darin, uns an lebensgefährliche Bedrohungen zu erinnern, damit wir sie in Zukunft erkennen und vermeiden können. Wir stammen von einer langen Ahnenreihe sehr vorsichtiger, eher misstrauischer und ängstlicher Menschen ab, da das Überleben bis hin zu einem natürlichen Tod in der Geschichte der Menschheit lange keine Selbstverständlichkeit war. Tödliche Gefahr lauerte überall. Aber wie bei vielen anderen überlieferten Automatismen lohnt es sich auch hier, diesen zu hinterfragen.

Eine Auseinandersetzung in der Familie, ein Streit mit einer Kollegin und ein Konflikt mit einem Freund werden in unserem Gedächtnis immer noch so abgespeichert, als ob sie überlebenswichtige Informationen wären. Aber wie wir sowohl aus der eigenen Erfahrung als auch aus den Statistiken wissen, ist das in den allermeisten Fällen weit von der Wahrheit entfernt. Unsere Biologie bewertet jede empfundene Beleidigung, jedes gefühlte Hintergehen, das Vergessen von Geburtstagen oder das Brechen von Vereinbarungen als grundlegende Aussage über unsere Mitmenschen – und genau darum fällt es uns so schwer, nachsichtig mit ihnen umzugehen.

All die positiven Erlebnisse, die als selbstverständlich empfundenen Aufmerksamkeiten oder einfach nur angemessenen Erlebnisse haben es schwer, die viel selteneren Vergehen aufzuwiegen.

Aber wenn wir diese tief in uns verankerten Programme unreflektiert ablaufen lassen, ist der Preis der Verzicht auf ein erfülltes Leben. Gefahr hat es schon immer gegeben. Das moderne Leben birgt zwar sehr viele Stressoren und Widrigkeiten, aber für die Mehrheit der Gesellschaft keine tägliche Lebensgefahr. Die Veranlagung selbst wird damit zu einem Stressor. Und das ist nicht das einzige Problem. Denn in den letzten Jahren, in unserer ganz aktuellen Lebenswelt, hat sich noch etwas Entscheidendes verändert. Unser hyperaktiver, übersensitiver Gefahrensensor trifft auf endlosen Nachschub.

Kapitel 4

Die süße Gefahr

Mein Biologielehrer Dr. Drommel rief mich zu Beginn der neunten Klasse zur Abfrage nach vorne, zeichnete zwei längliche, von einem Spalt getrennte Rechtecke an die Tafel und fragte mich, was ich da sehe. Ich erinnere mich nicht mehr an meine Antwort, vielleicht hatte ich Hunger und habe Toastbrot vorgeschlagen, aber sie kann ihm nicht gefallen haben. Er wies mich darauf hin, dass er gerade den Organismus des Menschen illustriert habe. »Oben Essen rein, unten Scheiße raus!« Wenn ich im Biologieunterricht nicht einmal den menschlichen Körper identifizieren könne, habe er wenig Hoffnung für mich.

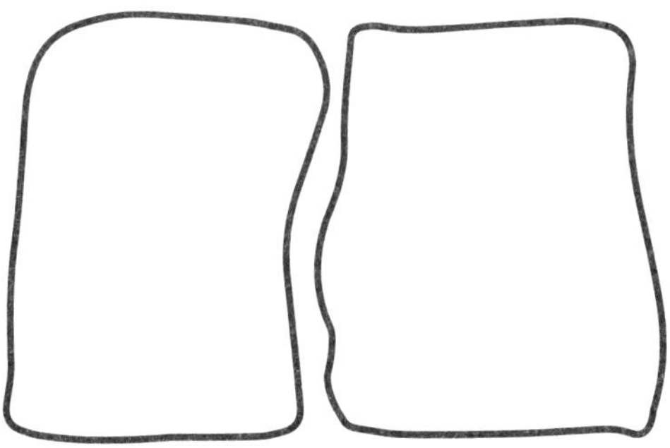

Die Krone der Schöpfung, der Mensch.

Vielleicht sind Sie gerade genauso irritiert wie ich, als ich damals an der Tafel stand. Was hat das Ganze mit Nachsicht, mit Psychologie zu tun? Ich verspreche, dass wir gleich dort ankommen, aber wir müssen erst einen wichtigen Zwischenstopp machen.

Denn Dr. Drommel, auch wenn er sein Wissen in dem Moment auf eine eigenwillige Art vermittelte, hatte recht: Das, was wir essen, wandert entlang einer von Anfang bis Ende durchlässigen Röhre einmal durch unseren Körper – und hinterlässt dabei Spuren. Unsere Ernährung beeinflusst die Gesundheit, das ist uns heutzutage allen klar. Auch bei unserer mentalen Gesundheit rückt die Rolle der Ernährung langsam in den Vordergrund. In den letzten Jahren hat es dazu einen rasanten Anstieg in der Forschung gegeben, Ernährungsberatung könnte irgendwann einen selbstverständlichen Part in der Behandlung oder Prävention psychischer Erkrankungen einnehmen.[1] Aber noch ist das alles neu, und der Weg dahin war steinig, obwohl der Mensch sich doch schon immer ernährt. Warum macht uns das Essen erst seit der Moderne so große Probleme?

Um das zu beantworten, kann die Evolutionspsychologie einen wichtigen Part beim Verständnis unseres Ernährungsverhaltens spielen. Nahrung in allen Formen ist in der Entwicklungsgeschichte des Menschen immer ein begrenztes, überlebenswichtiges Gut gewesen. Genauso wie jedes andere Tier, hat auch der Mensch über Hunderttausende von Jahren sehr viel Zeit und Energie darin gesteckt, genug Essbares zu sammeln, zu jagen und zu sich zu nehmen. Der nächste Winter stellte immer eine potenzielle Bedrohung dar, darum war es umso wichtiger, die nahrungsreichen Zeiten zu nutzen und sich nicht nur einen Essensvorrat, sondern auch einen Kalorienvorrat am eigenen Körper anzulegen. Hochkalorische und energiereiche Lebensmittel, also vor allem Zucker- und Fetthaltiges, waren dabei besonders wertvoll, denn die durch sie erreichte Gewichtszunahme erhöhte die Wahrscheinlichkeit, lebensmittelarme Zeiten zu überleben.

Unser Gehirn hat sich über unzählige Generationen auf diese Bedingungen eingestellt und ein darauf abgestimmtes Belohnungssystem entwickelt. Es ist eng mit dem limbischen System verbunden und umfasst Regionen wie den Nucleus accumbens, den ventralen Tegmentalbereich (englisch: *Ventral Tegmental Area / VTA*) und den präfrontalen Kortex. Dieses System ist dafür verantwortlich, dass wir angenehme Empfindungen und positive Verstärkungen erleben, wenn wir bestimmte Aktivitäten ausführen, die für unser Überleben und Fortbestehen wichtig sind, wie Essen, Trinken und Sex. Die Aufnahme von Zucker hat im Gehirn eine starke Wirkung auf die Freisetzung von Dopamin. Dopamin ist ein Neurotransmitter, der als Botenstoff agiert und mit Belohnung und Vergnügen verbunden ist.

Wenn wir zuckerhaltige Lebensmittel essen, gelangt der Zucker aus dem Verdauungstrakt in den Blutkreislauf und schließlich in Form von Glukose ins Gehirn. Dort stimuliert die Glukose die Neuronen im VTA, die daraufhin mehr Dopamin ausschütten. Das führt zu einem angenehmen und belohnenden Gefühl, was uns dazu motiviert, weiterhin zuckerhaltige Nahrungsmittel zu konsumieren. Darum genießen wir ungesundes Essen so sehr: Unser Gehirn, das evolutionär immer noch auf Lebensmittelknappheit eingestellt ist, signalisiert uns: »Mehr, mehr, mehr davon! Das schmeckt, das tut uns gut!«

Über 99,9 Prozent der Geschichte der Menschheit ist das ein sinnvoller Mechanismus gewesen. Er hat unsere Vorfahren motiviert, sich körperliche Reserven anzulegen. Aber mit der industriellen Revolution hat sich in kürzester Zeit – evolutionär betrachtet sind Jahrzehnte und sogar Jahrhunderte nicht mehr als ein kurzer Moment – alles verändert. Zum ersten Mal ist Nahrung für ganze Gesellschaften von einem knappen zu einem im Überfluss vorhandenen Gut geworden.

Ab der zweiten Hälfte des zwanzigsten Jahrhunderts fragten sich viele Menschen in Europa nicht mehr, ob sie im nächsten Winter genug, sondern ob sie *gut genug* essen könnten. Als dieser Nahrungsüberfluss auf unser Gehirn traf, welches auf Knappheit ausgerichtet ist, waren Probleme vorprogrammiert. Wir waren rein biologisch nicht darauf vorbereitet, verantwortungsbewusst mit diesem Überangebot umzugehen. Vorher kaum bekannte Symptome entwickelten sich zu Volkskrankheiten. Adipositas, Diabetes, Herz-Kreislauf-Erkrankungen, Fettleber, Zahnerkrankungen und Nährstoffmangel sind nur einige der Probleme, die entscheidend durch unsere Ernährung beeinflusst sein können.

Es dauerte lange, bis breite Teile der Gesellschaft bemerkt haben, dass wir uns bei der Ernährung eben nicht mehr einfach nur nach unserer Intuition und Lust treiben lassen können. Unser Gehirn belohnt uns kurzfristig für Dinge, die uns langfristig schaden, weil es für das Überleben in einem anderen Kontext spezialisiert ist. Den allermeisten Menschen ist heute in Sachen Ernährung bewusst, dass wir nicht immer, aber oft auf kurzfristige Belohnung verzichten und stattdessen langfristig sinnvolle Gewohnheiten aufbauen und diese selbst belohnen sollten. Auch wenn unser Hirn uns mehr dafür belohnt, Cola anstatt Wasser zu trinken.

Was hat das nun alles mit Nachsicht zu tun? Damit, wie wir die Welt sehen? Ich glaube, sehr viel. Denn wir stecken in einer ähnlichen Situation, wie die ersten Generationen nach der industriellen Revolution und sind gerade erst dabei, die Gefahr zu erkennen.

Information = Nahrung

Es ist nicht nur Nahrung, die in uns hereinkommt, von der wir manches aufnehmen und anderes weiterziehen lassen. Es ist nicht nur das Essen, das etwas mit uns macht, je nachdem, was wir in uns hereinlassen. Dasselbe passiert auch mit Informationen, mit allem, was wir hören und lesen, was wir also aufnehmen. Manches zieht einfach an uns vorbei, aber vieles hinterlässt Spuren, verändert uns, hat einen Einfluss auf unser Befinden, auf unsere Gesundheit. Sollten wir also über unsere Informationsaufnahme genauso nachdenken wie über unsere Ernährung? Es gibt zumindest einige kuriose Parallelen in unserer Informations- und Nahrungsaufnahme, die das nahelegen. Menschen haben als Primaten zum Beispiel einen viel kleineren Magen, als es im Vergleich zu anderen Säugetieren für unser Körpergewicht angemessen wäre, aber ein weitaus größeres Gehirn. Die *Expensive Tissue Hypothesis* (Hypothese des kostspieligen Gewebes) ist eine Theorie in der Biologie, die versucht, diese Beziehung zwischen der Größe des Gehirns und dem Verdauungstrakt zu erklären.[2] Der zentrale Kern der Hypothese ist, dass das Gehirn und der Verdauungstrakt zwei der metabolisch energieaufwendigsten Gewebe im Körper sind. Primaten, zu denen der Mensch gehört, nehmen nur eine begrenzte Menge an Energie auf, die dem Körper zur Verfügung steht. Um diese Energie effizient zu nutzen, müssen Primaten eine Art Kosten-Nutzen-Berechnung zwischen der Größe ihres Gehirns und der Größe ihres Verdauungstrakts eingehen, da Nervengewebe und Verdauungsgewebe so kostspielig für den Energiehaushalt sind. Wenn wir als Spezies ein verhältnismäßig großes Gehirn möchten, müssen wir eben mit einem kleineren Darm leben. Das Zusammenspiel von Gehirn und Darm ist biologisch verankert und wird von der Wissenschaft jetzt erst entdeckt, ein ganz neues Forschungsfeld in Bezug auf diese Verbindung ist gerade dabei zu entstehen.[3]

Es ist ebenso faszinierend, dass dieser Zusammenhang in jeder Sprache in Form von Redewendungen schon lange bekannt ist. Die Liste an Beispielen, die eine Ähnlichkeit von Information und Nahrung nahelegen ist zu lang, um sie alle zu nennen. Aber hier sind ein paar Redewendungen, die mir über die Jahre begegnet sind, welche sich im Wortsinn eigentlich auf Nahrung beziehen, die wir aber nicht nur im Kontext von Nahrungsaufnahme benutzen, sondern wenn wir an etwas denken, es sagen, hören, lesen oder erinnern – also Informationen verarbeiten:

> Ein flaues Gefühl bei der Sache im Magen haben. Mir liegt die Nachricht schwer im Magen. Es geht mir an die Nieren. Das ist schwer verdaulich. Das muss ich erst mal runterschlucken. Das bleibt mir im Halse stecken. Es fühlt sich an wie Schmetterlinge im Bauch. Jemandem Honig ums Maul schmieren. Go with your gut. It's a gut-wrenching sight. It's a piece of cake. Take it with a grain of salt. Sounds like sour grapes to me. Butter someone up. Avoir la moutarde qui monte au nez. Être une bonne poire. Raconter des salads. Mettre de l'eau dans son vin. Dar calabazas a alguien. Ser uva pasas. Avere sale in zucca. La pappa pronta. Kendi yağında kavrulmak. Met de paplepel ingegoten worden. Engolir sapos. Skära ner på gröten. Zjeść z kimś pierniki. Αρπάζω τον τσίλια από την άκρη. كلّ اللحم ولاّ عظم-. نمک ندارد. Meg van keseredve. A bate câmpii. At spise med lange skeer.

Was also passiert, wenn wir diese Perspektive, Nahrung und Information gleich zu setzen, ernst nehmen? Welche Konsequenzen ergeben sich daraus? Denken wir noch einmal an die Auswirkungen der industriellen Revolution auf unsere Ernährung und übertragen die Situation auf Information.

Auch Information ist über 99,9 Prozent der Geschichte der Menschheit ein knappes Gut gewesen. Dem Homo sapiens sind, im Vergleich zu heute, sehr selten neue Informationen begegnet. Wir haben bereits festgestellt, dass unser Gehirn darauf ausgelegt ist, Gefahr als wichtigste Information zu priorisieren. Das hat Sinn gemacht, weil es überlebenswichtig war. Menschen hatten sich am Ende des Tages vielleicht zwei relevante Informationen zu berichten. »Da drüben gab es heute nichts, auf der anderen Seite haben wir einen Hasen erwischt. Was ist daheim passiert, hast du irgendwas von der Welt gehört? Nicht viel? Na gut, woher auch. Lass uns kochen.«

Es gab keine Zeitungen, keine Radios, keine Smartphones. Eine tatsächlich relevante Information über die Welt und ihre Gefahren begegnete uns nur, wenn uns oder den uns nahen Menschen tatsächlich etwas geschehen war. Wenn jemand einen Unfall hatte (Meide den Berg, wenn es regnet!), angegriffen worden ist (In dem Wald haben die Wildschweine gerade Nachwuchs, meide diese Gegend!) oder eine direkte Bedrohung für uns dargestellt hat (Im Nachbarort hat XY jemanden erschlagen, meide ihn!).

Weil diese Art von Information, so wie Nahrung, immer knapp und wichtig war, hat sich unser Gehirn darauf eingestellt, uns dafür zu belohnen. Aufregende Informationen zu bekommen, wird von unserem Gehirn genauso mit Dopamin belohnt wie Zucker.[4] Genauso wie bei Nahrung, folgt unser Gehirn auch bei Information dem Prinzip »mehr ist mehr«. Es kann, ähnlich wie bei Zucker und Fett, gar nicht genug von den Gefahreninformationen bekommen. So weit, so gleich. Es gibt aber doch einen Unterschied. Unser Magen meldet dem Gehirn irgendwann, auch wenn es manchmal zu spät ist, immerhin zurück, dass nichts mehr hineinpasst, weil der Magen physisch begrenzt ist. Irgendwann ist er einfach voll. In Bezug auf Informationen ist unser Gehirn auf sich allein gestellt, es bekommt keine klare Rückmeldung, wann es genug ist. Die disruptive Revolution, die dieses Prinzip an seine Grenzen bringt, genauso wie die industrielle Revolution einst unsere Ernährung, kommt in Sachen Information erst einhundert Jahre nach der Nahrungsschwemme.

Im zwanzigsten Jahrhundert hatten die Menschen bereits Zugang zu weit mehr Informationen als alle bisherigen Generationen. Neben Zeitungen und Radio wurde der Fernseher zum festen Bestandteil der meisten Haushalte, viele sahen täglich die Abendnachrichten. Aber die Informationsflut war noch endlich. Die Zeitung war irgendwann fertig durchgeblättert, das Radio und Fernsehen hatten pro Tag nur eine limitierte Menge an interessantem Material zu liefern, dann war Sendepause. Wir verbrachten also immer noch große Teile des Tages ohne Informationsnachschub.

Zu Beginn des einundzwanzigsten Jahrhunderts kam es dann zur technischen Revolution, das Informationszeitalter brach an. Heute sind Smartphones permanent an unserer Seite und versorgen uns über Chatprogramme, soziale Medien und Nachrichten-Apps mit einem unendlichen Vorrat an relevanten Informationen. Unser Gehirn, das weiterhin großartig für den Kontext der Steinzeit vorbereitet, aber dieser Reizüberflutung gegenüber wehrlos ausgesetzt ist, belohnt uns jedes Mal, wenn wir einen Gruß von Freunden lesen, auf sozialen Medien neue Beiträge liken und mehrfach täglich die wirklich allerneuesten Nachrichten lesen.

Genauso wie die ersten Generationen, die volle Supermarktregale mit billigen Süßigkeiten, Softdrinks und Fertiggerichten erlebt haben, sind wir genau jetzt die Ersten, die einem unendlichen Angebot an verlockender, persönlicher, relevanter und spannender Information ausgeliefert sind. Und genauso, wie erst große Teile der Gesellschaft an dem Nahrungsmittelüberfluss erkranken mussten, bis wir unseren Umgang damit in der Breite hinterfragten, scheint es so, als ob wir uns im Moment von der Informationsflut überfordern lassen, bevor wir unseren Umgang damit wirklich neu lernen. Die Folgen machen sich diesmal aber weniger physisch als psychisch bemerkbar und haben auch Auswirkungen auf unser Miteinander. Es beginnt aber mit realen und teils schwerwiegenden Konsequenzen für uns selbst.

Doomscrolling

Das Wort *Doomscrolling* leitet sich aus den englischen Wörtern *doom* und *scrolling* ab. *Doom* bedeutet Untergang oder Verderben und *scrolling* steht für das Durchblättern auf einem Computer oder Smartphone-Bildschirm. Es beschreibt den exzessiven Konsum negativer oder beunruhigender Nachrichten, egal ob auf sozialen Medien oder anderen Nachrichtenquellen.

Der Begriff wurde erstmals während der COVID-19-Pandemie und später noch einmal mit Beginn der Invasion der Ukraine populär. Viele Menschen erlebten damals zum ersten Mal, wie es sich anfühlt, wenn das Gehirn sich so sehr an Information übersättigt, dass es sich metaphorisch übergeben muss. Sie durchstießen eine Grenze, an die sie vorher nie gekommen waren, da sie noch nie während einer akuten, globalen Krise Zugriff auf so viele Meinungen und Meldungen hatten. Jede einzelne Information schien lebenswichtig und wurde verschlungen, bis die psychischen Folgen sich bemerkbar machten.

Das ständige Konsumieren von schlechten Nachrichten kann Ängste, Stress, Schlafstörungen, innere Unruhe, Appetitlosigkeit, Gereiztheit, Antriebslosigkeit und depressive Verstimmungen auslösen oder verstärken. Es kann auch zu einem Gefühl der Hoffnungslosigkeit oder Hilflosigkeit führen, da man den Eindruck bekommt, dass es keine guten Nachrichten mehr gibt. Unsere Psyche, die sowieso immer auf Gefahr gepolt ist, wird dabei immer mehr darin geübt, diese zu spüren. Wenn wir jeden Tag stundenlang negative Nachrichten lesen, gewöhnt sich unsere Psyche daran, sich ständig Sorgen zu machen, es wird der Normalzustand. Wir trainieren damit, Angst vor anderen zu haben und zu glauben, dass alles nur noch schlimmer werden kann.

Um wieder den Vergleich zur Ernährung zu bemühen: In der Dokumentation *Supersize Me* ernährt sich der Filmemacher Morgan Spurlock dreißig Tage lang nur von Fast Food, mit den erwartungsgemäßen, offensichtlichen Konsequenzen. Gewichtszunahme, sexuelle Funktionsstörungen, Leberschäden und starke Stimmungsschwankungen. Er brauchte vierzehn Monate und eine vegane Diät, um seinen Körper wieder von den Folgen des Experiments zu kurieren. Wenn sich jemand für eine Dokumentation dreißig Tage lang in einen Raum einsperren und permanent Twitter/X lesen würde, wären die Auswirkungen ebenfalls dramatisch.

So wie manche Menschen nach einem besonders großem Gelage eine Fastenzeit einlegen, hatten sich auch nach den Phasen des Doomscrolling während der vergangenen Krisen viele vorgenommen, eine Zeit lang weniger in ihren Handys und Nachrichten zu versinken – nur um danach wieder zum vermeintlich normalen Konsumverhalten zurückzukehren, was zwar nicht ganz so extrem gestaltet ist, aber trotzdem hinterfragt werden sollte. Denn wenn Doomscrolling das Äquivalent einer Essstörung mit wiederkehrenden Essattacken ist, bedeutet es nicht, dass unsere Ernährung gesund ist, nur, weil wir uns nicht mehr übergeben.

Im zwanzigsten Jahrhundert, bevor wir unsere Ernährung kritisch hinterfragt haben, als von der Industrie bezahlte Ärzte noch Zigaretten empfahlen und die Warnungen vor Zucker als Panikmache abtaten, war unser Essverhalten oft so schlecht, dass all die aufgezählten Volkskrankheiten sich drastisch verbreiteten. Ungesunde Gewohnheiten nur dann herunterzufahren, wenn wir extrem weit über das Ziel hinaus geschossen sind, ist nicht genug. Denn all die negativen Konsequenzen für unsere Psyche und unser Welt- und Menschenbild drohen uns auch, wenn wir unseren Konsum zwar etwas reduzieren, uns aber weiter fast allen Informationen aussetzen, für die uns das Gehirn belohnt. Diese Konsequenzen treten nur langsamer und unbemerkter ein als bei *Supersize Me,* sind aber gerade deshalb umso gefährlicher.

Die rote Brille

Unser endlos nach Informationen gierendes Gehirn trifft auch außerhalb von Krisenzeiten mit dem Internet auf einen permanent verfügbaren Kanal, um ebendiese zu bekommen. Dass wir dabei besonders viele negative, pessimistische Informationen finden, liegt nicht nur daran, dass unsere Aufmerksamkeit vor allem auf Gefahr abgerichtet ist. Es ist ein Teufelskreis, denn eben durch diese Präferenz bestimmt die Nachfrage das Angebot.

Zeitungen und andere Medien tendieren in einem erdrückenden Ausmaß weit mehr dazu, negative Entwicklungen zu berichten als positive. Um sich dieses Missverhältnis bewusst zu machen, kann man an einem beliebigen Tag eine Zeitung oder die Meldungen einer App einteilen in »Warnung« und »Entwarnung«. Das Verhältnis ist niederschmetternd. Aber das soll keine Medienkritik und kein Vorwurf an Medienmachende sein, denn dieses Ungleichgewicht ist erklärbar und nachvollziehbar.

Manchmal sind negative Ereignisse leichter zu berichten, da sie oft durch Behörden oder Polizeiberichte dokumentiert werden. Positive Geschichten sind häufig komplexer. Außerdem ist es in einer Demokratie als »vierte Gewalt« ureigene Aufgabe der Presse, über Missstände, Korruption und soziale Probleme zu berichten. Es ist einer Klinik ja auch nicht vorzuwerfen, dass dort viel über Krankheiten gesprochen wird. Die warnenden Geschichten können dazu beitragen, dass Probleme überhaupt erst öffentlich bekannt und dadurch hoffentlich verbessert werden. Wenn das dann jedoch passiert, wenn die Dinge sich in der Folge verbessern und wir Fortschritte machen, wird leider seltener darüber berichtet. Denn Medienunternehmen stehen in einem starken Wettbewerb zueinander, sie müssen Geschichten veröffentlichen, die uns ansprechen.

Negative Nachrichten lösen sehr starke Emotionen aus. Angst, Wut, Mitleid, Empörung, Verzweiflung. Jede dieser Emotionen stärkt das Verlangen nach mehr Information und den Impuls zur Reaktion. Wir kommentieren, teilen und lesen mit erhöhtem Puls weiter. Die Abonnements und Auflagen steigen – oder fallen zumindest langsamer. Es ist eine logische Folge des Wettbewerbes, dass diejenigen Medien, die erfolgreich sein wollen, uns nicht mehr hauptsächlich informieren, sondern verstärkt auch emotionalisieren.

Die emotionale Aktivierung bindet uns an die Kanäle, vor allem über Angst und Wut. Die Folge ist, dass wir die Lage der Gesellschaft weit negativer einschätzen, als sie ist, was verheerende Auswirkungen auf unser eigenes Wohlbefinden und die Meinung von unseren Mitmenschen hat.[5]

Eine sehr simple Untersuchung hat mir das vor ein paar Jahren bewusst gemacht. Die IPSOS *Perils of Perception-Studie* (Übersetzt: Gefahren der Wahrnehmung) untersuchte über mehrere Jahre hinweg weltweit den Unterschied von Einschätzung und Realität zu einem breiten Themenspektrum. Dass Menschen stark unterschätzen, wie sehr Gewaltkriminalität zurückgegangen ist, soweit, dass sie sogar meinen, sie wäre gestiegen, hat mich nicht überrascht.[6] Auch dass fast alle Menschen denken, dass sich die weltweite Armut in den letzten Jahrzehnten vermehrt hätte, obwohl das Gegenteil der Fall ist (1966 lebte die Hälfte der Menschen weltweit in extremer Armut, 2022 nur noch acht Prozent), war mir bekannt.[7] Aber wie weit wir in Bezug auf die Lebenszufriedenheit der Menschen um uns herum daneben liegen, war mir neu. 2016 wurden Teilnehmer in vierzig Ländern gefragt, wie glücklich sie alles in allem sind.[8] Die allgemeine Lebenszufriedenheit zu erfassen ist nichts Neues in der Psychologie. Normalerweise werden dafür weit mehr Fragen gestellt, aber wie gesagt, das hier war ein simples, aber elegantes Studiendesign. Die Antwortmöglichkeiten lauteten:

- ☐ sehr zufrieden
- ☐ eher zufrieden
- ☐ weiß ich nicht
- ☐ nicht sehr zufrieden
- ☐ überhaupt nicht zufrieden

Was würden Sie ankreuzen? Als Nächstes kam eine ebenso simple, aber entscheidende Frage:

»Wie viel Prozent der Menschen in Ihrem Land haben Ihrer Meinung nach in dieser Umfrage angegeben, dass sie alles in allem sehr zufrieden oder eher zufrieden sind?«

Was würden Sie denken? Vergleichen Sie es damit, wie Sie Ihre eigene Zufriedenheit sehen. Gibt es einen Unterschied? In ausnahmslos jedem der vierzig Länder schätzten die Teilnehmenden im Durchschnitt ihre Mitmenschen weit unzufriedener ein, als sie es selbst sind. In Deutschland gaben 84 Prozent der Befragten an, eher oder sehr zufrieden zu sein. Von wie viel anderen vermuteten sie das auch? Von weniger als der Hälfte der Menschen, nur 45 Prozent.

Wenn ein Meinungsforschungsinstitut bei einem Volksentscheid einer Partei 84 Prozent voraussagen würde, die dann nur 45 Prozent erreicht, wäre das die größte Fehleinschätzung in der Geschichte der Meinungsforschung.

Wir haben nicht nur ein verzerrtes, wir haben ein miserabel furchtbares Bild davon, wie es den Menschen in unserer Gesellschaft geht. Und in jedem anderen untersuchten Land war es genauso. Die weltweit optimistischsten Schätzungen kamen aus Kanada und Norwegen, hier vermuteten die Befragten, dass immerhin 60 Prozent der restlichen Bevölkerung eher glücklich sind. Auch hier lagen sie falsch, es sind ganze 87 beziehungsweise 88 Prozent gewesen. Aber selbst diese höchsten Schätzungen aus den in dieser Befragung zufriedensten Teilen der Welt sind immer noch niedriger, als der geringste tatsächliche Zufriedenheitswert aus Ungarn mit 69 Prozent.

Es geht den Menschen um uns herum, alles in allem, anscheinend sehr viel besser, als wir annehmen. Das soll selbstverständlich – ich finde es von mir selbst nahezu lächerlich, das extra noch einmal auszuschreiben, weil es so offensichtlich ist – auf gar keinen Fall heißen, dass alles gut sei und es nichts zu verbessern gäbe. Aber genau das zu tun, fällt uns sehr viel leichter, wenn wir nicht fälschlicherweise davon ausgehen, dass wir in einer dystopisch unglücklichen Gesellschaft leben.

Es ist ein Privileg, in einem Land zu leben, in dem es einer weit überwiegenden Mehrheit der Menschen gut geht. Gerade weil dieses Privileg, per Definition, global betrachtet keine Selbstverständlichkeit ist*, bringt es auch die Verpflichtung mit sich, sich dessen bewusst zu sein. Niemand profitiert davon, wenn wir unseren gesellschaftlichen Wohlstand, unsere Sicherheit und Zufriedenheit nicht sehen. Wir schaden uns damit nur selbst.

Eine Frage des Filters

Was also tun? Müssen Nachrichtenquellen oder gar das Internet an sich zurückgedrängt werden? Sind wir wehrlos, solange wir mit Informationen und Reizen überflutet werden? Die Antwort ist klar, wenn Sie wieder daran denken, wie wir gelernt haben, mit Nahrung umzugehen. Wir betrachten die Ernährungsfrage nicht als Produktionsproblem. Ich habe noch nie die Beschwerde gehört, dass es so schwierig ist, sich gut zu ernähren, weil zu viel Essen produziert wird oder das Angebot an unterschiedlichen Brotsorten so groß ist. Wir betrachten die Ernährungsfrage ganz

* Die IPSOS-Studie wurde nur in entwickelten Industrienationen durchgeführt. Die WHO führt alljährlich den sogenannten *World Happiness Report* durch, eine Untersuchung der weltweiten allgemeinen Lebenszufriedenheit. Auch hier zeigt sich, dass die Bevölkerung der Industrienationen weltweit eher zufrieden ist. Den Menschen in großen Teilen Afrikas und im Nahen Osten, die in von gewaltsamen Konflikten zerrütteten Nationen leben, geht es deutlich schlechter.

intuitiv nicht als Frage der Größe des Angebots, sondern als Frage des Filters – was entscheide ich, in mich aufzunehmen?

Das soll nicht bedeuten, dass Nahrungsmittel nicht auch sorgfältig reguliert, auf ihre Qualität geprüft und gekennzeichnet werden. All das passiert zum Glück und wir arbeiten als Gesellschaft auch fortlaufend daran, diese Aspekte zu optimieren. Aber jede und jeder Einzelne von uns weiß, dass wir letztendlich selbst die Entscheidung treffen müssen, was wir zu uns nehmen. Wir beschweren uns nicht, dass der Supermarkt zu groß ist und wir einer »Nahrungsmittelflut« ausgesetzt sind, sondern wir treffen Entscheidungen darüber, was überhaupt über unseren Einkaufswagen in unsere Kühlschränke, danach auf unsere Teller und letztendlich in uns hinein kommt.

Dasselbe Bewusstsein brauchen wir auch für die Art von Informationen, denen wir uns aussetzen. Information genauso zu betrachten wie Ernährung, kann uns dabei helfen, nachhaltige Entscheidungen für unsere mentale Gesundheit zu treffen. Wie genau Sie dann Ihr Gehirn füttern, ist, wie bei der normalen Ernährung auch, eine individuelle Frage, bei der es wahrscheinlich ein paar empfehlenswerte Daumenregeln zu beachten gilt. Als Beispiel zeige ich Ihnen, wie ich meinen eigenen Informationskonsum aus dieser Brille heraus betrachte.

Das Menü

Kurze Meldungen und Meinungen in Zeitungs-Apps = Gutes Müsli

Zutaten: Obere Mittelklasse. Hoher Grad an Qualitätskontrolle, aber gleichzeitig Kostendruck, da eine kosteneffiziente Massenware entstehen muss.

Herstellung: Durch gut ausgebildetes Personal, das aber oft unter hohem Zeitdruck arbeiten muss. Auch hier ein relativ hoher Grad an Qualitätskontrolle.
Zweck: Grundnahrungsmittel.
Geplante Häufigkeit: Täglich, aber nicht zu häufig pro Tag. Der Verlockung widerstehen, doch zwischendurch immer wieder eine Portion einzubauen. Das Verlangen kann entstehen, weil einige Zutaten süß sind und darum das Belohnungszentrum aktivieren.

Soziale Medien (Twitter/X, Reddit, Instagram etc.) = Snacks wie Schokolade und Chips

Zutaten: Meist von geringer Qualität. Die hochwertige Aufmachung kann darüber hinwegtäuschen, da der Markt regelt, dass die am besten verpackten Inhalte, selbst wenn sie keinerlei nahrhaften Wert haben, sich durchsetzen.
Herstellung: Zumeist in kurzer Zeit, mit wenig Sorgfalt und teilweise sehr fragwürdiger Qualitätskontrolle hergestellte Massenware.
Zweck: Kurzer, schneller Genuss.
Geplante Häufigkeit: Lieber zu selten als zu oft. In kleinen Mengen absolut in Ordnung. Ich darf auch mal schlemmen, es sollte aber nicht einen bedeutenden Part oder gar den Großteil meiner Ernährung ausmachen. Ab und zu einige Tage ganz ohne den Konsum einzubauen hilft, das Gehirn nicht zu sehr an stetigen Nachschub zu gewöhnen. Denn wenn es sich einmal darauf einstellt, nach jeder Mahlzeit etwas Süßes zu bekommen, macht es Ärger, wenn es nicht bekommt was es will.

Private Nachrichten = Gesunde Snacks wie Obst und Nüsse

Zutaten: Originalzutaten, keinerlei verarbeitete Lebensmittel.
Herstellung: Von Hand. Oft einfach nur schnell geschält und gegessen, ohne jedes kochen. Manchmal aber auch mit etwas Zeit und Mühe zu einer Guacamole gerührt.
Zweck: Freude und Wohlbefinden.
Geplante Häufigkeit: Ganz nach Laune, nach oben hin nicht gedeckelt. Eher darauf achtend, dass es nicht zu kurz kommt. Einzig wenn Konzentration erforderlich ist, wie etwa bei der Arbeit, ist es wichtig, dass die Angebote nicht permanent zur Verfügung stehen, da sonst sowohl der Genuss darunter leidet, wenn achtlos konsumiert wird, als auch die Arbeit, durch die Ablenkung.

Sorgfältig recherchierte Artikel und Reportagen = Essen gehen

Zutaten: Gute Qualität. Vorausschauende Planung und Auswahl von einem professionellen Team.
Herstellung: Hochwertige Verarbeitung und Qualitätskontrolle durch gut ausgebildetes Fachpersonal, dass die Zeit und Ressourcen bekommt, um ein gutes Produkt herzustellen.
Zweck: Sich etwas gönnen.
Geplante Häufigkeit: Eine Frage von Ressourcen. Aber in gewisser Regelmäßigkeit wohltuend. Wenn ich lange nicht mehr dazu gekommen bin, merke ich, dass mir etwas abgeht und es mir guttun würde, die Zeit dafür mal wieder fest einzuplanen.

Gespräche = Selbst oder gemeinsam zubereitete Mahlzeiten

Zutaten: Variabel, aber immer persönlich, keine Massenware.
Herstellung: Immer unterschiedlich. Mal mit viel Mühe und großer Behutsamkeit, oft auch spontan und nebenbei, ohne großen Druck.
Zweck: Grundnahrungsmittel.
Geplante Häufigkeit: Täglich. Sollte absolut fester und meist auch größter Bestandteil meiner Ernährung sein. Wenn die Zeit oder Lust hierfür fehlt, ist das ein deutliches Warnsignal.

Ein paar Buchseiten nachts im Bett = Schlaftee

Zutaten: Variabel, je nach Produkt.
Herstellung: Ebenfalls Variabel, je nach Bezugsquelle.
Zweck: Schlafritual.
Geplante Häufigkeit: Täglich. Aber darauf achten, das richtige Produkt zu wählen. Neben schlafförderndem Tee (je nach eigenem Empfinden, vielleicht Science-Fiction oder historische Romane?) gibt es auch viele für den Schlaf sehr hinderliche Tees, die nicht direkt im Bett konsumiert werden sollten (wiederum je nach eigenem Empfinden, Krimis, politische Abhandlungen oder sehr deprimierende Belletristik).

Sich richtig Zeit für ein gutes Buch nehmen = Festmahl

Zutaten: Von höchster Qualität. Von den Autorinnen und Autoren persönlich im eigenen Garten mühevoll herangezogen.
Herstellung: Über Monate oder Jahre hinweg mit Hingabe zubereitet.
Zweck: Echter, nachhaltiger Genuss, der sogar persönlich weiterbildet.

Geplante Häufigkeit: Der Alltag macht es schwer, diesen so wichtigen Bestandteil eines erfüllten Lebens oft genug einzubauen. Wenn ich merke, dass ich mir lange nicht mehr die Zeit für ein richtiges Festessen genommen habe, ist das ein schlechtes Zeichen und ich versuche, es mir sobald wie möglich wieder zu ermöglichen.

Soziale Medien kommen in meinem Speiseplan auf den ersten Blick nicht gut weg, ich setze sie gleich mit Chips und Schokolade. Aber genauso wie auch Nachspeisen einen festen Platz im Ernährungsplan haben und ich niemals komplett auf sie verzichten möchte, haben auch soziale Medien etwas Bereicherndes, ja manchmal durchaus Genussvolles. So wie die diversen Gefahren von immer mehr Zucker uns erst spät bewusst geworden sind, ist die Wissenschaft auch gerade erst dabei, die möglichen negativen Effekte von sozialen Medien zu verstehen. Im nächsten Kapitel soll es darum gehen, wie Twitter/X, Facebook, Instagram und Co. sich nicht nur auf unser eigenes Befinden, sondern auf unser Miteinander auswirken.

Kapitel 5

Willkommen im Internet

Die sozialen Medien waren einmal ein verheißungsvolles Versprechen. Die Idee, Menschen weltweit miteinander zu vernetzen, war auch in der Psychologie mit großen Hoffnungen verbunden. Schließlich deutete jahrzehntelange Forschung darauf hin, dass schon der simple Kontakt zwischen unterschiedlichen Gruppen dazu führen kann, dass deren Mitglieder einander besser verstehen, positivere Einstellungen zueinander entwickeln und Vorurteile abbauen.

Nachdem die US-Marine zum Beispiel die Trennung weißer und schwarzer Trupps aufgehoben hatte, stellte der Wissenschaftler Ira Brophy fest, dass sich die rassistischen Einstellungen der weißen Seeleute umso stärker verringerten, je mehr Zeit sie mit schwarzen Kollegen verbrachten.[1] Hoffnung für den massiven Abbau gesellschaftlicher Vorurteile und Ressentiments war gesät, und die Forschung machte sich daran, sie mit weiteren Ergebnissen zu untermauern.

Die Untersuchungen erstreckten sich über verschiedene Gruppen, Situationen und Gesellschaften, die Hypothesen wurden also mit Teilnehmenden unterschiedlichen Alters und spezifischen Gruppen wie älteren Menschen, körperlich Behinderten und psychisch Erkrankten getestet. Auch die angewandten Forschungsmethoden waren vielfältig, darunter Archivrecherchen, Feldstudien, Labor-Experimente und Umfragen.[2] Wenn Menschen unterschiedlicher Herkunft auf Augenhöhe miteinander in Kontakt kamen, zeigte sich immer wieder derselbe Effekt: Die Einstellungen zueinander wurden positiver, Vorurteile und Konflikte reduzierten sich.[3] Die große Herausforderung war dabei immer, die Menschen tatsächlich in echten Kontakt – auf Augenhöhe – zu bringen.

In einigen Bereichen geschieht das von selbst. In Städten, Gemeinden oder Stadtvierteln mit einer diversen, heterogenen Bevölkerung, die gleichzeitig ähnliche soziodemografische Möglichkeiten hat, also zum Beispiel ein ähnliches Einkommen, sind Vorurteile untereinander weit geringer ausgeprägt als in Bereichen ohne diesen Austausch.[4] Fremdenfeindliches Gedankengut verbreitet sich häufig umso erfolgreicher dort, wo es weniger Fremde gibt.

An anderer Stelle versuchen Regierungen den Kontakt zu unterstützen. Die Europäische Union finanziert seit 1987 mit dem Erasmus-Programm den interkulturellen Austausch innerhalb Europas. Es ist eins der bekanntesten und erfolgreichsten Programme der EU und kostet jährlich etwa vier Milliarden Euro – ein großes, aber wertvolles Investment, aus dem ersichtlich wird, dass es weder leicht noch günstig ist, Verbindungen unterschiedlicher Menschen herzustellen. Und doch ist es immens wichtig, dass wir die Kosten dafür als Gesellschaft tragen und solche Konzepte weiter ausbauen. Das Erasmus-Programm nennt sich mittlerweile Erasmus+ und ist von Studienaufenthalten auch zur Förderung von Praktika, Berufsaufenthalten und ausbildungsunabhängigen Jugendaustauschprogrammen übergegangen.

Aber auch solche Programme erreichen im Großen und Ganzen nur einen verschwindend geringen Anteil der Bevölkerung. Die Frage blieb also weiterhin: Wie könnten endlich so viele wie möglich in echten, gleichwertigen Kontakt mit anders denkenden, anders aussehenden und anders lebenden Menschen kommen?

Als Facebook, WhatsApp, Twitter/X, Instagram und Co. an den Start gingen, schien das Unmögliche möglich zu werden. Der Traum, dass Menschen über jegliche physischen Grenzen hinweg freiwillig in fortlaufenden Austausch miteinander kommen, würde endlich wahr werden. Jede Person könnte nun unabhängig von Einkommen, Mobilität, Status oder Herkunft mit einer unendlichen Anzahl an anderen Menschen über deren Perspektiven oder Erfahrungen kommunizieren. Was könnte dabei schon schiefgehen?

Welcome to the internet, what would you prefer?
Would you like to fight for civil rights or tweet a racial slur?
Be happy, be horny, be bursting with rage
We got a million different ways to engage

Could I interest you in everything? All of the time?
A little bit of everything, all of the time
Apathy's a tragedy and boredom is a crime
Anything and everything – all of the time

Bo Burnham

Der voranstehende Text stammt von Bo Burnham und ist seinem großartigen Werk *Inside* aus dem Jahr 2021 entnommen. Ich hege eine große Bewunderung für alle Kulturschaffenden und ihre einzigartigen Fähigkeiten, Erfahrungen zu bewahren und zu vermitteln. Darum habe ich es Bo Burnham überlassen, die unendliche Weite des Internets und die Wirkung, die es auf uns hat, in Worte zu fassen. Sehen Sie sich sein Video *Welcome to the Internet* an, um die ganze Erfahrung zu machen.

Warum hat Social Media nicht dazu geführt, dass die Menschen einander besser verstehen, Vorurteile abbauen und mehr Verständnis füreinander haben? Die Psychologie gibt uns verschiedene Antworten darauf. In einigen Jahrzehnten werden wir sie hoffentlich besser verstehen und darum vielleicht einen veränderten Umgang mit den sozialen Medien haben. Aber auch jetzt schon zeigt die psychologische Forschung uns deutlich einige Effekte und Verzerrungen, die unser Nutzerverhalten mit sich bringt.

Filterblasen und Echokammern

Zum einen kommt es häufig gar nicht zum erhofften Austausch. Social-Media-Apps funktionieren oft über Selbstselektion der Inhalte und Quellen. Menschen folgen manchmal nur anderen oder Themen, die ihnen selbst sowieso ähneln. Dadurch entstehen die sogenannten »Filterblasen« und »Echokammern«, in denen wir nur mit solchen Informationen und Meinungen konfrontiert werden, die unsere eigenen Ansichten bestätigen. Das schränkt den Horizont ein und es fällt schwer, die Perspektiven anderer Menschen zu verstehen oder überhaupt erst zu hören, was zu oft dazu führt, dass wir uns gegenüber Andersdenkenden verhärten.

Wenn ich meine eigene Meinung täglich immer wieder von scheinbar überallher widergespiegelt und bestätigt bekomme, verliere ich schnell die Geduld damit, wenn es jemand doch noch anders sieht. Ein Argument, eine These oder Idee wird in unseren Augen und unserer Psyche zur Wahrheit, wenn wir sie in der von uns vorausgewählten Bubble hundert- oder tausendfach zurückgespiegelt bekommen.

Stellen wir uns folgendes Szenario vor: Es ist das Jahr 1980, das Internet steckt noch in den Babyschuhen und Herr S. hat an diesem Morgen die Wohnung mit der Vermutung verlassen, dass Dachziegel eine vollkommen unterschätzte, akute Gefahr darstellen, weil sie jederzeit vom Wind abgedeckt werden und uns die Köpfe einschlagen könnten. Jedes Dach löst Angst in ihm aus, am liebsten würde er gar nicht mehr rausgehen. Er meint darum, dass fortan nur noch Metalldächer erlaubt sein sollten. Er erzählt vielleicht seinen Kolleginnen, Freunden und Kindern davon, und vielleicht teilt jemand seine Sorge, die allermeisten winken aber ab. Herr S. könnte nun in der Zeitung nachsehen, aufmerksam Radio hören oder, wenn er besonders hartnäckig ist, einen Dachdeckerbetrieb anrufen und fragen, wie oft so etwas passiert. Wahrscheinlich hätte das Thema sich noch am selben Tag erledigt, weil ihm sehr viele Menschen spiegeln, dass er sich da in eine unnötig große Angst hineingesteigert hat.

Kommen wir wieder zurück in die Gegenwart und stellen uns vor, dass Herr S. seinen ganzen Tag in den sozialen Medien verbringt. Er hat darum die Möglichkeit, alle seine potenziellen Begegnungen so vorauszuwählen, dass ihm nur Personen begegnen, die schon in der Vergangenheit dieselben Ängste und Sorgen hatten wie er. Was, wenn er an diesem Tag online hunderten von Menschen begegnet, die auch schon lange über diese unheimlichen Dachziegel nachdenken? Menschen, die sich gegenseitig hochschaukeln, jeden Ziegel argwöhnisch im Auge behalten, wenn sie – natürlich mit einem großen Sicherheitsabstand – an Hauswänden entlang gehen müssen und immer empörter darüber sind, warum niemand (»Denkt doch mal an die Kinder! Warum denkt niemand an die Kinder!«) etwas gegen diese verdammten Dachziegel tut? Aus Vermutung wird Fakt. Die eigene Wahrheit wird so häufig bestätigt, dass jede Abweichung davon immer unfassbarer erscheint. Bald wirkt jeder, der diese Wahrheit leugnet, wie ein verblendeter Idiot.

Wettbewerb der Emotionen

Ein weiteres Versprechen der sozialen Medien war der »Wettbewerb der Ideen«. Sie wollten offene Plattformen bieten, auf denen Menschen ihre Gedanken, Meinungen und Vorstellungen frei austauschen können. Unabhängig von sozialen oder geografischen Grenzen sollte eine breite Palette von Ansichten, Lebenserfahrungen und kulturellen Hintergründen sichtbar werden, und durch den schnellen und weitreichenden Informationsaustausch würden sich relevante Fakten und Neuigkeiten rasch verbreiten. Die Hoheit über wichtige Debatten sollte nicht mehr nur beim Fernsehen und den anderen meinungsführenden Medien oder den Politikerinnen liegen. Man träumte von einem interaktiven Austausch zwischen allen Nutzern, der zur Verfeinerung von Ideen und zur Erweiterung des Denkens beiträgt. Die gleichberechtigte Verbreitung von Wissen sollte, so das Versprechen, ultimativ zur Stärkung demokratischer Grundprinzipien führen.

Das alles steht und fällt aber mit der Entscheidung, welche Inhalte von den Plattformen gefördert werden, was verbreitet und uns vorgeschlagen wird.

Diese Entscheidung wird in den sozialen Medien nicht mehr von geschulten Autorinnen und Redakteuren getroffen, sondern von Algorithmen. Das sind quasi mathematische Regeln, und in den sozialen Medien sind sie darauf programmiert, zu bestimmen, welche Beiträge, Inhalte oder Benutzer in unseren Feeds angezeigt werden. In einer aktuellen Studie stellten Forscher die Feeds von Versuchspersonen auf Facebook und Instagram so um, dass ihnen die Inhalte einfach nur in chronologischer Reihenfolge angezeigt wurden, anstatt anhand des üblichen Algorithmus der Plattformen vorausgewählt und kuratiert.[5] Sie verbrachten daraufhin deutlich weniger Zeit auf den Plattformen. Aber je länger Nutzer auf einer Plattform verweilen, desto mehr Werbung kann ihnen angezeigt werden. Um uns maximal lange an ihre Plattformen zu binden, präsentieren uns Facebook, Twitter/X, Instagram und Co. darum am liebsten möglichst emotionalisierende Inhalte.

Genauso wie klassische Medien schon lange unter dem Druck stehen, über den reinen Informationsgehalt hinaus eher populäre Inhalte zu schaffen, geraten nun die Nutzerinnen und Influencer sozialer Medien in die Bedrängnis, möglichst emotionale Inhalte zu teilen, um die herbeigesehnten Likes zu bekommen. Je polarisierender ein Inhalt ist, umso mehr Freude, Trauer, Wut, Empörung, Angst oder Hass er bei den Nutzern auslöst, desto eher wird er von den Algorithmen einer größeren Menge an Menschen angezeigt, die wiederum wahrscheinlicher darauf reagieren, als auf einen rein informativen Inhalt – sei es per Zustimmung oder Ablehnung, jede emotionale Reaktion zählt. Und desto eher wird der ursprüngliche Absender der Nachricht in Zukunft weiter diese Art von Inhalten produzieren.

Unter diesem Druck stehen in unterschiedlichem Ausmaß alle Nutzer sozialer Medien. Privatpersonen, Journalistinnen, Politiker, Wissenschaftlerinnen, Aktivisten, Extremisten, Autorinnen und Philosophinnen. Jede Person, die öffentlich auf sozialen Medien postet, tut dies in der Intention, dass ihre Inhalte gesehen werden. Die Plattformen belohnen und verstärken, was besonders viel Reaktion hervorruft. Eine Reaktion ist umso wahrscheinlicher, je emotionaler der Inhalt ist, und innerhalb der Emotionen ist es am einfachsten, Angst und Empörung zu aktivieren. Es entsteht ein sich selbst verstärkender Teufelskreis.

Eine Arbeitsgruppe der Yale University wertete über siebentausend Twitter/X-Accounts und deren insgesamt über zwölf Millionen Tweets aus.[6] Dabei zeigte sich: Je häufiger die Leute mit wütenden Tweets interagierten, umso wütender wurden später ihre eigenen Tweets. Folgen wir wütenden Accounts, werden wir mit der Zeit nicht nur selbst immer wütender, sondern senden auch immer mehr Wut aus und verbreiten sie dadurch. Oft ist das bestimmt auch angebracht. Aber es sollte uns bei der Auswahl der Inhalte bewusst sein, was sie mit uns machen, damit wir eine bewusste Entscheidung treffen können, welche Emotionen, Gedanken und Verhaltensweisen wir in unserem eigenen Leben vermehren möchten.

Wenn wir uns nicht selbst Mühe bei der Auswahl der eingehenden Informationen geben und unsere eigenen Filter setzen, ist die Folge, dass wir zu jeder Debatte nicht die durchdachteste, sondern die provokanteste Meinung präsentiert bekommen. Social Media ist dann nicht nur eine Echokammer der Gedanken, denn Echos werden mit der Zeit leiser. Social Media wird zum Katalysator der Emotionen.

Durch diesen Mechanismus können auch weniger absurde Ideen als die akut gefährlichen Dachziegel für eine reale Spaltung unter Freunden oder Familien sorgen. Wir sind es gewohnt, Argumente, die unserem Weltbild entsprechen, zu übernehmen. Wenn in einer politischen Talkshow die Kandidatin unserer favorisierten Partei eine Forderung besonders gut darlegt, werden wir uns ihre Argumentation vermutlich zu eigen machen und die Idee am nächsten Tag auch auf ähnliche Weise einem Kollegen erzählen. Sitzt in so einer Talkshow hingegen jemand, der sich besonders laut, polemisch und unnötig dramatisierend verhält, fällt er eher negativ auf. Beim Zusehen löst das Fremdscham aus. Das wissen die meisten Teilnehmer dieser Sendungen und halten sich bedeckt, sie reden lieber zu viel und sagen dabei wenig Gehaltvolles, als negativ aufzufallen. Emotionale Wutausbrüche sind eher die Ausnahme als die Regel in Interviews und Talkrunden, nur wenige Gäste versuchen sich gezielt dadurch zu profilieren.

In den sozialen Medien gelten aber andere Regeln, denn in den Vordergrund wird gerückt, was die Interaktionsrate hochschnellen lässt. Wir sehen von denjenigen, die unsere Meinung vertreten, die lautesten. Das sind oft diejenigen, die nur noch Hohn und Verachtung für die Gegenseite übrighaben und uns statt konstruktiver, durchdachter Ideen vor allem erzählen, warum alle anderen keine Ahnung haben. Schuldzuweisungen statt Lösungsentwürfe. Zum Beweis der Idiotie anderer Meinungen, wird auf die wiederum extremsten Vertreter der Gegenseite verwiesen, die in uns am meisten Wut auslösen, so als gäbe es keinen Bereich dazwischen. So als könne man uns gar nicht sinnvoll widersprechen. Diese extrem andersdenkenden Personen werden dann direkt niedergemacht, sodass unserer Wut die Lust an der Demütigung des ideologischen Feindes folgt.

So entsteht in uns aber keine Lust auf eigene, produktive Ideen, sondern vor allem die Verachtung gegenüber allen, die es anders sehen als wir. Das Ergebnis ist, dass unser Bild von der Gegenseite in einer Debatte von deren schlimmsten Vertreterinnen geprägt ist und wir diesen Eindruck bald auf alle anderen, die ein ähnliches Argument vertreten, übertragen. Freunde oder Kolleginnen mit Meinungsverschiedenheiten sprechen nicht mehr vernünftig miteinander, sondern werfen sich aufgestaute Emotionen entgegen. Dabei gelten diese Gefühle eigentlich den besonders lauten und dadurch sichtbaren Influencern, Politikerinnen und Rädelsführern.

Anonymität und Entfremdung

Eine weitere Besonderheit der Kommunikation im Internet ist die Möglichkeit der Anonymität. Wir müssen nicht unsere Klarnamen oder echten Fotos benutzen. Das bringt einige Vorteile mit sich. Es ermöglicht Nutzern, persönliche Informationen zu schützen und ihre Privatsphäre zu wahren. Die Anonymität kann Menschen ermutigen, einen ehrlicheren Meinungsaustausch zu betreiben, da sie weniger Angst vor persönlichen Konsequenzen oder Vorurteilen haben müssen. Sie erlaubt es uns dadurch auch kontroverse Themen zu diskutieren oder Kritik zu äußern. In einigen Fällen kann die Anonymität auch essenziell wichtig sein, um Menschen vor Verfolgung, Zensur oder Repressalien autoritärer Regime zu schützen.

Auf der anderen Seite kann sie ein Phänomen befördern, das man besonders gut im Straßenverkehr beobachten kann. Im Schutz ihres Autos und der damit gewährten gewissen Anonymität wüten und brüllen Menschen einander aus kleinsten Anlässen mit wutverzerrten Gesichtern an. Die Stahlrahmen und Fensterscheiben bieten nicht nur eine physische Barriere, sondern machen uns auch schlechter erkenn- und hörbar. Die Gewissheit, dass uns das Gegenüber nicht kennt und in einigen Sekunden auch nie wieder begegnen wird, fördert ein Verhalten, dass die exakt selben Personen sich am Arbeitsplatz oder im Freundeskreis niemals erlauben würden.

Das soll nicht heißen, dass es richtig oder falsch ist, den Schutz des Autos oder die Anonymität des Internets als Ventil für den eigenen Ärger zu nutzen. Uns sollte nur bewusst sein, dass es online sehr viel schwerer ist zu beurteilen, ob wir das Gegenüber überhaupt ernst nehmen sollten. Uns fehlen eine Menge Informationen, die im zwischenmenschlichen Kontakt wichtige Funktionen erfüllen. Wir alle sorgen uns selbst unter besten Freunden manchmal, dass in einem WhatsApp-Chat etwas falsch verstanden werden könnte, weil unsere Stimme und unsere Mimik zur Nachricht fehlen. Wie viel mehr geht verloren, wenn wir Kommentare von anonymen Fremden im Internet lesen? Wenn jemand in einer Bar schon seit zwei Stunden durch den Raum torkelt, sich zwischendurch übergeben hat und dann, offensichtlich sehr betrunken, den Klimawandel leugnet, würden wir die Person dann ernst nehmen? Würden wir mit ihr debattieren? Wenn eine Teenagerin gerade Beziehungsstreit hat, wütend ist und nun findet, alle Männer sollen zur Hölle fahren, ist das eine ernst zu nehmende Aussage, auf die wir eingehen und sie widerlegen wollen?

Ich erinnere mich noch sehr lebhaft an eine Situation mit einem schwer depressiven Patienten, seit Langem arbeitslos und körperlich eingeschränkt, der in seiner tiefen Verzweiflung mit einer Mischung aus Wut, Trauer und gefühlter Machtlosigkeit einmal unter Tränen sagte, Angela Merkel und die Gesellschaft kümmerten sich mehr um Geflüchtete, als um ihn. Gesprächspausen sind in der Psychotherapie nichts Ungewöhnliches und ich nutze sie meist, um über das nachzudenken, was bei meinen Patienten vorgeht. Aber die auf diese Aussage meines Patienten folgende Pause brauchte ich, um meine eigenen Emotionen zu regulieren. Im ersten Moment kam eine Wut in mir auf. Ich fühlte mich fast schon persönlich angegriffen. Hatte das gerade mein Patient gesagt, mit dem ich seit Monaten arbeitete, dem ich Woche für Woche in den Sitzungen meine volle Aufmerksamkeit widmete? Dessen gesetzliche Krankenkasse, deren Beiträge er im Moment nicht selbst leisten konnte, ihm ein Pensum an Psychotherapiestunden bezahlte, dass ihm weltweit in keinem anderen Land auch nur annähernd zustehen würde? Während zeitgleich der Zugang zu Psychotherapie für Geflüchtete, trotz schwerster Traumatisierungen, fast unmöglich ist? Aber dann habe ich ihn vor mir gesehen, weinend, zitternd, hilflos. Das machte es sehr viel einfacher für mich, seine Gedanken einzuordnen, als wenn ich dieselbe Aussage einfach nur auf Twitter/X gelesen hätte.

Ich entschied natürlich, mich auf die therapeutische Arbeit und damit meinen Auftrag zu konzentrieren, anstatt mich auf eine Debatte über diesen Gedanken einzulassen. Trotzdem muss er meine kurze Irritation bemerkt haben, denn Monate später, als es ihm sehr viel besser ging, sprach er mich auf diesen Moment an. Wir hatten im Laufe der Therapie, bei ganz anderen Themen wie zum Beispiel Konflikten an seinem später gefundenen Arbeitsplatz oder in seiner Beziehung, über kognitive Verzerrungen und Verschiebung von Ärger auf unbeteiligte Personen oder Gruppen gesprochen. Er sagte mir, dass er sich rückblickend dafür schäme, seinen Ärger über die eigene Situation auf Opfer von Gewalt und Verfolgung projiziert zu haben.

Die Situation wiederholte sich fast identisch einige Jahre später an unerwarteter Stelle mit einem anderen Patienten. Auch an diesen Moment erinnere ich mich noch sehr gut. Der Patient war Jahrzehnte vorher aus Afghanistan geflohen und hatte sich ein neues Leben aufgebaut. Nun war er schon seit Wochen mit furchtbaren neuen Nachrichten aus seiner Heimat und dem dortigen Geschehen konfrontiert. Er litt mit den Menschen, die noch vor Ort waren, und trauerte um seine Heimat, die er einst verlassen, aber noch immer tief in sein Herz geschlossen hatte. Seine Verzweiflung war greifbar, auch er weinte, als er sich vor mir laut fragte, warum Olaf Scholz und die Gesellschaft sich mehr um ukrainische Geflüchtete kümmerten als um das Schicksal Afghanistans. Ich fühlte mich wie zurückversetzt zu meinem ehemaligen Patienten und fragte mich, ob die beiden wohl Verständnis füreinander hätten, wenn sie sich in ihrem jeweils verletzlichen Moment erleben könnten.

Dieses Mal war mein Ärger über die Verschiebung seiner Wut und Frustration kleiner, ich hatte die Situation ja schon einmal erlebt. Wie beim letzten Mal auch, widerstand ich meinem Impuls, ihn auf die Verschiebung seiner Emotionen aufmerksam zu machen und fokussierte die Arbeit stattdessen auf die berechtigte Verzweiflung und Trauer.

Ich möchte nicht behaupten, dass sich jeder hasserfüllte Social-Media-Post durch einen problematischen Kontext der dahinterstehenden Person erklären oder gar entschuldigen lässt. Es ist nur wichtig, sich bewusst zu machen, dass uns dieser Kontext im Internet fehlt und wir darum vorsichtig sein sollten, Nachrichten oder Kommentare sehr ernst oder uns selbst zu Herzen zu nehmen, wenn wir den Menschen dahinter nicht kennen.

Wer bist du – wer bin ich?

Die sozialen Netzwerke beeinflussen nicht nur die Art und Weise, wie wir mit Fremden in Kontakt treten, sie können auch das Verhältnis zu unseren Freunden verändern. Ein Like von einem geliebten Menschen kann uns ein kurzes Glücksgefühl geben, während das Fehlen von Likes oder positiven Kommentaren Enttäuschung auslösen kann. Wozu führt das? Genauso, wie sie von der unsichtbaren Hand der Algorithmen gedrängt werden, immer emotionalere Inhalte zu verbreiten, werden die Nutzer auch über Likes ihrer Freunde dazu motiviert, immer schönere, beeindruckendere und einfallsreichere Inhalte zu teilen. Das Ergebnis sind Feeds voller Bilder von Traumurlauben, glücklichen Familien und erfolgreichen Karrieren – der anderen.

Sich täglich Unmengen dieser Bilder anzusehen, macht etwas mit uns. So sehr wir uns auch wünschen, uns jederzeit über die Erfolge unserer Freundinnen zu freuen, wird dieses Wohlwollen überstrapaziert, wenn es mit einem unrealistischen Ausmaß an purem Glück, Erfolg und Schönheit überflutet wird. Wenn wir aufrichtig an den Erfolgen unserer Freunde teilhaben wollen, darf unser Wohlwollen nicht schon längst durch übermäßigen Social-Media-Gebrauch zu Verbitterung geworden sein. Denn ob wir es wollen oder nicht, unsere Psyche tendiert ganz automatisch dazu, uns mit anderen zu vergleichen.

Wieso tritt der Mensch so gern in Konkurrenz mit anderen, warum suchen wir so oft den Wettbewerb? Es gibt zwei bekannte psychologische Modelle, die zu erklären versuchen, warum wir uns ständig mit anderen vergleichen. Zum einen gab es den Psychologen und Psychotherapeuten Klaus Grawe, der ein Modell der vier Grundbedürfnisse formuliert hat.[7] Eines davon ist das Bedürfnis nach Selbstwerterhöhung. Eine Stabilisierung und Verbesserung des eigenen Selbstwerts können wir laut dem Modell zum Beispiel durch Lob von anderen erreichen. Nach Grawe könnte man also sagen, die Lust auf Wettbewerb ist eigentlich die Suche nach Anerkennung durch andere.

Die Sozialpsychologen Abraham Tesser[8] und Leon Festinger[9] stellten zwei weitere Konzepte auf, die sich im Kern ähneln und deshalb zusammengenommen das zweite bekannte psychologische Modell ausmachen. Im Prinzip geht es bei beiden um die Annahme, dass der Mensch ein Herdentier ist. Menschen haben im Laufe der Evolution schon immer in Gruppen und damit auch in Hierarchien gelebt, und die Position innerhalb der Gruppe war überlebenswichtig. Wer ganz unten gelandet war und damit vielleicht schon bald ausgestoßen wurde, hatte keine Chance mehr. Darum, so die Theorie, fragen wir uns auch heute noch ständig, wo wir innerhalb einer Gruppe eigentlich stehen.

Um diese Frage zu beantworten, sehen wir uns andere Menschen an. Wir beobachten und beurteilen, welchen sozialen Rang diese anderen Personen einnehmen, was von außen tatsächlich leichter zu bewerten ist. Und dann vergleichen wir uns mit ihnen, um eine Information über unseren eigenen Status zu gewinnen.

Oft fehlt uns jedoch ein objektiver Maßstab, um unsere eigene Situation richtig einzuordnen. Wenn wir bei der ersten Prüfung an der Universität oder in der Ausbildung mit einer Drei bewertet werden, was bedeutet das? Ist das gut, in Ordnung oder schon eine Enttäuschung? Darum suchen wir den Vergleich, wir wollen wissen, wie die anderen abgeschnitten haben. Hatten alle anderen eine Vier oder Fünf wissen wir, dass unsere eigene Leistung herausragend stark gewesen ist.

Ein weiterer wichtiger Faktor beim Vergleich ist die Ähnlichkeit der anderen Person zu uns. Unser Gehirn arbeitet gerne effizient, darum sucht es Vergleiche, die relevante Informationen bringen. Wenn wir bei einem 100-m-Lauf unsere Zeit mit der einer vierzig Jahre älteren Person, die sich gerade von einer Knieoperation erholt vergleichen, gibt uns das keine relevante Information darüber, ob wir eher schnelle oder langsame Sprinter sind. Also nimmt unsere Psyche diesen Vergleich nicht ernst – natürlich gesetzt den Fall, dass wir schneller gewesen sind, sonst könnte durchaus Frust aufkommen.

Nun sind Social-Media-Feeds lauter Bestandsaufnahmen aus dem Leben der für unseren Vergleich relevantesten Personen, unserer Freunde. Leider stehen diese Bestandsaufnahmen jedoch nicht in direkter Relation zur Realität, sie sind »Highlight-Reels«, also eine Auswahl der positivsten, aufregendsten oder bemerkenswertesten Momente aus dem Leben unserer Freunde.

Man stelle sich vor, ein Student würde jeden Morgen aufwachen und Fotos aller Studierenden seiner Universität angezeigt bekommen, die Bestnoten bekommen haben. Sie alle lächeln glücklich, halten ihre Prüfungen (»Volle Punktzahl! Wow, hätte ich nie erwartet! Schon das zehnte Mal in Folge!«) in die Kamera und wirken dabei gänzlich unangestrengt, sie strahlen sogar eine Leichtigkeit aus. Diesem Studenten wäre auf einer rationalen Ebene wahrscheinlich klar, dass diese anderen Personen irgendwann auch menschlichere Momente gehabt haben müssen – genauso wie es uns klar ist, dass nicht alle unsere Freunde gerade im Urlaub an Traumstränden sind, um im Kreise ihrer harmonischen Familie ihre Beförderung zu feiern – aber trotzdem würde es an ihm nagen, diese Fotos jeden Tag zu sehen. Denn seine Psyche kann diesen rationalen Gedanken (»Auch das sind nur Menschen, sie haben genauso Schwierigkeiten wie ich.«) nicht mit dem vereinbaren, was ihr an Bildern gefüttert wird. In Konsequenz kann sich bei unserem imaginären Studenten sowohl sein Blick auf sich selbst verändern als auch seine Beziehung zu seinen Freunden, und tatsächlich betrifft dieser Effekt in der Realität uns alle.

Die Forschung in Bezug auf soziale Medien steckt noch in der Frühphase, aber es zeigen sich starke Hinweise auf negative Folgen für das eigene psychische Wohlbefinden.[10] In einer interessanten Studie aus Australien haben Forscherinnen versucht herauszufinden, wie diese negativen Effekte abgemildert werden können.[11] Sie nutzten dafür sogenannte »Instagram vs. Reality-Bilder«, die für eine Weile einen kleinen Trend in den sozialen Medien ausgelöst haben. Diese Fotomontagen zeigen nebeneinander Bilder derselben Frau, eines in idealisierter Darstellung und das andere in natürlicher Darstellung, ohne Filter, professionelle Inszenierung und Bildbearbeitung. Ziel dieser Studie war es, den Effekt solcher Bilder auf das eigene Körperbild experimentell zu untersuchen.

An der Studie nahmen 305 Frauen im Alter von achtzehn bis dreißig Jahren teil, die zufällig einer von drei Gruppen zugeordnet wurden. Sie sahen entweder die »Instagram-vs.-Reality«-Bildmontage, nur das »ideale« Bild oder nur das »reale« Bild. Wie von den Wissenschaftlerinnen vorhergesagt, führte das Betrachten der »Instagram vs. Reality«- und der »realen« Bilder zu einer sehr viel geringeren Unzufriedenheit mit dem eigenen Körper. Die Forscher schlussfolgerten, dass solche Beiträge das Potenzial haben, die Zufriedenheit von Frauen mit ihrem Körper zu stärken. Sie waren aber nicht so naiv zu glauben, dass diese Erkenntnis die Nutzer weltweit dazu bringen würde, in ihren Feeds dauerhaft auf idealisierte Darstellungen zu verzichten.

Was uns online also weiterhin begegnet, ist, was die Wissenschaft als Aufwärtsvergleich (englisch: *upward comparison*) bezeichnet. In gesundem Maße kann dieser zwar auch hilfreich sein, wenn die Balance aber komplett verloren geht und jeder Vergleich nach oben, zum vermeintlich Idealen, gezogen wird, schadet er.

Zur gesunden Balance braucht es nämlich auch den Abwärtsvergleich, wenn wir uns also mit Personen vergleichen, die in einer schlechteren oder weniger vorteilhaften Position sind als wir selbst. Dieser hat einen sehr schlechten Ruf, und ich vermute, auch Ihre Augenbraue hat sich gerade nach oben gezogen.

Es stimmt, der Abwärtsvergleich kann zu Überheblichkeit, einem Gefühl der Überlegenheit und zu einem Mangel an Empathie führen. Aber genau wie der Aufwärtsvergleich, der in gewissen Dosen motivierend wirken kann, hat auch der Abwärtsvergleich eine Funktion, auf die wir nicht komplett verzichten sollten. Aus therapeutischer Sicht ist er sogar ein wichtiges und bewusst eingesetztes Werkzeug, das bei Gruppentherapien oder Klinikaufenthalten regelmäßig zum Einsatz kommt. Der Psychoanalytiker und Autor Irvin Yalom nennt es die »Universalität des Leidens«:[12] Wenn Patienten in der Klinik erleben, dass es noch viele andere gibt, denen es so schlecht oder sogar noch viel schlechter als ihnen selbst geht, kann das helfen. Man tut dem Abwärtsvergleich also unrecht, wenn man ihn als moralisch verwerflich deklassiert, er hat seinen Platz und hilft Menschen in Not.

Die digitale Realität der sozialen Medien gibt uns allerdings kaum noch Gelegenheiten dafür bei relevanten Vergleichspersonen, also unseren echten Freunden. Natürlich teilen sie auf Instagram kein Urlaubsvideo von ihrem Streit mit der Partnerin. Auch deshalb ist es so wichtig und wohltuend, wirklich mit Freunden zu sprechen, statt ihnen nur über soziale Medien zu folgen. Im echten Leben können wir die Erfolge, aber auch die schwierigen Phasen der anderen realistischer einschätzen, der Austausch geht in der Regel tiefer und es fällt uns leichter, unseren Freunden gegenüber wirklich empathisch zu handeln.

Neben einem schlechteren Selbstwertgefühl hat es nämlich noch andere, wissenschaftlich bisher wenig thematisierte Folgen, wenn wir unsere Kontakte vor allem online treffen. Es beeinflusst, wie wir zu unseren echten Freunden stehen. Sie online nur von ihrer besten Seite zu sehen, kann zu Neid führen, der zu Missgunst werden kann, wenn er sich festsetzt. Aus Missgunst kann mit der Zeit Abneigung entstehen. Bevor es so weit kommt, können wir allerdings schon beim Neid ansetzen.

Was hast du – was will ich?

Neid hat einen sehr schlechten Ruf. Die *Invidia* (Latein für Neid oder Missgunst) gehört in der klassischen Theologie sogar zu den Hauptlastern, oder umgangssprachlich und damit für ihren gesellschaftlichen Ruf noch relevanter, den sieben Todsünden. Der Ursprung des Neids wird dabei in der schier endlosen menschlichen Begierde vermutet, ein starkes Verlangen nach Besitz, Anerkennung und Status, das oft unersättlich scheint. Der Neid wird zum Spiegel unserer Unzulänglichkeiten und Wünsche, und konfrontiert uns so mit unserer eigenen Verwundbarkeit.

Ich glaube, dass sein schlechter Ruf in unserem Umgang mit dem Neid begründet ist. Denn selbstverständlich kann aus ihm Destruktives entstehen.

Eine Patientin berichtete mir einmal davon, was ein Facebook-Post eines alten Schulfreundes in ihr ausgelöst hatte. Auf dem Bild war zu sehen, wie er stolz eine Regionalzeitung in die Kamera hielt, in der ein Bericht über ihn – inklusive Porträtfoto – und seinen Erfolg als Unternehmer abgedruckt war. Er leiste, so wurde der Artikel in der Bildbeschreibung zitiert, mit seiner innovativen Idee einen Beitrag zur Energiewende und der ganze Ort profitiere von seinem Vorbild. Sein Start-up, ich zitiere hier aus meiner Erinnerung, biete »die ultimative, hypervernetzte Energie-Oase für die Elektromobilität im Zeitalter der disruptiven Innovation. Mit einer skalierbaren Fusion von Hightech-Infrastruktur und intelligentem Energy Sharing entsteht eine dynamische Ökosphäre für nachhaltige Fortbewegung. Hier wird nicht nur das Elektroauto geladen – hier wird Inspiration, Innovation und ein zukunftsweisender Lifestyle getankt. Von Highspeed-Ladeprozessen, die die Batterie im Handumdrehen aufladen, bis hin zu innovativen Regenerationszonen für ein eigenes Energietankstellen-Erlebnis – die Station bietet alles, was das Herz eines modernen Energiepioniers begehrt.« Der Bericht endete mit den Worten des Gründers: »Let's charge the future – together!«.

Die Patientin kam aus demselben Ort und kannte diese »Energie-Oase«. In ihren Worten ging es letztendlich um nur eine »besch... (ich weiche an diesem Punkt von ihrer tatsächlichen Wortwahl ab) ...eidene Tankstelle mit zwei Elektroladestationen!«.

Aber warum hatte dieser Post sie so aufgewühlt? Und wie sollte sie nun mit ihren dadurch ausgelösten Gefühlen umgehen?

Meine Patientin hatte drei Optionen, um auf den Beitrag zu reagieren. Es sind dieselben, die auch wir haben, wenn wir uns in einer ähnlichen Situation befinden und vielleicht auch ein wenig Neid in uns aufkommt.

Die erste Option lautet *Verdrängung*. Über Abwehrmechanismen haben wir bereits gesprochen, Verdrängung ist ein weiteres Beispiel dafür. Sie dient dazu, unangenehme oder belastende Gedanken, Erinnerungen oder Impulse aus dem bewussten Denken zu verbannen. Unerwünschte Inhalte werden ins Unbewusste verschoben, was kurzfristig psychischen Schutz bietet und emotionalen Stress reduziert. Die Patientin könnte also so tun, als ob sie der Post überhaupt nicht ärgere, sondern sie sich ganz uneingeschränkt für den ehemaligen Freund und jetzigen entfernten Bekannten freue. »Ach, ist doch toll für ihn«, könnte sie sagen, nur um den Ärger dann nachts im Schlaf an ihrer Aufbissschiene abzuarbeiten.

Ihn zu verdrängen, also so zu tun, als ob es ihn nicht gibt, zum Beispiel weil wir gelernt haben, dass Neid etwas Böses ist und wir ihn mit unserem Selbstbild nicht in Einklang bringen können, hilft uns nur kurzfristig. Die Fassade wird aufrechterhalten, aber langfristig bröckelt es dahinter.

Ich schlug meiner Patientin vor, diese Option versuchsweise, im geschützten Rahmen unseres Gesprächs, auszuprobieren. Wie erwartet, brachte sie Lob und Freude für den Schulkollegen nur schwer – und von außen betrachtet auch nicht besonders überzeugend – über die Lippen und empfand dabei keine Erleichterung. Ihre Wut steigerte sich sogar. Das half uns beim Übergang zu Option zwei.

Alternativ können wir den langsam in uns aufsteigenden Neid auch bekämpfen, indem wir die von uns beneidete Person abwerten. Bei der *Abwertung*, einem weiteren Abwehrmechanismus, wird die Person oder Sache, die Ursache für den Neid ist, negativ beurteilt oder herabgestuft, um das eigene Selbstwertgefühl aufrechtzuerhalten und den emotionalen Stress zu reduzieren. Diese Option gefiel meiner Patientin, die aufgestaute Wut konnte sich nun entladen. Ich bot ihr an, zu Übungszwecken sogar noch zu übertreiben, also ihrer Fantasie ruhig freien Lauf zu lassen.

Die Einladung nahm sie dankend an. Der Typ sei schon immer ein Vollidiot gewesen. Die Fassade der ökologischen Verantwortung sei absolutes Greenwashing, er habe sich früher nie um die Umwelt gekümmert. Der Kerl rede von Nachhaltigkeit, aber letztendlich diene diese Tankstelle nur dazu, sein eigenes Image aufzupolieren. Das Einzige, worum es ihm gehe, sei, sich selbst in den Mittelpunkt zu stellen. Die ganze Idee sei sowieso lächerlich, in dem Ort gäbe es schon genug Tankstellen. Es werde sicherlich ein riesiger Flop werden. Überhaupt frage sie sich, woher er das Geld habe, um so etwas auf die Beine zu stellen. Das müsse er von seinen Eltern bekommen haben, sie könne sich nicht vorstellen, dass er überhaupt schon mal richtig gearbeitet habe, es sei ihm alles zugeflogen. Er sei außerdem schon immer ein suspekter Typ gewesen, vermutlich sei die ganze Familie kriminell oder schmiere die richtigen Leute. Wahrscheinlich sei das Ganze sowieso nur Geldwäsche oder Vetternwirtschaft.

Meine Patientin fühlte sich danach deutlich besser. Aber was genau fühlte sie? Ich hatte ihr vor der Übung vorgeschlagen, die Sitzung auf Video aufzunehmen. Nun zeigte ich ihr die Aufzeichnung der letzten fünf Minuten und bat sie, ihre eigenen Emotionen zu lesen. Von Trauer war keine Spur mehr, sie entdeckte Freude. Da war aber auch viel Wut, Missgunst und Verachtung. Verachtung lässt sich sehr gut im Gesicht ablesen. Diese Gefühle waren in dem Moment zwar auf den anderen gerichtet – so funktioniert Abwertung als Mechanismus – und darum hat diese Option durchaus ihren Reiz und ihre Berechtigung. Doch wenn wir uns zu sehr darauf verlassen und Negatives immer wieder nur auf diese Art abwehren, können sich diese Gefühle langfristig auch auf uns selbst richten. Irgendwann, auch hier gerne wieder nachts oder wenn es uns schlecht geht, wenn unsere Abwehr nach einem langen, anstrengenden Tag geschwächt ist, holen uns die unangenehmen Gefühle ein. Wir sind wütend auf uns, finden, wir verdienen es nicht anders und verachten uns dafür, dass wir es nicht besser hinbekommen. Wir sind selbst schuld.

All diese Gefühle kannte meine Patientin nur zu gut. Darum bot ich ihr noch die dritte Alternative im Umgang mit Neid an.

Es fängt damit an, den Neid zu präzisieren. Denn obwohl es sich oft so anfühlt, sind wir eigentlich nicht auf den Menschen an sich neidisch, sondern es geht meistens um einige spezifische Aspekte. Ich fragte meine Patientin, ob es denn etwas geben könnte, worum sie den Schulkollegen beneidet, und was genau das sein könnte? Denn auch, wenn sie ihn vielleicht um etwas Bestimmtes beneidete, waren ihr andere Aspekte doch wahrscheinlich egal.

War es sein finanzieller Erfolg, wünschte sie sich ein besseres Einkommen und damit mehr Unabhängigkeit? Komfort? Genuss? Luxus? Oder ging es ihr vielleicht um die Anerkennung? Die Regionalzeitung hatte berichtet, Freunde und Bekannte gratulierten auf Facebook. Fühlte sie sich in ihren Bemühungen nicht gesehen? Fühlte sie sich im Job, in der Familie oder im Freundeskreis vielleicht nicht wertgeschätzt? Oder, wieder eine andere Hypothese, ging es ihr um den Mut, eine so weitreichende Entscheidung wie den Schritt in die Selbstständigkeit zu wagen? Vielleicht war sie schon lange unglücklich in ihrem Beruf und träumte eigentlich davon, selbstständig zu werden oder noch einmal umzuschulen?

Wir hatten all diese Fragen zwanzig Minuten lang besprochen, als ihr auffiel, dass wir den Namen ihres Schulkollegen schon lange nicht mehr benutzt hatten und sie auch in Gedanken überhaupt nicht mehr bei ihm, sondern bei sich war. Genau so funktioniert die dritte Option im Umgang mit Neid: Ihn ehrlich zu akzeptieren und mit ihm zu arbeiten, hilft uns dabei, uns selbst besser zu verstehen. Wir hatten beim auslösenden Ereignis, dem Facebook-Post, gestartet, waren aber nun dabei, die zum Teil auch wenig bewussten Bedürfnisse, Wünsche und Ziele der Patientin zu besprechen. Für die Zukunft nahm sie sich vor, in ähnlichen Situationen mit einer gesunden Mischung aus Option zwei und drei zu reagieren. Ihrem Ärger also Luft zu machen, sich aber auch zu fragen, warum ihr manche Dinge so unter die Haut gehen.

Zu viel Zeit in den sozialen Medien zu verbringen, kann uns von den Menschen um uns herum distanzieren, da es Neid und Selbstzweifel in uns auslösen kann, die wiederum Abwertung und negative Assoziationen hervorrufen können. Aber wir können einiges tun, um das zu verhindern und die sozialen Medien so zu nutzen, dass sie uns einander tatsächlich näherbringen.

Wir können die Zeit, die wir auf den Plattformen verbringen, bewusst begrenzen und dabei darauf achten, ob solche negativen Gefühle in uns entstehen. Außerdem ist es hilfreich, wie schon im vorherigen Kapitel beim Umgang mit Informationen generell beschrieben, den Konsum sozialer Medien nicht als Angebotsproblem, sondern als Herausforderung an unsere eigenen Filter verstehen.

Wir können unseren Konsum nicht nur über die Quantität, sondern auch über die Qualität wertvoller gestalten, indem wir uns ein paar Fragen stellen: Was macht diese Quelle mit mir? Diese Seite der ich folge, jenes Medium oder eine bestimmte Influencerin, was haben sie für ein Ziel? Mich zu informieren oder mich eher zu emotionalisieren? Zeigt und erklärt mir jemand Fakten, Daten und Informationen? Oder folgt darauf auch gleich ein Aufruf, mich zu fürchten, zu schämen oder zu bewaffnen? Und wenn diese Quellen uns emotionalisieren, welche Emotionen sind es, die sie regelmäßig, Tag für Tag, in uns auslösen? Natürlich überstehen wir einen einzelnen Post, Tweet oder ein Video ohne fürchterliche Nachwirkungen. Aber wenn wir emotionalisierenden Quellen folgen, bleibt es nicht bei dem einen Mal.

Der etwas ältere afghanische Patient, den ich früher in diesem Kapitel erwähnt habe, erzählte mir einige Monate später, dass er in der Zeit, in der es ihm besonders schlecht ging, fast ein halbes Jahr lang täglich viele Stunden auf Instagram verbracht und die ganze Zeit über geweint habe. Da ihm die Handhabung seines Smartphones nicht leichtfiel, bat er mich darum, ihm dabei zu helfen, sein Instagram umzustellen. Er wollte, dass ihm weniger der aufwühlenden Posts angezeigt werden, da er sie nicht mehr aushalten konnte. Die App einfach löschen wollte er aber nicht, da er darüber auch in Kontakt zu Freunden und Verwandten stand.

Ich ließ mir also seinen Account zeigen. Er folgte knapp dreißig Menschen, die er persönlich kannte, und über sechshundert politischen Quellen – eine wilde Mischung aus seriöser Berichterstattung, offensichtlichen fake Profilen, echten Betroffenen, Verschwörungstheoretikern, Werbe- und Spambots. Bereits ein sehr kurzer Blick in seinen Feed, den er mir entgegenhielt und durchscrollte, machte mich benommen.

Er entschied sich, zwei Wochen komplett auf die App zu verzichten und machte sich dann an die Arbeit, die eingehenden Informationen besser zu begrenzen, indem er sich überlegte, welche Emotion die Quelle in ihm auslöst. Freude, Trauer, Stolz, Ärger, Begeisterung, Sorge, Überraschung, Gelassenheit, Ekel? Er extrapolierte das Gefühl, stellte sich also vor, wie es ist, es jeden Tag, mehrfach, immer wieder zu spüren. Was würde das dauerhaft mit ihm machen? Motiviert, frustriert, erfreut, ärgert, erleichtert oder erheitert es ihn? Hilft es jemandem, wenn er sich dauerhaft so fühlt? Was für einen Effekt hätte das darauf, wie er handelt? Würde er dadurch aktiver – bringt sich in seiner Community ein, demonstriert, unterstützt andere, verstärkt seine Beziehung zu Freunden, Nachbarinnen und Familie – oder zöge er sich zurück und isolierte sich? Und dann traf er Entscheidungen.

Er begann Inhalten zu folgen, die ihn tatsächlich weiterbrachten, also einen langfristig produktiven Effekt hatten und nicht nur kurzfristig seine Aufmerksamkeit triggerten. Er ignorierte und entfolgte Inhalte, deren Auswirkungen er langfristig nicht in Kauf nehmen wollte. Monate später, ich hatte das Thema schon gar nicht mehr präsent, zeigte er mir noch einmal seine Instagram-

Abonnements und den Feed. Die Menschen, die er persönlich kannte, waren immer noch da, fast alle der übrigen sechshundert Abonnements waren verschwunden. Er hatte sie mit knapp fünfzig neuen Accounts aus seiner lokalen Umgebung ersetzt.

Zum Beispiel mit einem Verein, der Geflüchteten durch die Vermittlung von Sprachpartnerschaften hilft. Darüber hatte er Kontakt zu einem jungen Mann gefunden, der in einem ähnlichen Alter war wie er selbst, als er vor vielen Jahrzehnten nach Deutschland kam. Er traf ihn nun wöchentlich und half ihm dabei, Deutsch zu lernen.

Er folgte auch einem Begegnungszentrum für Geflüchtete, das es schon seit Jahren in seiner Stadt gab, dass er aber noch nie betreten hatte, weil er zuvor nie darauf aufmerksam geworden war. Regelmäßig besuchte er dort nun Konzerte, deren Einnahmen für wohltätige Zwecke gespendet werden. Er folgte überhaupt viel mehr kulturellen Einrichtungen wie lokalen Theatern, Buchhandlungen und Museen. Seine Augen leuchteten auf, als er mir davon berichtete, wie er die Stadt, in der er schon so lange lebte, wieder neu für sich entdeckte.

Dann zeigte er mir eine junge afghanische Influencerin, die traditionelle Gerichte kocht und die Rezepte ausführlich beschreibt. An diesem Punkt kamen ihm wieder Tränen. Diesmal stand dahinter aber keine Resignation, keine Stagnation. Es war eine angebrachte Mischung aus Nostalgie, Empathie und Trauer. Er konnte damit umgehen. Dann verabschiedete er sich, nun wieder mit einem Lächeln im Gesicht. Er müsse zu einem Termin mit seinem Sprachpartner.

Die Nadelhaufen im Heu

Trotz seines zweifelhaften Rufs hat das Internet auch eine schier unendliche Menge an erfreulichen und bereichernden Inhalten zu bieten. Einiges davon ist so weit verbreitet, dass es einfach selbstverständlich erscheint und wir es darum weniger wahrnehmen, als die hässlichen Auseinandersetzungen und Kommentare – denken Sie wieder an die Tendenz unserer Psyche, das gefährliche in Erinnerung zu behalten und das nette, schöne, wohltuende auszublenden. Um genau das, das Liebe und Harmlose, wieder zu sehen, reicht ein aufmerksamer Blick in Google Maps.

Bei allem, was man über Rezensionen und Bewertungen sagen kann, müssten sie uns rein faktisch eigentlich sehr glücklich stimmen. Es kommt einem so vor, als würden sich im Internet alle nur beschweren, aber prüfen Sie es ruhig einmal in Ihrer direkten Umgebung. Die durchschnittliche Sternebewertung auf Google Maps müsste, wenn wir ausgeglichene Rückmeldungen geben, bei 3 liegen. Aber es machen sich sehr viel mehr Menschen die Mühe, positive Rückmeldung zu geben als negative. Egal, in welcher Stadt ich nachgesehen habe, überall auf der Welt werden für Nachbarschaftscafés, inhabergeführte Restaurants, Pensionen, kleine Buchläden und Kioske im Durchschnitt sehr viel mehr positive als negative Rezensionen hinterlassen. Das gilt umso mehr für kleine Läden, deren Inhaber garantiert weder die Zeit, noch das Geld und zum Teil überhaupt die nötigen Informationen haben, um ihre Rezensionen zu fälschen oder zu löschen, also schieben Sie diesen Verdacht bitte gleich wieder beiseite.

Dasselbe gilt auch in anderen Bereichen. Wenn Sie die Rezensionen für Ihre Lieblingspodcasts, -bücher und sonstige kreative Arbeiten einzelner Personen lesen, werden Sie in den meisten Fällen – wenn es nicht gerade einen sogenannten Shitstorm gibt – bei

Weitem mehr lobende und aufrichtende Worte finden als abwertende. Falls Ihnen Ihre eigene und meine anekdotische Recherche nicht genügt, gibt es natürlich auch Studien, die sechsstellige Zahlen von Kommentaren und Bewertungen auswerten und zum selben Ergebnis kommen.[13]

Überhaupt nehmen sich unfassbar viele anonyme Menschen, die sich niemals begegnen werden, im Internet Zeit, um anderen zu helfen. Was auch immer Ihr Hobby ist, sei es Gärtnern, Kartenspielen, Sport, Gesundheit oder Videospiele: Es gibt unzählige Foren, in denen andere ihr Wissen teilen und Fragen beantworten, ohne jemals eine Gegenleistung dafür zu bekommen. Beispiele zu jedem Thema sind dafür auf Reddit, Stack Overflow und Quora zu finden. Die größte Sammlung menschlichen Wissens aller Zeiten, Wikipedia, wird von einer großen Gemeinschaft von Freiwilligen aus der ganzen Welt erstellt und gepflegt.

Und auch in den sozialen Medien gibt es hoffnungsspendende Trends, denen wir nur Aufmerksamkeit schenken müssen, um sie zu erkennen. Zum Beispiel die mit #BookTok oder #Bookstagram bezeichnete literarische Gemeinschaft, in der Influencerinnen wie Saskia Papen alias pastellpages, Julian Nussel / buecher_klaus, Nathalie Bröske / nathalie_reads, oder Florian Valerius / literarischernerd sich mit zehntausenden jungen Leserinnen über ihre Lieblingsbücher austauschen.

Dass wir sehr viel – und in Zukunft wahrscheinlich immer mehr – Zeit im Internet verbringen, muss nicht bedeuten, dass wir uns automatisch bedrückenden Inhalten aussetzen, die unser Menschen- und Weltbild immer düsterer machen. Wir haben die Wahl, dem aktive Entscheidungen entgegenzusetzen und darauf zu achten, ob eine Quelle uns eher informiert oder emotionalisiert. Wir können uns fragen, ob die Art von Inhalten uns langfristig weiterbringt. Zeigt und erklärt mir jemand Fakten? Oder lese ich einen Aufruf, mich zu fürchten, zu schämen oder zu beschweren? Welchen Impuls löst dieser Inhalt in mir aus? Mich unter der Decke zu vergraben oder auf andere Menschen zuzugehen? Angst, Wut oder Lust? Deprimiert oder inspiriert mich das, was ich lese?

Mit unseren Interaktionen, unseren Kommentaren und Abonnements entscheiden wir, in welche Richtung wir in Zukunft geprägt werden und haben – genauso, wie unser Konsumverhalten beim Einkauf einen Einfluss darauf hat, welche Produkte erfolgreich sind – einen Einfluss darauf, welche Inhalte wir im Internet unterstützen und vermehren.

Im nächsten Kapitel soll es zunächst um die Gefahren gehen, die uns drohen, wenn wir uns nicht gegen das zynische Weltbild wehren, das uns an jeder Ecke angeboten wird. In dem darauf folgenden Kapitel geht es dann um die Chancen, die sich uns bieten, wenn wir einen nachsichtigen Blick auf uns selbst und andere entwickeln.

Kapitel 6

Der Teufelskreis der Distanz

Erlauben Sie mir wieder einen Schritt zurück in die Perspektive einer Psychotherapie. Würde dieses Buch einem Behandlungsplan folgen, wo wären wir gerade? Wir haben das *Biopsychosoziale Krankheitsmodell* etabliert und besprochen. Wir haben gesehen, dass alle Teile dieses Modells einen starken Druck auf uns ausüben, fälschlicherweise eine Skepsis gegenüber unseren Mitmenschen zu entwickeln. Die Gesellschaft hat lange Zeit ein negatives Menschenbild propagiert – es hat sich als Lüge herausgestellt. Biologisch gesehen bewerten wir unsere Umwelt noch immer aus einer Perspektive, in der jeder Winter und jedes unbekannte Wesen eine potenzielle Lebensgefahr darstellt – obwohl das schon lange nicht mehr stimmt. Und die sozialen Medien verstärken die schrillsten, aggressivsten und am meisten polarisierenden Stimmen – obwohl das Internet eigentlich eine schier unendliche Quelle warmer Worte und hilfreicher Taten sein kann, wenn man nur danach sucht. Das alles sind also die Ursachen. Was sind die Symptome?

Nicht immer sind uns all unsere Symptome bewusst. Oft kommen Menschen aufgrund eines bestimmten Symptoms in die Psychotherapie, ohne die vielen weiteren Leiden, die in ihrem Leben präsent sind, wahrzunehmen. Ich denke dabei an viele ehemalige Patienten, dic sich aufgrund von Agoraphobien an mich gewendet haben. Die Agoraphobie ist eine Angststörung, die durch intensive Angst vor bestimmten Orten oder Situationen gekennzeichnet ist, in denen es schwierig sein könnte, zu entkommen. Typischerweise haben Personen mit Agoraphobie Angst, wenn sie sich an Orten aufhalten, an denen viele Menschen sind, wie beispielsweise volle Einkaufszentren, öffentliche Verkehrsmittel, Kinos oder große Plätze in der Innenstadt. Es kann aber stattdessen auch um Situationen gehen, in denen sie allein in entweder engen Räumen wie zum Beispiel Aufzügen oder in abgelegenen Orten wie im Wald sind.

Betroffene meiden solche Orte oder Situationen oft, um ihrer Angst aus dem Weg zu gehen. Häufig kommen Patienten dann wegen dieser Angst in die Therapie, die sie für ihr eigentliches – und vermeintlich einziges – Symptom halten. Bei vielen Betroffenen dauert es leider Jahre, bis sie sich Hilfe suchen, weil sie sich fragen: Was ist so schlimm daran, Angst vor U-Bahnfahrten zu haben? Ich habe ein Fahrrad oder ein Auto, und zu Fuß gehen ist doch sowieso gesund! Die Symptome verstärken sich aber mit der Zeit, im Hintergrund kommen neue dazu. Die durchschnittlich sehr lange Wartezeit, bis Betroffene sich Hilfe holen, ist auch deshalb tragisch, weil diese Art von Erkrankung heutzutage sehr verlässlich psychotherapeutisch behandelbar ist.

Mir ist in der Praxis oft begegnet, dass nach der erfolgreichen Bewältigung der Agoraphobie plötzlich andere Themen zum Vorschein kamen. Abgrenzungsschwierigkeiten, soziale Probleme, Selbstwertthemen, depressive Verstimmungen und weitere Symptome. Diese Bereiche hatten die Betroffenen teilweise jahrelang verdrängt, weil ihre Aufmerksamkeit hauptsächlich der Angst und ihrer Vermeidung galt. Aber natürlich gibt es eine Verbindung, das eine interagiert mit dem anderen. Wenn die Zusammenhänge dann bewusst werden, kann die Arbeit ganzheitlicher werden und nachhaltigere Veränderungen anstoßen. Um diese Zusammenhänge zu sehen, muss aber ein Problembewusstsein vorhanden sein, aus dem später ein Änderungswunsch entsteht. Dieses Problembewusstsein zu erarbeiten, ist oft ein wichtiger Bestandteil von Psychotherapie. Und damit kommen wir wieder zurück zum Thema. Was ist so schlimm daran, ein negatives Bild von anderen zu haben?

The Wolf Pups of Wall Street

Ökonomen und Wirtschaftswissenschaftlerinnen haben einen schlechten Ruf in der Psychologie. Der einflussreiche Psychoanalytiker Donald Winnicott beispielsweise bezeichnete die Wirtschaftswissenschaften als die »Wissenschaft der Gier«.[1] Auch die empirische Psychologie kommt in ihrer Forschung zu einem ähnlichen Schluss. So hat eine große Menge an Studien gezeigt, dass sich Wirtschaftsstudierende in verschiedenen Situationen, bei denen es um monetäre Belohnungen geht, egoistischer verhalten als andere Menschen.[2] Die einzelnen Untersuchungen kommen immer wieder zu ähnlichen Ergebnissen, ich fasse einige davon kurz zusammen.

Bei einer in den USA durchgeführten Studie spendeten Wirtschaftsprofessoren weniger Geld für wohltätige Zwecke als Professoren in anderen Fachbereichen. Mehr als doppelt so viele von ihnen, im Vergleich zu den Kolleginnen aus den anderen Bereichen, spendeten überhaupt nicht.

Bei einer gemeinsam von den Universitäten Stuttgart und Konstanz durchgeführten Studie waren Wirtschaftsstudierende im Vergleich zu anderen eher bereit, einen überteuerten Klempner zu empfehlen, wenn sie selbst dafür bezahlt wurden.

Bei einer anderen Befragung waren Wirtschaftsstudentinnen eher geneigt, Gier als »generell gut«, »richtig« und »moralisch« zu bewerten.

In einem anderen Experiment erhielten die Teilnehmenden einen Geldbetrag und mussten entscheiden, wie sie ihn mit einem Kommilitonen teilen würden. Wenn der andere Kommilitone dem Deal zustimmte, gab es eine Einigung, aber wenn er ablehnte, erhielten beide nichts. Im Durchschnitt wollten Wirtschaftsstudenten 13 Prozent mehr Geld für sich selbst behalten als Studenten aus anderen Fachrichtungen.

Um noch ein letztes Beispiel zu nennen: In einem weiteren Experiment erhielten die Teilnehmenden Geld und hatten die Möglichkeit, es entweder selbst zu behalten oder in einen gemeinsamen Pool zu spenden, wo es vervielfacht und wiederum gleichmäßig auf alle Teilnehmenden verteilt würde. Im Durchschnitt spendeten die Studierenden 49 Prozent ihres Geldes in den gemeinsamen Pool, aber die Gruppe der Wirtschaftsstudierenden steuerte im Durchschnitt nur 20 Prozent bei. Alle Teilnehmenden wurden im Anschluss gefragt, was ein »fairer« Beitrag wäre. Ausnahmslos alle Nicht-Ökonomen antworteten, dass es eigentlich korrekt wäre, »die Hälfte oder mehr« in den gemeinsamen Pool zur Vervielfachung und Wiederausschüttung zu geben. Die Wirtschaftsstudierenden hatten Schwierigkeiten mit der Frage. Über ein Drittel von ihnen weigerte sich, sie zu beantworten oder gab unverständliche, ausweichende Antworten.

Henne oder Ei?

Es stellt sich natürlich die Frage, ob es wirklich das Wirtschaftsstudium ist, das Menschen möglicherweise egoistischer macht, oder ob diese Annahme ein klassischer Fall von Ursache-Wirkung-Verwirrung ist. In der psychologischen Forschung würde man dann von einem *Self-Selection Problem* (Problem der Selbstselektion) sprechen. Es tritt auf, wenn Individuen die Möglichkeit haben, selbst zu entscheiden, ob sie an einer Studie teilnehmen möchten oder in welche Gruppe sie innerhalb des Experiments kommen, anstatt zufällig ausgewählt zu werden. Wenn wir einhundert Personen zufällig unterschiedlichen Fächern zuordnen und sie ein Jahr studieren lassen könnten, wäre die Aussage, was das Studium mit ihnen macht, verlässlich. Da die Studienwahl aber kein Teil eines Studiendesigns, sondern freiwillig ist, könnte die Stichprobe verzerrt sein. Könnte es sein, dass es nicht am Studium liegt, sondern daran, dass Menschen, die bereits egoistischere Einstellungen oder ein stärkeres Interesse am Streben nach individuellem Wohlstand und Erfolg haben, tendenziell eher dazu neigen, Wirtschaft zu studieren?

Die Wahrheit liegt, wie so oft, wahrscheinlich irgendwo in der Mitte. Es gibt einerseits Hinweise aus einer Schweizer Studie darauf, dass Wirtschaftsstudierende schon vor der ersten Vorlesung egoistischeres Verhalten an den Tag legen, als Studierende anderer Fächer.[3] Andererseits deuten viele andere Untersuchungen darauf hin, dass diese Tendenz im Laufe des Studiums immer weiter verstärkt wird. Zu Beginn des ersten Studienjahres bewerteten israelische Wirtschaftsstudierende Hilfsbereitschaft, Ehrlichkeit, Loyalität und Verantwortung als genauso wichtig wie Studierende anderer Fächer. Im dritten Jahr ihres Studiums waren ihnen diese Werte signifikant weniger wichtig, sowohl im Vergleich zu anderen Studierenden, als auch im Vergleich zu ihren eigenen Angaben zu Beginn des Studiums.[4] Eine andere Studie untersuchte die Kooperationsbereitschaft von Studierenden. Nicht-Ökonomen wurden im Gegensatz zu den Wirtschaftsstudierenden im Laufe des Studiums weniger egoistisch, sie reiften.[5]

All diese Effekte sind schon lange bekannt, ich habe während meines eigenen Studiums bereits davon gelesen. Aber der wichtigste Aspekt und eigentliche Grund dafür, dass ich diese besondere Eigenheit von Wirtschaftswissenschaftlern hier thematisiere, ist eine neuere Studie von Philipp Gerlach vom Max-Planck-Institut.

Was hinter dem Übel steckt

Was genau passiert während eines Studiums der Wirtschaftswissenschaft mit den Studierenden, sodass sie sich danach egoistischer verhalten als andere? Vor allem drei mögliche Theorien wurden immer wieder zur Erklärung ihrer Motive herangezogen.

Die erste These besagt, dass Wirtschaftsstudierende einfach weniger Wert auf Gerechtigkeit legen, wenn sie ihre Entscheidungen treffen.

Die zweite These kritisiert die erste und sagt, dass es nicht ganz so einfach sein kann. Vielleicht legen Wirtschaftsstudierende genauso viel Wert auf Gerechtigkeit, haben aber eine andere Vorstellung davon, was gerecht ist.

Die dritte These kritisiert auch das wiederum und liefert eine komplexere Erklärung. Sie basiert auf den Theorien zu sozialen Normen. Diese besagen, dass Menschen sich an Regeln halten, wenn sie erwarten, dass auch andere Menschen sich daran halten werden, wenn es also die gesellschaftliche Norm ist. Die dritte Theorie lautet demnach, dass zwar auch Wirtschaftsstudierende eine Vorstellung von Gerechtigkeit haben und genauso viel Wert darauf legen wie die meisten anderen, sie aber glauben, dass andere sich eher ihrem eigenen Vorteil entsprechend verhalten werden, da es ihnen im Studium so erzählt worden ist.

Philipp Gerlach wollte wissen, welche dieser drei Theorien der Wahrheit am nächsten kommt und untersuchte sie deswegen in einem Experiment. 176 Studierende, darunter 42 Wirtschaftsstudierende, folgten seiner Einladung und nahmen an einem Verteilungsspiel teil. Der genaue Aufbau ist aufgrund der zwar raffinierten, aber sehr spezifischen Fragestellung etwas kompliziert, darum erspare ich Ihnen die komplette Beschreibung. Die Originalstudie[5] ist aber in einem Open-access-Journal frei einsehbar, Sie finden den Text unter dem im Literaturverzeichnis angegebenen Namen.

Im Kern hatten die Teilnehmenden mehrfach die schwierige Wahl zwischen ihrem eigenen Vorteil und dem, was sie als gerecht für sich und andere empfinden. So konnten sie zum Beispiel auf einen Teil ihrer eigenen Belohnung verzichten – also Geld, das sie ansonsten sicher bekommen würden, abgeben – um die Verteilung von einem Geldbetrag zwischen zwei anderen, ihnen unbekannten Personen gerechter zu gestalten. Vier Ergebnisse folgten aus dem Experiment.

Erstens: Wie erwartet trafen Wirtschaftsstudierende im Vergleich zu anderen Studierenden egoistischere Entscheidungen. Soweit nichts Neues. Im Gegensatz zu den bisherigen Studien, die ähnliche Dilemma zur Verhaltensbeobachtung aufgestellt hatten, befragte Gerlach seine Teilnehmenden aber noch ausführlich zu ihren Motiven. Die weiteren Ergebnisse sind darum besonders interessant.

Zweitens, und hier kommt ein wichtiger Hinweis in Bezug auf unsere Suche nach dem Motiv, empfanden Wirtschaftsstudierende Gerechtigkeit als ebenso wichtig wie die anderen Teilnehmenden. Die zuvor beschriebene erste These zur Erklärung ihrer Motive – dass ihnen Gerechtigkeit nicht wichtig sei – scheint also nicht zu stimmen.

Drittens: Als die Teilnehmenden gefragt wurden, wie denn eine gerechte Verteilung der möglichen Belohnungen zwischen den unterschiedlichen Parteien ihrer Meinung nach aussehen würde, gaben Wirtschaftsstudierende sehr ähnliche Antworten wie der Rest. Ihre Vorstellung von Gerechtigkeit scheint also auch keine besonders abweichende zu sein. Ihr tendenziell egoistischeres Verhalten lässt sich dadurch nicht erklären, also scheint auch die bereits beschriebene zweite These nicht zu passen.

Viertens: Die Wirtschaftsstudierenden erwarteten im Vergleich zu anderen Studierenden tatsächlich eher von den weiteren Teilnehmenden, dass sie eigennützige Entscheidungen treffen würden. Das war der entscheidende Unterschied. Die dritte Theorie war also tatsächlich die zutreffendste: Ihr Studium hatte ihnen ein Weltbild der egoistisch handelnden Menschen vermittelt,[7] und nun erwarteten sie genau dieses Verhalten von anderen.

In dem Experiment versuchten sie mehr als andere für sich selbst einzubehalten und sie waren weniger bereit, unfaire Verteilungen anderer Teilnehmer zu korrigieren, wenn es nicht um sie selbst ging. Sie zeigten also auch weniger Zivilcourage. Man hatte ihnen eine größere Skepsis gegenüber anderen Menschen beigebracht, und infolge handelten sie egoistischer.

Sollte die Wirtschaftswissenschaft als Studium abgeschafft werden? Natürlich nicht. Ein Verständnis der Wirtschaft hat eine entscheidende Relevanz, sowohl für Individuen als auch die gesamte Gesellschaft. Aber wie jede andere Wissenschaft, muss sich auch die Wirtschaftswissenschaft ständig hinterfragen und weiterentwickeln. Menschliche Entscheidungsfindung wurde über Jahrzehnte in der Wirtschaftswelt als eine simple, egoistische Abwägung der Kosten und Nutzen von Optionen dargestellt.

Die Psychologie widerspricht dem seit Langem und wird endlich vermehrt von der Wirtschaftslehre wahrgenommen. Die langsam eintretende Korrektur im Menschenbild der zukünftigen Generation von Entscheidungsträgerinnen der Wirtschaftswelt ist bitter nötig, denn wie Gerlach gezeigt hat, haben die theoretischen Annahmen über das Verdorbene im Gegenüber reale Folgen.

In anderen das Böse zu erwarten, bringt das Schlechteste in uns selbst hervor. Und das gilt eben nicht nur für angehende Studenten, sondern für uns alle. Das unnachgiebige Menschenbild des zwanzigsten Jahrhunderts, unsere eigene Tendenz, überall Gefahr zu sehen, und die Reizüberflutung durch negative Nachrichten oder verbitterte Social-Media-Inhalte bringen – wenn wir uns nicht dagegen wehren – auch in uns das Schlechteste hervor.

Wenn wir uns von all diesen Einflüssen in unserem Menschenbild verändern lassen, wenn wir glauben, dass da draußen die Anderen immer rücksichtsloser, egoistischer und aggressiver werden, dann werden wir es selbst. Es ist also mehr als problematisch, dass ein negatives Menschenbild vermittelt, geglaubt und repliziert wird. Diese falschen Annahmen haben reale Folgen, und das ist die eigentliche Katastrophe.

Wenn Politiker, vermeintliche Expertinnen oder selbst ernannte Aufklärer in ihrer Polemik bedrohliche Schreckensszenarien zeichnen und von Aggression, Gier, Egoismus, Faulheit, Rücksichtslosigkeit, Neid und Egoismus in der Gesellschaft reden, werden ironischer- und tragischerweise gerade diejenigen, die ihnen glauben, selbst ihre schlechtesten Eigenschaften hervorholen. Weil sie davon ausgehen, das alles in anderen zu finden, werden sie selbst – ohne es zu planen, es ist keine bewusste Entscheidung, sondern einfach ein Effekt ihres negativen Menschenbildes – präventiv aggressiver, gieriger, egoistischer.

CBASP

Nun sind wir in diesem Kapitel ja auf der Suche nach negativen Konsequenzen für uns selbst. Natürlich ist es für die Allgemeinheit nicht förderlich, wenn wir aufgrund unseres negativen Menschenbildes egoistischer und skeptischer werden, aber was hat das für direkte Konsequenzen für unser eigenes Leben?

Ich erlebe sie immer wieder in der Arbeit mit chronischen Depressionen. Ohne Depressionen in voller Ausführlichkeit erklären zu wollen, lohnt es sich für dieses Kapitel, einen Blick auf einen spezifischen Symptombereich zu werfen, auf den sich eine neuere und besonders effektive Therapiemethode mit dem etwas hölzernen Namen CBASP *(cognitive behavioral analysis system of psychotherapy)* konzentriert. Selbstverständlich haben Depressionen in jeder Form diverse Auslöser und aufrechterhaltende Bedingungen. Aber dem klinischen Psychologen und emeritierten Psychologieprofessor James P. McCullough ist ein häufig wiederkehrendes Muster bei chronischen Depressionen aufgefallen.

Er schreibt, dass Menschen mit dieser Erkrankung sich besonders häufig durch das Fehlen eines zwischenmenschlichen Sicherheitsgefühls auszeichnen.[8] Schlechte Erfahrungen bis hin zu Traumata haben bei ihnen psychische Verletzungen hinterlassen. In der Folge misstrauen Betroffene ihren Mitmenschen und vermeiden den Kontakt zu anderen nicht nur auf der Handlungsebene, also indem sie sich sozial zurückziehen, sondern auch auf zwischenmenschlicher Ebene. Wenn sie dann mit anderen im Kontakt sind, stellen sie keine echte Verbindung her, sondern distanzieren sich innerlich, um sich selbst zu schützen.

Laut McCullough ist oft keine nachhaltige Veränderung der Depression möglich, solange dieses Muster der zwischenmenschlichen Vermeidung besteht, denn auch hier gibt es eine tragische Rückkopplung. Durch das Misstrauen und ihre distanzierte, abwehrende Grundhaltung, verhindern die Betroffenen selbst ihre Chancen auf korrigierende Erfahrungen. Damit die Betroffenen in der Therapie hier keine Schuldumkehr vermuten und sich nicht vor den Kopf gestoßen fühlen, ist ein extrem behutsames Vorgehen bei der Erklärung dieser Muster nötig. Ein psychologisches Werkzeug, dass ich dabei immer als sehr hilfreich empfunden habe, ist der Kiesler-Kreis.[9]

Wie ich dir, so du mir

Der Kiesler-Kreis* ist ein Modell zur Interaktionsbeschreibung. Er beinhaltet die Kategorien dominant, unterwürfig, freundlich und feindlich. Er ist aber kein Modell zur Persönlichkeitsbeschreibung. Personen werden damit nicht in ihrer Ganzheit als dominant, unterwürfig, freundlich oder feindlich kategorisiert. Jede und jeder kann mal dominant oder unterwürfig, mal freundlich oder auch feindlich sein. Das kann sich mit dem Kontext, mit der Person und sogar, wenn es um dieselben zwei Personen geht, von einer auf die nächste Situation verändern. Wir beschreiben mit dem Kiesler-Kreis die Interaktion, also die Art der Kommunikation in einem bestimmten Moment.

---

* Manchnmal auch Circumplex-Modell genannt.

Selbstverständlich kann es aber Personen geben, die den ein oder anderen Stil sehr häufig anwenden, vielleicht im Allgemeinen oder auch mit einer bestimmten anderen Person. Es kann auch sein, dass wir einen Stil stark meiden und nie anwenden, vielleicht weil wir ihn nicht mögen oder vielleicht, weil wir ihn nicht beherrschen.

Stellen wir uns die vier Kommunikationsstile dominant (kann auch als aktiv bezeichnet werden), unterwürfig (eher passiv), freundlich (oder auch kooperativ) und feindlich (oder auch distanziert) auf einem Kreis vor.

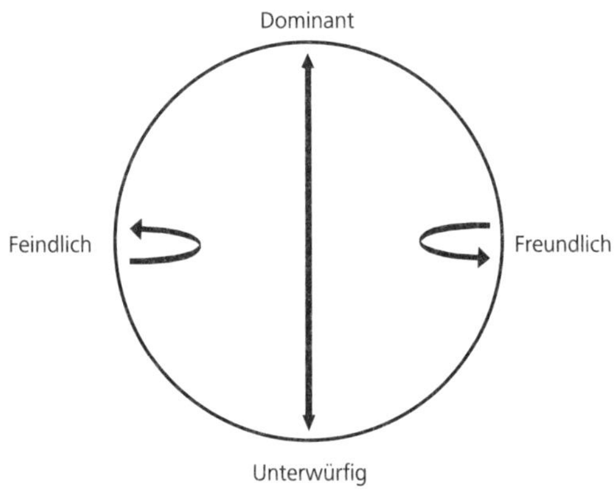

In der Psychotherapie können wir unsere eigene Kommunikation auf diesem Kreis einordnen. Entweder, indem wir vergangene Situationen analysieren, oder, indem wir im Rollenspiel theoretische oder zukünftig anstehende Situationen erproben. Das ist aber nicht alles, denn der Kiesler-Kreis beschreibt nicht nur die gesendete Kommunikation, sondern sagt auch voraus, welchen Impuls wir damit beim Gegenüber auslösen. Dabei ist es wichtig zu betonen, dass es um wahrscheinliche Reaktionen geht, nicht um garantierte Verhaltensweisen, die in jedem Fall immer genau so auftreten.

Wenn ich zum Beispiel eine fremde Person freundlich nach dem Weg frage, welches Verhalten provoziere ich? Ich löse wahrscheinlich einen freundlichen Impuls aus, eine hilfreiche Antwort. Nicht immer und garantiert! Aber die Tendenz ist, dass ich durch freundliches Auftreten eine freundliche Reaktion anstoße. Im umgekehrten Fall ist es ähnlich. Wenn ich im Verkehr eine andere Person feindlich anbrülle, wird sie sich sehr wahrscheinlich nicht freundlich entschuldigen, sondern ebenso feindlich reagieren.

Auf der Skala dominant/unterwürfig sieht die Sache laut dem Kiesler-Kreis anders aus. Hier wird nicht Gleiches mit Gleichem vergolten. Wenn ich jemand anderem die Wahl überlasse oder um eine Entscheidung bitte, welches Verhalten provoziere ich? Eine Entscheidung. Ich dränge die andere Person in eine Rolle, ich provoziere dominantes Verhalten. Im umgekehrten Fall, wenn die Chefin sich dominant verhält oder ein Freund die Initiative übernimmt, werde ich eher in die passive Rolle gedrängt.

So bedingen sich also freundlich beziehungsweise feindlich selbst, dominant beziehungsweise unterwürfig bedingen sich hingegen gegenseitig.

Mit diesen Regeln lassen sich dann auch die Zwischenformen beschreiben, denn unsere Kommunikation hat natürlich Zwischentöne. Sie kann einfach nur unterwürfig sein, vielleicht aber auch einen feindlichen Unterton haben. Genauso kann freundliche Kommunikation auch einfach nur kooperativ stattfinden oder eben auch ein dominantes Element ausstrahlen.

Bei unterwürfig-freundlichem Verhalten gilt zum Beispiel: Der freundliche Anteil provoziert die freundliche Reaktion, der unterwürfige Anteil die dominante Reaktion. Insgesamt provoziert das unterwürfig-freundliche Verhalten also eine dominant-freundliche Reaktion. Unterwürfig-feindliches Verhalten provoziert dementsprechend dominant-feindliche Antworten. Sich gegenseitig provozierende Stile, die also zueinander passen, pendeln sich häufig in eine stabile Dynamik ein. Zum Beispiel kann es in einer Partner- oder Familienbeziehung dazu kommen, dass eine Person grundsätzlich eher dominant-freundlich auftritt und die andere eher unterwürfig-freundlich reagiert. Beziehungen müssen allerdings nicht angenehm sein, um stabil zu bleiben.

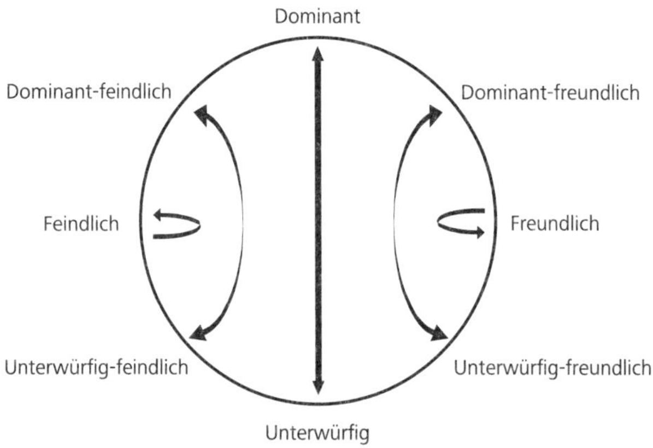

Bei der Arbeit kann es zum Beispiel dazu kommen, dass sich eine Chefin oder ein Kollege häufig dominant-feindlich verhält und wir – ohne es zu planen, aber weil es in uns provoziert wird – unterwürfig-feindlich, also passiv-aggressiv, reagieren. So eine Dynamik kann sehr lange weitergehen, ohne dass sie offen eskaliert, sie brodelt eher vor sich hin. Man vermutet es nicht, aber beide Seiten bekommen ein wenig von dem, was sie brauchen: Der feindlich-dominante Part setzt seinen Willen durch und reagiert sich mit Kritik und strafenden Worten ab, der feindlich-unterwürfige Part distanziert sich, zieht sich, soweit er kann, aus der Situation zurück und übt seine passive Aggressivität darüber aus.

Wer bei so einer stabilen Dynamik angefangen hat, ist für die Frage, wie man die Situation verändern kann, völlig irrelevant. Vielleicht sind wir schon zu Beginn feindlich-unterwürfig aufgetreten und haben damit dominant-feindseliges Verhalten provoziert. Vielleicht war es umgekehrt? Oder beide Parteien hatten zu Beginn ihren Anteil. In jedem Fall stecken wir jetzt in dem Muster fest und provozieren, beziehungsweise verstärken, uns immer weiter darin.

Status Quo

Und genau diese Dynamik ist es, die McCullough in einer extremen Ausprägung bei chronisch depressiven Patienten entdeckt hat, die sich aber in einer subtilen Form langsam unter vielen Menschen ausbreitet. Sie begegnet mir nicht mehr nur in der Praxis, sondern auch bei Kolleginnen, Freunden, in den Medien und bei alltäglichen Begegnungen. Wir sind keine chronisch depressive Gesellschaft, aber es breitet sich ein Symptom aus, dass uns melancholischer stimmt.

Ich möchte natürlich nicht behaupten, dass es einzig und allein auf unsere Skepsis voreinander zurückzuführen ist, aber die klinischen Erfahrungen aus Behandlungsprogrammen wie CBASP und die Forschung zeigen, wie eng sie mit verminderter Freudfähigkeit, Antriebslosigkeit und düsteren Gedanken verknüpft ist.

Überall entstehen Teufelskreise: Negative Menschenbilder führen zu vorsichtigem Verhalten, was wiederum – wie im Kiesler-Kreis vorhergesagt – zu distanzierten Reaktionen führt. Die ursprüngliche Annahme wird verstärkt. Aus Distanz wird sich selbst verstärkende Feindseligkeit. Bald überträgt sich unsere Skepsis von Fremden auf Nachbarn, Freundinnen und Verwandte. Unsere sozialen Beziehungen leiden und mit ihnen unsere psychische Gesundheit. Der gesellschaftliche Zusammenhalt bröckelt. Sich dagegen zu wehren, ist aber keine altruistische Pflicht, es bringt konkrete Vorteile für uns selbst. Im nächsten Kapitel soll es darum gehen, warum wir selbst am meisten davon profitieren, wenn wir unser Menschenbild nicht nur passiv entstehen lassen, sondern aktiv gestalten.

Kapitel 7

What's in it for me?

In diesem Kapitel ist es endlich so weit, wir kommen zur Frage, was habe ich eigentlich davon, Nachsicht zu entwickeln? Ich darf schon mal verraten, es geht nicht nur um das Vermeiden der vielen bisher erwähnten negativen Konsequenzen, sondern es gibt auch eine große Menge konkreter, positiver Folgen. Aber bevor ich Ihnen eine evidenzbasierte Antwort darauf gebe, erlauben Sie mir bitte noch einmal einen kleinen Umweg. Ich verspreche, dass wir bei der angekündigten Belohnung ankommen.

Während meiner Ausbildung zum Psychotherapeuten hatte ich immer wiederkehrende Zweifel an meiner Arbeit. Es waren keine theoretischen Zweifel an der Wirksamkeit der Psychotherapie, denn die Menge an Studien, die diese wieder[1] und wieder[2] und wieder[3] belegen, steigt stetig an. Es waren persönliche Zweifel. Bin ich gut genug ausgebildet? Wähle ich die passenden Methoden zum richtigen Zeitpunkt? Gehe ich sowohl behutsam als auch schnell genug vor, um einerseits die therapeutische Beziehung nicht zu gefährden, andererseits aber auch unnötiges Leid zu begrenzen? Bräuchte ich für diese Entscheidungen nicht sehr viel mehr Erfahrung? Bin ich nicht eigentlich zu jung, um als Psychotherapeut zu arbeiten?

Auch hier habe ich Hilfe in Studien gesucht und mich daran aufgerichtet. Ein Supervisor hat mich, nachdem ich ihm mal wieder von meinen Selbstzweifeln in Bezug auf mein Alter und meine fehlende Erfahrung berichtet hatte, auf Studien[4] hingewiesen, aus denen hervorgeht, dass objektive Kriterien wie das Geschlecht oder Alter keinen wesentlichen Einfluss auf den Behandlungserfolg haben. Selbstverständlich gibt es einzelne Situationen, in denen eine bestimmte Passung von Vorteil ist, aber im Durchschnitt mache es keinen Unterschied. Seine Erklärung dafür war, dass junge Psychotherapeutinnen zwei Vorteile gegenüber erfahrenen Kollegen hätten.

Erstens seien sie auf dem aktuellsten Stand der Forschung ausgebildet. Zweitens würden sie sich noch akribisch an ihre Lehrbücher halten und damit eine gewisse Behandlungsqualität garantieren. Mit fortschreitendem Alter würden sich viele Therapeuten individualisieren, also weniger Wert auf eine Behandlung *lege artis* legen, sondern sich mehr auf ihre subjektive Meinung und Erfahrung verlassen. Dies führe bei einigen zu besseren, bei anderen zu schwankenden Ergebnissen. Für die Zeit meiner Ausbildung half mir diese Rückmeldung weiter. Ich hielt mich streng an das Gelernte und versicherte mir selbst, dass meine noch dürftige Erfahrung keine Gefährdung für die Patientinnen darstellte.

Wenig überraschend haben sich die Zweifel mit dem Erhalt der Approbation und wachsender Erfahrung nicht einfach in Luft aufgelöst. Auch heute stelle ich mir ähnliche Fragen. Mache ich genug Weiterbildungen? Gelingt es mir, dass meine eigenen persönlichen Themen die Versorgung meiner Patienten nicht negativ beeinflussen? Verwende ich die richtigen Therapieansätze und -techniken?

Auch hier bietet die Forschung ein wenig Beruhigung. Demut spielt eine wichtige und hilfreiche Rolle in der Psychotherapie. In mehreren aufeinanderfolgenden Studien[5] zu diesem Thema wurde deutlich, dass sich berufliche Selbstzweifel positiv auf die Arbeit von Psychotherapeutinnen auswirken können. Die besten Erfolge erzielten diejenigen, die einerseits eine hohe »Selbst-Wertschätzung« berichten, andererseits jedoch hinsichtlich ihrer konkreten therapeutischen Arbeit Zweifel haben.

Mit diesen Studien beruhige ich mich also heute und nenne sie auch Patienten, die sich fragen, ob das sogenannte *Impostor-Syndrom* auf sie zutrifft. Auch bekannt als *Impostor-Phänomen* oder *Hochstapler-Syndrom*, beschreibt der eher neue Begriff ein sehr altes psychologisches Erleben, bei dem Personen, obwohl sie objektiv betrachtet erfolgreich oder kompetent sind, sich selbst als vermeintliche Betrüger betrachten, die jederzeit in ihrer Inkompetenz auffliegen könnten. Bei den meisten Patientinnen, mit denen mir die Frage nach dem Impostor-Syndrom begegnet ist, handelte es sich jedoch um Selbstzweifel in einem nicht besorgniserregendem Ausmaß, die durch einen Perspektivwechsel – wie durch die erwähnten Studien – als durchaus auch hilfreich umgedeutet werden können. Denn mit Sicherheit ist die nützliche Funktion von Selbstzweifeln – in einem gewissem Ausmaß – nicht nur auf die Arbeit in der Psychotherapie beschränkt, sondern sie gilt ebenso für alle anderen Tätigkeiten.

Déjà-vu

Ein ganz spezifischer Zweifel ist mir aber bis heute geblieben. Ist alles, was die Psychologie uns lehrt, schon da gewesen? Bedient sich die Psychologie mehr, als sie es zugibt, bei Philosophie, Religion und sonstiger Heilkunde? Auch hier denke ich, ist der Zweifel an sich nicht schädlich, sondern könnte sogar hilfreich sein. Denn Psychotherapie, beziehungsweise die Psychologie selbst, auf der sie basiert, ist eine sehr junge Wissenschaft. Das weltweit erste psychologische Experimentallabor wurde erst im Jahr 1879 von Wilhelm Wundt an der Universität Leipzig gegründet. Es war an der Philosophischen Fakultät angesiedelt, da die Psychologie damals noch als kleiner Teilbereich der Philosophie gesehen wurde – ein Umstand, den Wilhelm Wundt ein Leben lang und zum Beispiel in seiner Schrift *Die Psychologie im Kampf ums Dasein* verändern wollte.

Aus heutiger Sicht hat die Psychologie diesen Kampf erfolgreich bestritten. In Deutschland stehen mittlerweile rund einhunderttausend Studierende der Psychologie[6] etwa zehn- bis zwanzigtausend Philosophiestudierenden[7] gegenüber. Aber ist sich die Psychologie ihren Wurzeln und Inspirationen zur Genüge bewusst? Denn vieles von dem, was heute über die Psychologie in immer neuem Gewand, unter großem Aufwand und mit einfallsreichen Grafiken, Akronymen und mit Namen von hoher Reputation versehen verbreitet wird, begegnet uns in ähnlicher Form auch schon in der Vergangenheit. Und vielleicht findet sich dort sogar noch viel mehr Potenzial, als bisher genutzt wird.

In der antiken Philosophie hatte die Empathie zum Beispiel schon immer einen festen Platz. Man entdeckt sie auf der Suche nach dem erfüllten Leben unweigerlich im Rahmen des Konzepts der *eudaimonia*. Übersetzungen des Begriffs werden von der Forschung abgelehnt, da unser Wortschatz seine Bedeutung nur ungenügend erfassen kann, er ist daher auch nur leicht eingedeutscht als »Eudämonie« in unseren Sprachgebrauch übergegangen. Sie beschreibt einen Zustand des vollkommenen menschlichen Wohlbefindens, in dem eine Person ein erfülltes und bedeutungsvolles Leben führt.

»Eudämonie« wird in der Philosophie oft vollkommen selbstverständlich als das ultimative Ziel menschlichen Strebens betrachtet, und den richtigen Weg zur »Eudämonie« glaubten die Philosophen in ihrer jeweiligen Lehre erkannt zu haben.

Aristoteles argumentierte, dass sie das Ergebnis einer tugendhaften Lebensweise sei und durch das Streben nach Tapferkeit, Großzügigkeit und Gerechtigkeit erreicht werden könne.

Sein Lehrer Platon glaubte, dass die »Eudämonie« durch höheres Wissen und Erkenntnis über die Welt der Ideen erlangt wird. Er argumentierte, dass die Seele in Harmonie mit der Wahrheit und dem Guten sein solle, um wahres Glück zu finden.

Für die Hedonisten und ihren Stellvertreter Epikur war hingegen die Lust das höchste Gut. Er glaubte, dass die Vermeidung von Schmerz und die Maximierung von Freude und innerem Frieden zur »Eudämonie« führen. Ganz zentral – und dieser Teil seiner Lehre wird oft unterschlagen, wenn sie im Sinn unserer heutigen Verwendung des Begriffs einer hedonistischen Lebensweise genannt wird – sei dabei die Begrenzung von Verlangen und die Kultivierung von Freundschaften.

Zenon von Kition wiederum warb für ein Leben in Übereinstimmung mit der Natur. Er begründete den Stoizismus, der heutzutage eine kleine Renaissance erlebt. Die Stoiker legten großen Wert auf die Entwicklung von innerer Ruhe, Tugend und Weisheit, um ein erfülltes Leben zu führen, unabhängig von äußeren Umständen. Epiktet, ein weiterer Vertreter der Stoa, brachte bereits den Kern der modernen kognitiven Verhaltenstherapie auf den Punkt:

> »Es sind nicht die Dinge selbst, die die Menschen beunruhigen, sondern die Meinung, die sie von den Dingen haben.«

Der Hinweis darauf, dass dieses Wissens schon seit knapp zweitausend Jahren existiert, soll keine Kritik daran sein, dass die Psychologie es wiederentdeckt, aufbereitet, weiterdenkt und neu inszeniert. Auch die in diesem Buch so zentrale Nachsicht hat schon seit Jahrtausenden in verschiedenen Religionen starke Fürsprecher.

Im Christentum etwa ist die Lehre der Vergebung zentral. Nichts anderes lehrt die Aufforderung »Wer unter euch ohne Sünde ist, der werfe den ersten Stein« (Johannes 8,7). Von ebenso großer Bedeutung ist Vergebung im Islam, Allah wird oft als »der Barmherzige« und »der Gnädige« bezeichnet. Im Buddhismus wird Mitgefühl als eine der höchsten Tugenden angesehen, und im Judentum ist der Versöhnung mit Jom Kippur der wichtigste Feiertag des Jahres gewidmet. Auch im Hinduismus wird das Konzept der Nachsicht als Teil des Dharmas, der richtigen Lebensweise, betrachtet – sie trage zu gutem Karma bei.

Aber altes Wissen muss manchmal neu gedacht werden, um zu wirken. Auch wenn die moderne Psychologie Ähnliches empfiehlt wie die Philosophie und die Religionen, braucht sie eine neue, eigene Argumentation dafür. Das Wort einiger weniger Autoritäten, moralische Imperative, Verheißungen von jenseitigen Belohnungen oder göttliche Gebote entsprechen nicht dem naturwissenschaftlichen Anspruch der Psychologie. Sie arbeitet mit Daten. Und damit sind wir wieder beim eigentlichen Thema des Kapitels. Sehen wir uns klinische geprüfte Methoden und wissenschaftliche Studien an, die uns zeigen, warum es sich ganz konkret hier und jetzt lohnt, gut zueinander zu sein.

Gut für mich. Gut für alle.

Gutes tun vermehrt Gutes

Studienteilnehmer bearbeiteten eine monotone und langweilige Aufgabe am Computer. Die Hälfte von ihnen durfte danach eine Comedy-Sendung ansehen. Bei der anderen Hälfte funktionierte der Computer plötzlich nicht mehr. Ihnen wurde gesagt, dass sie den langweiligen Test vielleicht noch einmal wiederholen müssten. Ein vermeintlicher anderer Teilnehmer (in Wahrheit natürlich Mitglied des Forschungsteams) bot an, sich den Computer anzuschauen, reparierte ihn und stellte zur Erleichterung der Betroffenen sogar die Daten wieder her. Im Anschluss wurden alle Teilnehmenden gefragt, ob sie den Wissenschaftlern einen Gefallen tun und noch eine weitere langweilige Aufgabe bearbeiten könnten. Man könnte denken, die gut gelaunten Teilnehmerinnen, die gerade lustig unterhalten worden waren, wären eher dazu bereit gewesen. Tatsächlich waren es aber diejenigen, denen gerade von jemand anderem geholfen wurde. Die Theorie der Forscherinnen ist, dass diese Personen nun ebenfalls etwas Gutes tun wollten.[8]

... und es tut uns selbst gut

Ein anderes Experiment kam zu einem ähnlichen Ergebnis. In einem Büro wurden einige Angestellte zufällig ausgewählt und einer von zwei Gruppen zugeteilt. Die erste Gruppe wurde gebeten, im kommenden Monat pro Woche fünf nette Dinge am Arbeitsplatz zu tun. Kleinigkeiten genügten dafür, etwa jemandem einen Kaffee zu bringen oder sich per E-Mail bei den Kollegen zu bedanken. Selbstverständlich kommen diese Nettigkeiten im Alltag ohnehin vor, aber durch die explizite Aufforderung hofften die Wissenschaftler, dass die Häufigkeit und Regelmäßigkeit in dem Zeitraum nachweislich erhöht würde. Die zweite Gruppe wurde über die Anweisungen der ersten Gruppe nicht aufgeklärt. Ihre Aufgabe war es, im kommenden Monat einfach nur alle freundlichen Taten am Arbeitsplatz, die sie beobachten konnten, zu zählen. Beide Gruppen profitierten von der Intervention sowohl kurz- als auch langfristig, weit über den Testmonat hinaus. Sie waren messbar glücklicher, zufriedener mit ihrem Beruf und sogar ihrem Leben. Zur Überraschung der Forschenden änderte sich übrigens auch bald das Verhalten derjenigen, die das Gute nur beobachten sollten. Sie taten anderen dreimal öfter Gefallen als vor dem Versuchszeitraum.[9]

Das gilt auch für Spenden

Im Rahmen einer Studie wurden in 136 Ländern, unabhängig davon, ob es verhältnismäßig arme oder reiche Länder sind, zufällig Teilnehmer ausgewählt und bekamen ein kleines Budget. Die einen sollten etwas für einen wohltätigen Zweck kaufen, die anderen wurden angewiesen, etwas für sich selbst zu erwerben. Das Ergebnis: Spenden macht messbar glücklich. Diejenigen, die anderen etwas besorgt hatten, waren danach zufriedener als diejenigen, die sich selbst einen Wunsch erfüllt hatten.[10]

Nachsicht stärkt die psychische Gesundheit

Eine nachsichtige Haltung uns selbst gegenüber, die Selbstmitgefühl erlaubt, zeigt über viele Studien hinweg eine Schutzfunktion für unsere psychische Gesundheit. In einer Metastudie, die Daten von vierzehn unterschiedlichen Untersuchungen zusammenfasst, zeigte sich bei Menschen mit einem höheren Maß an Selbstmitgefühl eine sehr deutliche Tendenz zu weniger psychischen Problemen.[11]

Sie stärkt außerdem unsere besten Seiten

Menschen, die zu sich selbst und anderen freundlich sind, neigen zudem im Durchschnitt weniger zum Grübeln und zu Perfektionismus, außerdem haben sie weniger Angst. Gleichzeitig zeigt sich bei ihnen eine höhere emotionale Intelligenz, mehr Neugier, Wohlbefinden und Optimismus.[12]

Nachsicht für uns selbst ist nicht egoistisch

Zweitausend australische Teenager nahmen über vier Schuljahre hinweg an einer Studie teil. Die Forscherinnen baten sie, anonym jeweils die freundlichsten und hilfsbereitesten Menschen aus ihrer Klasse aufzuschreiben. Unabhängig davon wurden die Schüler immer wieder in Bezug auf ihre Freundlichkeit zu sich selbst getestet. Es zeigte sich ein eindeutiger Zusammenhang dazwischen, wie freundlich die Schüler zu sich selbst und zu anderen gewesen sind: Wer gut zu sich selbst sein kann, kann auch besser auf andere eingehen. Außerdem konnte auch hier nachgewiesen werden, dass die Nachsicht für sich selbst und andere eine schützende Wirkung gegenüber emotionalem Stress hat. In der zitierten Studie gibt es zudem eine gute Übersicht über viele weitere Studien, die nahelegen, dass ein freundlicher Umgang mit uns selbst unsere Beziehungen zu anderen stärkt.[13]

Helfen hilft uns selbst

In einer Untersuchung von Menschen mit Alkoholabhängigkeitsproblemen zeigte sich, dass diejenigen, die sich im Anschluss an ihre eigene Behandlung dafür engagierten, anderen Erkrankten zum Beispiel in Selbsthilfegruppen bei der Abstinenz zu helfen, ein sehr viel niedrigeres Rückfallrisiko hatten.[14] In einer anderen Studie, in der es um niedrigschwellige Nachbarschaftshilfe ging, stellte sich heraus, dass soziale Eingebundenheit in Form von Unterstützung anderer zu einer deutlich erhöhten Lebenserwartung führt. Die Autoren kamen zu dem Schluss, dass die positiven Auswirkungen des Helfens sogar größer sind als die des Erhaltens von Hilfe.[15]

Mitgefühl stärkt auch unseren Körper

Eine Studie der Stanford University unterteilte Patientinnen mit fortgeschrittener Krebserkrankung in zwei Gruppen. Sie erhielten entweder einfach die Routineversorgung oder nahmen zusätzlich auch noch an einer Selbsthilfegruppe teil. In der Selbsthilfegruppe wurde jeder Teilnehmerin von den anderen zugehört, gleichzeitig bedeutete das Gruppensetting für jede Einzelne aber auch, dass sie die meiste Zeit aufmerksam anderen zuhörte und Mitgefühl für sie zeigte. Die Autoren der Studie erwarteten, dass die Selbsthilfegruppe die Stimmung der Patientinnen verbessern würde, aber sie vermuteten keinen Effekt auf ihre tatsächliche körperliche Entwicklung. Wie sich herausstellte, überlebten die Patientinnen in der Selbsthilfegruppe im Durchschnitt neun Monate länger.[16]

In einer anderen Studie stellte sich heraus, dass ehemalige Herzerkrankungspatienten, die ehrenamtlich regelmäßige Krankenhausbesuche bei Patienten mit akuten Herzerkrankungen durchführen, weniger verzweifelt und depressiv sind.[17]

In einer weiteren Studie erlebten Personen, die unter chronischen Schmerzen litten, eine Verringerung ihrer Schmerzintensität, ihrer gefühlten Beeinträchtigung und depressiven Symptome, als sie begannen, sich als freiwillige Helfer für andere Schmerzpatienten zu engagieren.[18]

Auch wenn es noch sehr viele weitere Studien mit ähnlichen Ergebnissen gibt, möchte ich an diesem Punkt aufhören, sie aufzulisten. Denn ich denke, die Aussage ist klar. Aus Sicht der

Psychologie ist ein positiver Blick auf Mitmenschen keine moralphilosophische oder göttliche Pflicht, keine Buße für eine von uns selbst nicht begangene Ursünde, kein Pfand auf eine Belohnung im nächsten Leben, sondern schlicht und ergreifend eine lohnenswerte, gesunde, erfüllende, belohnende Lebensweise, die guttut – uns selbst und anderen.

Wie ich dir, so ich mir selbst

Der Zusammenhang von unserem Menschenbild mit der Art und Weise, wie wir mit uns selbst umgehen, wird auch aus einer ganz simplen Logik klar, die mir immer wieder in der Praxis begegnet. Wenn wir, vielleicht weil wir in einer schweren Phase stecken und unsere Gedanken düster und pessimistisch sind, langsam zu dem Schluss kommen, dass der Mensch an sich böse ist, was sagt das dann über uns selbst?

Wenn Sie nicht gerade eine KI sind, die diesen Text durchforstet, sind auch Sie selbst ein Mensch. Und bei den allermeisten von uns färbt unsere Meinung von anderen Menschen auch auf uns ab, ob es uns bewusst ist oder nicht. Mir sind extrem selten Personen begegnet, die andere Menschen im Allgemeinen für grundschlecht, faul, aggressiv, dumm, hinterrücks oder auf sonst irgendeine Weise falsch halten, aber mit sich selbst im Reinen sind.

Natürlich handelt es sich auch hier um ein Henne-Ei-Problem, es ist oft nicht klar, ob sie zuerst den Glauben an sich selbst verloren haben und nun ihre Wut auf andere projizieren oder umgekehrt. Aber ich habe es in der Psychotherapie immer wieder erlebt, dass genau diejenigen, die zu Beginn der Behandlung sich selbst und anderen gegenüber verbittert waren, an einem von beidem angesetzt haben und das andere von allein hinterherkam.

Patienten mit chronischer Depression, die mithilfe des bereits genannten CBASP-Therapieprogramms lernten, Nachsicht für andere zu entwickeln, wurden plötzlich auch weniger streng zu sich selbst. Und Patientinnen mit Selbstwertproblemen, die eine fast feindliche Beziehung zu ihrem eigenen Körper und sich selbst hatten, entwickelten nach dem Aufbau von Selbstmitgefühl plötzlich auch ehrlichere, authentisch positive Beziehungen zu anderen Menschen, anstatt diese zwar äußerlich freundlich zu behandeln, innerlich aber abzulehnen.

Es gibt also kein Richtig oder Falsch bei der Frage, wo wir zuerst ansetzen. Aber es hilft uns selbst am meisten, wenn wir aktiv an einem nachsichtigen Menschenbild arbeiten. Eines, in dem die Welt kein Haifischbecken ist, wo wir uns gegen alle anderen per Ellbogen durchsetzen müssen. Sondern ein Welt- und Menschenbild, indem die Erde trotzdem oft ein schwieriger, harter Ort sein kann – aber für uns alle. Und gerade, weil es so ist, ein Bild, in dem es besser ist, miteinander durch diese Welt zu gehen, als gegeneinander.

Und wenn sie doch nerven

Wir haben festgestellt: Es lohnt sich, gut zu anderen zu sein. Wenn wir das Gegenüber mögen und in einem harmonischen Kontext aufeinandertreffen, ist das für die meisten wahrscheinlich keine Herausforderung. Was aber, wenn es gegenläufige Interessen gibt? Was, wenn die Beziehung zu jemandem schon seit Langem verkorkst und schwierig ist?

Gerade dann kann ein freundliches Auftreten dazu führen, dass wir bekommen, was wir möchten. Das ist natürlich nicht immer der Fall. Selbstverständlich sind manche Beziehungen, zu unserem eigenen Schutz, nur noch durch Abbruch oder starke Eindämmung zu gestalten. So schlimm ist es zum Glück eher selten. Häufiger gibt es jedoch den einen Kollegen oder die eine Verwandte, mit denen es zwar nicht ganz so furchtbar läuft, dass wir den Kontakt abbrechen, aber mit denen wir uns doch einen anderen Umgang wünschen. Das Geheimnis ist, dass wir in einer Situation, in der wir uns gegen jemanden durchsetzen wollen, Freundlichkeit nicht mit Unterwürfigkeit verwechseln.

Ich hatte den Kiesler-Kreis bereits im letzten Kapitel als Erklärungsmodell für den Teufelskreis bei chronischen Depressionen benutzt, aber gleichzeitig angedeutet, dass er noch mehr Potenzial hat. Wie genau das in der Praxis funktioniert, zeige ich im übernächsten Kapitel. Aber vorher müssen wir noch ein letztes Hindernis besprechen. Viel zu oft denken wir, dass Freundlichkeit bedeutet, dass wir selbst zurückstecken müssen und dass Nachsicht bedeutet, uns selbst klein zu machen. Das Nachsichtige, Milde und Verzeihende hat ein Imageproblem, viel zu häufig wird es mit Schwäche verwechselt. Im nächsten Kapitel möchte ich anhand von drei Beispielen zeigen, wie falsch diese Annahme ist.

Kapitel 8

Der Klügere ~~gibt~~ sieht nach. Die Stärkere auch.

Wenn wir während einer Psychotherapie über Nachsicht sprechen, kommt irgendwann fast immer dieselbe Frage auf: Bedeutet Nachsicht zu zeigen, sich selbst klein zu machen? Oder gar schwach zu sein? Die Befürchtung ist nachvollziehbar, wenn man bedenkt, dass der Umgang mit den eigenen Bedürfnissen und das Ziehen persönlicher Grenzen oft schwer ist.

People Pleaser

Viele meiner Patienten haben sehr lange die Erfahrung gemacht, ihre eigenen Bedürfnisse nicht wahrgenommen, geschweige denn verteidigt zu haben. Sie haben sich so sehr nach anderen ausgerichtet, dass sie selbst dabei auf der Strecke geblieben sind. In den letzten Jahrzehnten hat sich dafür der Begriff *People Pleaser* gebildet. Er beschreibt Personen, die ständig danach streben, anderen zu gefallen und ihre Zustimmung zu gewinnen. Sie sind besorgt darüber, wie andere sie wahrnehmen und haben die Tendenz, ihre eigenen Bedürfnisse und Meinungen zurückzustellen, um Konflikte zu vermeiden. Oft fürchten sie Ablehnung oder Kritik.

Die Ursprünge dafür können ganz unterschiedlich sein. Hatten wir zum Beispiel einen fragilen Elternteil, der bei jeder Form von Protest oder Unabhängigkeit zusammengebrochen ist und uns damit als Kind indirekt die Schuld für sein Leid gegeben hat, hinterlässt das eine große Furcht bei uns, andere zu verletzen. Vielleicht gab es in unserer Familie aber auch gar keine Konflikte, sodass wir nie gelernt haben, dass diese auch produktiv und nützlich sein können. Wenn wir nie die Erfahrung gemacht haben, dass ein Streit keine Katastrophe sein muss, sondern auch ein kurzer Sturm sein kann, aus dem man lernt, sich gegenseitig besser versteht und näherkommt, wird man Auseinandersetzungen tunlichst vermeiden. Wieder eine andere Möglichkeit ist, dass wir früh eine tatsächlich katastrophale Erfahrung, eine Phase des Mobbings zum Beispiel, durchmachen mussten und darum alles tun, um niemals wieder Ziel vom Missmut anderer zu werden.

All das funktioniert natürlich langfristig nicht. Früher oder später geraten wir in Kontexte, in denen diese Strategie uns nicht mehr schützt, sondern dafür sorgt, dass wir den Anschluss verlieren und uns fragen, warum die Welt so rücksichtslos mit uns umgeht.

People Power

Was jedoch oft übersehen wird, weil der Begriff fast immer nur als Problembegriff, als symptomatisch oder gar pathologisch verwendet wird, ist, dass *People Pleaser* durch ihr Verhalten auch sehr wichtige Stärken entwickelt haben. Die jahrelange Aufmerksamkeit auf die Bedürfnisse anderer trainiert ihre Empathie.

Jene Patientinnen und Patienten, die sich mit dem Konzept *People Pleaser* identifizieren konnten, habe ich immer als Personen mit sehr hoher emotionaler Intelligenz wahrgenommen. Sie sind oft einfühlsam, in der Regel gute Zuhörer und können auf Anliegen anderer eingehen. Sie haben häufig viele enge, langfristige Freundschaften. Es fällt ihnen leicht, an neuen Arbeitsstellen Kontakt mit anderen aufzunehmen und dadurch gut im Kollegium anzukommen. Beruflich sind sie darum oft eher erfolgreich und haben Optionen, da sie mühelos gute Netzwerke zu unterschiedlichsten Menschen knüpfen können.

Sogenannte *People Pleaser* sind kooperativ und finden Lösungen, von denen alle Seiten profitieren, da sie nicht nur nach dem Besten für sich selbst suchen. Das macht sie auch zu starken und gern gesehenen Gruppenmitgliedern. Oft sind sie es, die eine Abteilung bei schweren Konflikten oder Herausforderungen zusammenhalten. Sie erhalten regelmäßig Anerkennung und positive Rückmeldungen von anderen Menschen und werden für ihre Hilfsbereitschaft, Freundlichkeit und Fürsorge gelobt.

Das alles kann selbstverständlich kritisch betrachtet werden und ich kenne den Impuls, das direkt zu tun. Aber zuerst gilt es, all dies auch mal wertzuschätzen und so einzuordnen, dass nicht das Verhaltensmuster an sich ein Problem ist – es ist eine Passungsfrage. Richten wir uns sehr nach anderen aus, kann das in bestimmten Kreisen, Freundschaften und Beziehungskonstellationen durchaus sehr gut funktionieren. Wir könnten es auch so sehen: Wenn in einer Beziehung, in einem Freundeskreis oder sogar in einer Gesellschaft alle sehr auf die jeweils andere Person achten würden, käme niemand zu kurz.

Andere Länder, andere Spielregeln

Im Persischen gibt es den Begriff *Tarof*, für den ich bis heute keine gute Übersetzung in irgendeine andere Sprache gefunden habe. Vielleicht »übertriebene, aber eigentlich nicht immer ernst gemeinte Zuvorkommenheit«? Im Iran ist *Tarof* jedenfalls eine allgemein bekannte kulturelle Praxis und beschreibt ein soziales Verhalten, das auf den ersten Blick sehr an *People Pleasing* erinnert. Es ist eine Form der Höflichkeit, bei der Gastfreundschaft, Großzügigkeit und Zurückhaltung betont werden. *Tarof* beinhaltet komplexe Kommunikationsmuster, bei denen Personen sich gegenseitig Angebote machen, die eigentlich nicht so gemeint sind oder nicht angenommen werden sollten. Von der anderen Person wird erwartet, die Offerte abzulehnen oder zumindest zu zögern, selbst wenn sie sie eigentlich akzeptieren möchte. Es liegt dann an derjenigen, die das Angebot gemacht hat, darauf zu bestehen oder es zurückzuziehen.

Dieses Ritual kann zu einer Art sozialem Tanz zwischen den Parteien werden, bei dem es darum geht, die richtige Balance zwischen Gastfreundschaft und Bescheidenheit zu finden. Die Ursprünge können natürlich nur vermutet werden, aber es wird angenommen, dass *Tarof* sich entwickelt hat, um es zum Beispiel Gastgebern, die selbst nicht viel haben, zu ermöglichen trotzdem großzügiges Verhalten an den Tag zu legen, ohne dass sie tatsächlich ihre letzten Habseligkeiten verlieren.

Fahren Sie im Iran mit dem Taxi und fragen beim Aussteigen nach dem Preis, kann es sein, dass die Fahrerin* Ihnen entgegnet:

---

* Nur für den Fall, dass Sie sich fragen, ob es im Iran Frauen gibt, die Taxi fahren – ja, es gibt sie. Um die Internationale Gesellschaft für Menschenrechte zu zitieren: »Die Islamisierung hatte im Iran eine massive rechtliche Benachteiligung der Frauen und Separierung der Geschlechter zur Folge. Trotz der rechtlichen Ungleichbehandlung

»Ach, für Sie, mein Freund, nichts!« Checken Sie aus dem Hotel aus und fragen nach dem Preis für die Übernachtung, antwortet der Rezeptionist vielleicht »Ihre Rechnung? Geht aufs Haus, wir könnten Sie doch niemals bezahlen lassen!« Trotzdem sollten Sie natürlich nicht das Hotel oder Taxi verlassen, ohne zu bezahlen. Wenn Sie es aber doch tun, wer ist schuld? Wer hat den Fehler gemacht? Die vermeintlichen *People Pleaser* oder die vermeintlich unhöflichen Gäste?

Ich würde sagen, niemand. Es ist einfach eine Passungsfrage. Wenn Menschen mit unterschiedlichen Regeln spielen, die sie jeweils für angemessen halten, kann es sein, dass jemand darunter leidet, weil die Regeln nicht zueinander passen. Wenn wir bemerken, dass oft wir selbst diejenigen sind, deren Bedürfnisse zu kurz kommen, sollten wir nicht darauf hoffen, dass die anderen einfach unsere Regeln übernehmen. Umgekehrt müssen wir natürlich auch nicht zwangsläufig unsere eigenen Regeln vergessen – aber wir sollten unsere Optionen erweitern. Wir sollten lernen zu erkennen, wenn andere Regeln gelten als unsere gewohnten.

Wir können unser Umfeld beobachten oder uns informieren, welches Verhalten im speziellen Setting erwartet werden kann, und wir können versuchen uns anzupassen. Die iranische Taxifahrerin wird, um finanziell zu überleben, lernen müssen zu erkennen, bei welchen Gästen sie lieber keine Freifahrten anbietet. Und der *People Pleaser* kann lernen zu erkennen, bei welchen Kol-

ist der Iran ein Land, in dem Frauen ihren Platz in der Gesellschaft verteidigen. Zwei Drittel aller Studierenden im Land sind weiblich und die Frauen haben in der Islamischen Republik ein Drittel aller akademischen Doktorgrade inne. Sie arbeiten als Fotografinnen, als Journalistinnen und machen Filme. Im literarischen Bereich erobern auch Frauen die Bestsellerlisten, inzwischen hat der Iran auch über 300 Verlegerinnen. Frauen machen heute ein Drittel aller Arbeitskräfte im Land aus. Sie werden Abgeordnete, Ärztinnen, Lehrerinnen, Präsidentenberaterinnen, Bürgermeisterinnen, Polizistinnen und sogar Taxifahrerinnen.«

legen, Freundinnen oder Verwandten er seine eigenen Bedürfnisse stärker markieren und vielleicht sogar verteidigen muss.

Dafür müssen wir nicht unser gesamtes Verhaltensrepertoire ändern, wir müssen es nur erweitern. Wenn wir einen Freund haben, der weniger entgegenkommend ist als wir, oder sogar unser Vertrauen missbraucht, bedeutet das nicht, dass wir fortan allen unseren Freunden gegenüber misstrauisch werden müssen. Wenn wir zehn Freundinnen in einer Notsituation Geld leihen, und eine gibt es nicht zurück, könnten wir das natürlich als Fehler bereuen und nie wieder jemandem helfen, wenn das Risiko besteht, dass wir dabei etwas verlieren. Der Nachteil für uns selbst ist dann aber, dass wir dabei vergessen, wie wir neun andere Male jemandem die Hand gereicht haben. Dabei haben wir neunmal eine Beziehung gestärkt, neun Freundinnen geholfen und uns selbst neunmal das gute Gefühl geschenkt, für jemanden da gewesen zu sein.

Uns davor zu bewahren, verletzt zu werden, indem wir das Risiko dafür auf null senken und niemandem mehr vertrauen, bedeutet, uns auch all die positiven Erlebnisse zu nehmen. Dann wird das Leben schnell eintönig, ohne dass wir bemerken, was genau uns fehlt – die Verbindung zu anderen, die immer ein gewisses Risiko verletzt zu werden mit sich bringt. Darum gehört es zum Grenzen setzen dazu, auch die Nachsicht nicht zu vergessen.

Wie gewonnen, so zerronnen?

Wenn es jemandem, dem das sonst schwerfällt, in der Therapie gelungen ist, die eigenen Bedürfnisse nicht nur zu erkennen, sondern endlich auch durchzusetzen, kann es paradox wirken, als nächstes die Nachsicht zu thematisieren. Hat eine Patientin vielleicht zum ersten Mal überhaupt das Gefühl, im Mittelpunkt ihrer eigenen Geschichte zu stehen und sich selbst ernst zu nehmen, befürchtet sie vielleicht, dass Nachsicht mit anderen bedeutet, das alles wieder aufzugeben. Mache ich mich nicht klein, wenn ich Nachsicht zeige? Stelle ich damit nicht direkt wieder die andere Person in den Mittelpunkt?

Wenn Sie sich das beim Lesen dieses Buches auch schon gefragt haben, möchte ich Sie um Folgendes bitten. Nehmen Sie sich einen Moment, legen Sie das Buch zur Seite, schließen Sie die Augen und zeichnen Sie in Gedanken ein Bild oder eine Szene, in der Sie Nachsicht inszenieren. Werden Sie kreativ, stellen Sie sich vor, Sie würden auf einer Leinwand oder einer Bühne möglichst nachvollziehbar die Nachsicht veranschaulichen. Was sehen Sie?

Wenn ich an Nachsicht denke, sehe ich ein Kind, das etwas kaputt gemacht hat, ohne es zu beabsichtigen. Oder sogar, ohne es zu bemerken. Es entschuldigt sich also vielleicht gar nicht, sondern spielt weiter. Und daneben sehe ich eine erwachsene Person, der etwas kaputt gemacht worden ist. Sie nimmt es nicht persönlich, denn sie weiß um die Fehlbarkeit des Kindes. Ihr ist klar, dass das Kind in seiner eigenen Welt schwebt und auch ein Produkt dieser ist.

Würde man sich die Zeit nehmen und dem Kind erklären, dass sein Verhalten rücksichtslos gewesen ist, und würde man dem Kind dann auch die Zeit geben, das zu reflektieren, zu reifen, Erfahrungen zu sammeln und an diesen zu wachsen – eines Tages könnte es vielleicht verstehen, dass es jemand anderen verletzt hat. Aber für den Moment ist das Kind sich keiner Schuld bewusst. Die erwachsene Person in meiner gedanklichen Inszenierung sieht ihm das nach.

Die Szene folgt einer klaren Hierarchie, denn wenn wir über Nachsicht sprechen, reden wir meist über einen hierarchischen Vorgang. Um Nachsicht bittet selten, wer Macht über jemand anders hat. Eine Cheftrainerin trottet eher nicht über den Platz und hofft innerlich, dass ihre Spielerinnen nachsichtig mit ihr umgehen. Ein Abteilungsleiter liegt nachts wahrscheinlich wegen der Bilanzen wach und nicht, weil er sich fragt, ob sein Angestellter ihn morgen früh ausschimpfen wird. Wenn wir um Nachsicht bitten, wenn wir auf sie hoffen oder danach flehen, machen wir das selten auf Augenhöhe, sondern aus einer eher ausgelieferten Position. Ticketkontrolleure, Richterinnen, Könige, Göttinnen und das Schicksal werden um Nachsicht gebeten. Um jemand anderem etwas nachzusehen, begeben wir uns also nicht nur auf Augenhöhe, sondern eigentlich sogar darüber hinaus.

Nachsicht entsteht meist aus einer starken Position heraus. Manchmal ist es also notwendig, erst zu reflektieren, zu verstehen und dadurch in die aufgeklärte und starke Position zu kommen. Es kann aber auch andersherum funktionieren, die Nachsicht selbst kann uns empowern, kann uns auf und sogar über die Augenhöhe erheben. Dazu fallen mir viele Beispiele ein und weil es gerade die persönlichen Geschichten und Vorbilder sind, die uns so gut in Erinnerung bleiben, möchte ich drei davon ausführlich erzählen. Da wir uns einerseits alle mit sehr unterschiedlichen Charakteren identifizieren können und ich andererseits zeigen möchte, dass Nachsicht eine sehr universelle Stärke ist, sollen diese Geschichten von möglichst unterschiedlichen Personen handeln. Wir werden also über eine Sportlerin, einen römischen Kaiser und einen Außerirdischen sprechen. Beginnen wir mit Kathrine Switzer.

Die Läuferin

Es gibt viele Fotos, die Geschichte geschrieben haben. Am 19. April 1967 ist so ein Bild entstanden. Darauf zu sehen ist eine Gruppe Läufer, die am Boston Marathon teilnimmt. Zentral in der Mitte läuft Kathrine Switzer mit der Startnummer 261. Ihr Kopf ist nach hinten gedreht, denn sie wird gejagt. Ihr Verfolger ist offensichtlich kein Läufer, er trägt Anzug – es handelt sich bei diesem Mann um Jock Semple, den Veranstalter des Rennens. Sein Gesicht ist wutverzerrt und seine Hand greift nach Switzer. Er scheint kurz davor, sie zu Boden zu reißen.

Kathrine Switzer, Athletin (Mitte) und Jock Semple,
ein lächerlicher Mann im Anzug (dahinter)

Der Boston Marathon ist ein traditionsreiches, jährliches Laufevent, das zum Zeitpunkt des Fotos bereits sein siebzigjähriges Bestehen feierte. 1897 fand er das erste Mal statt, inspiriert von den ein Jahr vorher gefeierten ersten Olympischen Spielen der Neuzeit in Athen.

Frauen durften damals nicht am Olympischen Wettbewerb teilnehmen, es wurde ihnen explizit untersagt. Die Griechin Stamata Revithi hatte dennoch versucht, sich über das Verbot hinwegzusetzen und lief die Strecke am Tag nach dem offiziellen Wettbewerb. Sie ließ sich dabei unterwegs von mehreren Zeugen immer wieder ihre Leistung schriftlich bestätigen, da sie wusste, dass sie mit extremen Widerständen zu rechnen hatte. Die letzte Hürde konnte sie aber nicht nehmen, Soldaten versperrten ihr den Weg in das olympische Stadion, sodass sie den Lauf ganz kurz vor dem Ziel beenden musste.

Trotz dieser Demonstration waren große Teile der Gesellschaft Mitte des zwanzigsten Jahrhunderts noch überzeugt, dass Frauen keinen Marathon laufen können. Ihre Körper seien dafür nicht gebaut, sie besäßen nicht die mentale Stärke für so eine Anstrengung, es sei physiologisch einfach nicht machbar. Die Medizin reihte sich unrühmlicherweise ein und lieferte an den Haaren herbeigezogene Argumente, die einfach nur zu einem bereits bestehenden Urteil passten und darum aufgenommen, weiterverbreitet und ins Absurde überspitzt wurden. Es fällt schwer, solch groteske Ideen überhaupt noch einmal aufzuschreiben. Aber wir müssen uns der menschlichen Anfälligkeit dafür, eigene Annahmen ohne kritische Überprüfung bestätigt zu sehen, bewusst werden, und dabei hilft es, zu erkennen, wie weit solche Ideen in der Vergangenheit schon verbreitet waren. Man raunte sich zu, Frauen, die lange Strecken laufen, würden ihre Körper vermännlichen. Ihnen würden mehr Haare wachsen, ihre Brüste würden schrumpfen, ihre Gebärmutter könne herausfallen und sie könnten durch das Laufen lesbisch werden.

Es ist schwer zu entscheiden, ob diese vermeintlichen Fakten nun vor allem idiotisch oder verwerflich sind, der Ausschlag geht auf beiden Skalen ins Maximale. Jedenfalls ist das die Welt, in der Kathrine Switzer als Teenagerin begann, jeden Tag laufen zu gehen und ihre Distanzen irgendwann auszubauen.

Im Studium schloss sie sich heimlich der – damals natürlich nur für Männer zugelassenen – Laufgruppe an. Der Trainer lachte sie zuerst aus, ließ sie dann aber inoffiziell am Training teilnehmen. Als einige der anderen Läufer begannen, sich für den Boston Marathon vorzubereiten, wollte auch Kathrine daran teilnehmen. Auch jetzt wurde sie wieder ausgelacht, denn »Frauen können ja keinen Marathon laufen«, wie ihr einer der Sportler sagte. Switzer widersprach. Sie würde es ihnen beweisen. Die Laufgruppe nahm ihre Herausforderung an, gemeinsam bereiteten sie sich vor.

Der Lauf

Am Tag des Boston Marathons ist es kalt, morgens schneit es sogar. 600 Läufer und eine Läuferin machen sich bereit und warten auf den Startschuss. Die meisten von ihnen tragen dicke Jogginghosen, Pullover mit Kapuzen oder Mützen. So auch Kathrine Switzer, ihre Haare sind zunächst unter ihrer Mütze verborgen. Auf dem Anmeldeformular trägt sie sich als K.V. Switzer ein. Ein männlicher Läufer holt ihre Startnummer 261, die sie wie alle anderen über ihrer Kleidung tragen wird, für sie bei den Organisatoren ab. Allerdings trägt sie an dem Tag auch wie üblich Lippenstift und Ohrringe.

Die Läufer in ihrer direkten Umgebung am Startfeld begrüßen sie freundlich, mit unterstützenden Worten und Begeisterung darüber, dass sie mitrennt.[1] Switzer scheint nicht zu sehr darauf bedacht, sich zu verstecken. Warum auch? Sie hat es selbst überprüft, die offiziellen Regeln des Boston Marathons 1967 verbieten Frauen die Teilnahme nicht. Das ist gar nicht nötig, die gesellschaftliche Übereinkunft darüber, dass Frauen weder Marathon laufen sollen noch können genügt. Es hatte sich bisher noch nie eine Frau angemeldet.

Ein Jahr vorher, 1966, hatte sich Roberta Gibb heimlich in einem Busch in der Nähe des Startpunktes versteckt und nahm dann inoffiziell, ohne Startnummer, am Rennen teil. Sie wurde zwar freundlich von den anderen Läufern und dem Publikum begrüßt, ihre Leistung wurde aufgrund der fehlenden Anmeldung und Startnummer aber nicht offiziell anerkannt.

Kathrine Switzer hatte nun die Chance, als erste Frau in die offizielle Geschichte des Boston Marathons einzugehen – wenn Jock Semple es nicht verhindern würde. Denn als dieser bemerkt, dass eine Frau an seinem ihm heiligen Traditionslauf teilnimmt, rastet er aus. Er hechtet aus dem Begleitwagen der Rennleitung und stürmt auf Switzer zu. Er ist ein bulliger Mann, selbst erfahrener Marathonläufer und noch gut in Form. Von ihm in seiner Rage verfolgt zu werden, muss ein beängstigender Anblick gewesen sein.

»Hau verdammt noch mal ab aus meinem Rennen und gib mir diese Startnummer!«,[2] brüllt er, während er versucht, Switzer gewaltsam ihre Startnummer zu entreißen. Doch Switzer ist nicht allein, sie läuft gemeinsam mit ihrem Laufpartner und Freund, der sich zwischen die beiden wirft und Semple aus dem Weg rammt. Kathrine Switzer behält ihre Startnummer und befreit sich aus Semples Griff, dieser geht zu Boden. Sie läuft weiter, Tränen in den Augen, den Schreck in ihren Gliedern spürend, aber unaufhaltsam vorwärts.

Ihr ist klar, sie läuft nicht mehr nur für sich. Die Augen der Welt sind spätestens jetzt auf sie gerichtet, die Frau, die während dem, neben den Olympischen Spielen, wichtigsten Marathon überhaupt vom Rennleiter attackiert worden ist. Das Presseauto verlässt die Spitze des Feldes und fährt neben die laufende, noch immer aufgewühlte Switzer. »Was wollen Sie beweisen?« – »Ist das ein Aprilscherz?« – »Sind Sie eine Aktivistin?« Die Welt möchte wissen, ob diese Frau tatsächlich in der Lage ist, ob gar Frauen generell in der Lage sind, einen Marathon zu laufen. Und die Welt will die Antwort von Kathrine Switzer. Sie liefert. Nach vier Stunden und zwanzig Minuten kommt Kathrine Switzer im Ziel an. Als erste Frau, die den Boston Marathon offiziell abschließt.

Das Nachspiel

Switzers Lauf, ihre Leistung und auch die Geschichte von Semples missglücktem Angriff gingen um die Welt. Die Fotos der Attacke wurden fester Bestandteil der feministischen Bewegung, Switzer zum Symbol einer Frau, die sich nicht von einem Mann, der ihr vorschreiben will was sie zu tun und zu lassen hat, aufhalten lässt.

Zusammen mit ihren Laufpartnern gründete sie einen Frauensportverein und warb für die überfällige Anerkennung und Starterlaubnis für Frauen bei allen Marathonläufen. Sie organisierte internationale Wettbewerbe, fand Sponsoren und begeisterte immer mehr Frauen für den Laufsport. Der Boston Marathon führte 1972 eine Frauenwertung ein, während das Olympische Komitee weitere zwölf Jahre vergehen ließ, bevor 1984 in Los Angeles endlich auch Frauen offiziell am Marathon teilnehmen durften. Sie laufen in der kurzen Zeit seitdem ihnen – egal ob implizit oder explizit – das Marathonlaufen nicht mehr verboten ist, immer schneller und übertreffen dabei zum Teil auch schon die Männer.* Übrigens überbieten Frauen ihre männlichen Kollegen auch beim Ultradistanzschwimmen.[3]

Wie blickte Kathrine Switzer angesichts dieses Erfolges zurück auf Jock Semple, den Mann, der zumindest ihren Lauf, vermutlich aber auch die durch den Lauf gewonnene Aufmerksamkeit und damit den Anschub für ihre gesamtgesellschaftlichen Bemühungen und Erfolge fast verhindert hätte? Mit Nachsicht:

> »Mir wurde klar, dass Jock Semple nur ein überarbeiteter Rennleiter war, der seine Veranstaltung vor Leuten schützte, von denen er dachte, dass sie es mit dem Laufen nicht ernst meinten. (...) Und natürlich war er ein Produkt seiner Zeit und meinte, Frauen sollten keine Marathons laufen.«[4]

Und genau jetzt, wenn Sie das gelesen haben, möchte ich Sie bitten, nehmen Sie sich wieder einen Moment. Denken Sie nicht darüber nach, ob Jock Semples Verhalten richtig oder falsch war (Spoiler: natürlich falsch), denn es geht gerade nicht um ihn, sondern um Switzer und die Nachsicht, die sie zeigt. Stellen Sie sich

---

* 2019 schloss Brigid Kosgei den Chicago Marathon in zwei Stunden, 14 Minuten und vier Sekunden ab. Und der Zweifel, ob sie körperlich dazu in der Lage sind, diese Distanz zu bewältigen, ist nicht nur ausgeräumt, er ist pulverisiert. Auf ultralangen Distanzen über mehrere hundert Kilometer sind Frauen sogar schon jetzt teilweise schneller als Männer. Courtney Dauwalter gewann das Moab 240 (die namensgebenden 240 Meilen entsprechen 383 Kilometern) mit einer Gesamtzeit von 57 Stunden, 55 Minuten und 13 Sekunden. Der zweitplatzierte, Sean Nakamura, brauchte fast zehn Stunden länger. Jasmin Paris stellte 2019 als Siegerin des 431 Kilometer langen Montane Spine Race mit einer Gesamtzeit von 83 Stunden, zwölf Minuten und 23 Sekunden einen neuen Rekord auf. Während der Pausen pumpte sie Muttermilch für ihr Baby ab.

diese Fragen: Finden Sie, Kathrine Switzer zeigt mit dieser Aussage Schwäche? Macht sie sich kleiner?

Ich finde, sie strahlt in genau diesem Moment eine beeindruckende, fast unheimliche Stärke und Größe aus. Unheimlich deswegen, weil ich mir selbst kaum vorstellen kann, diese Kraft und Reflexion an ihrer Stelle aufzubringen. In meinen Augen schwebt sie in diesem Moment auf einer ganz anderen Ebene als die, auf der Semple ihr hinterhergestolpert ist. Sie steht klar über ihm, sie geht auf eine Metaebene des Geschehens. In nur zwei Sätzen ordnet seine Ausgangslage (*überarbeiteter Rennleiter*), sein Motiv (*seine Veranstaltung schützen*) und seinen Kontext (*Produkt seiner Zeit*) ein. Und ebenso bemerkenswert ist, dass Switzer diese Sicht der Dinge nicht erst Jahre später erreicht hat, nachdem Zeit die Wunden heilen konnte. Wie sie in einem Interview selbst sagt, hatte sie genau diesen Gedanken schon während des Rennens, knapp zwanzig Kilometer nachdem Semple sie attackiert hatte, während sie den als »Heartbreak Hill« bezeichneten 1,5 Kilometer langen Aufstieg bezwang.[5]

Hat Semple dieses Verständnis überhaupt verdient? Meiner Meinung nach ist das hier eigentlich nicht die Frage. Auch so hat das Beispiel von Kathrine Switzer und ihrem Verständnis für einen Mann, der sie zu Fall bringen wollte, die Eingangsfrage, um die es in diesem Kapitel ging (macht Nachsicht uns kleiner?), eindeutig beantwortet. Nachsicht macht uns größer. Sie unterstreicht, dass wir die Komplexität des menschlichen Handelns verstehen und darum die Fehlbarkeit anderer einordnen können. Aber natürlich interessiert die Antwort uns trotzdem. Tun wir also, was Switzer geschafft hat und versetzen uns in Semples Lage.

Der Antagonist

John Duncan Semple wurde 1903 in Glasgow geboren, er teilte sich mit zwei Brüdern ein Bett in einer Nische der Familienwohnung. Mit vier Jahren hatte er seinen ersten Job. Er lieferte Fleisch aus, und sparte genug Geld an, um sich eine eigene Feldliege zum Schlafen zu kaufen. Als Jugendlicher war er klein für sein Alter und körperlicher Gewalt von Älteren ausgesetzt. Er trat den Clydesdale Harriers bei, Schottlands ältestem Amateursportverein, und lernte das Laufen kennen. In seiner Biografie schreibt er, dass er beim Laufen seine ihm angeborene Disziplin einsetzen konnte.[6] Das Laufen habe dieser Disziplin und seinem Leben überhaupt erst Farbe und Bedeutung gegeben. Der Zusammenhalt im Team sei die größte Belohnung für ihn gewesen.

Als er in die USA zog, machte er mit dem Laufen auf Amateurniveau weiter und fühlte sich unter den Läufern sofort angenommen. »Sobald das Rennen vorbei war, haben wir uns die Hand geschüttelt und waren Freunde. Die meisten von uns waren einfache Arbeiter.« John wurde zu Jock Semple, sein Spitzname entspricht der eher abwertenden englischen Bezeichnung »Jock« für prototypische Hobby-Sportler, die sonst keinerlei Interessen nachgehen. Außerhalb seiner Laufgruppe gab es für die Leistung seiner Gleichgesinnten wenig Interesse. »Wir wurden für unseren Sportsgeist und Kameradschaft gelobt, aber wir galten nicht als ernsthafte Athleten. Außer in Boston.«

Denn einmal im Jahr hatten die Amateurläufer ihren großen Tag, wenn auch sie sich vom Jubel der vielen Besucherinnen und Besucher tragen lassen konnten. Semple nahm an der traditionsreichen Veranstaltung zunächst als Läufer teil, schloss sich aber schnell als ehrenamtlicher Unterstützer an. Beruflich hatte er sich mittlerweile als Physiotherapeut einen Namen gemacht, verbrachte seine meiste Zeit aber damit, auf seine mittlerweile berüchtigt mürrische Art etliche anfallende Arbeiten rund um die Organisation des Boston Marathons zu erledigen.

Er beantwortete eingehende Anfragen aus aller Welt, trainierte Läufer und bearbeitete jedes Jahr die Anmeldeformulare zunächst hunderter, später tausender Menschen. Beim jährlichen Marathon stellte er um sechs Uhr morgens als Erster die Rennbahnmarkierungen auf und sammelte sie abends als Letzter wieder ein. Die Athleten dankten es ihm, er genoss schnell ein hohes Ansehen für seinen unermüdlichen (und weiter unbezahlten) Einsatz für die Amateursportler gegenüber Behörden, Sponsoren und übergeordneten Sportverbänden.

Sein Einsatz richtete sich aber auch gegen alles, was er als Gefahr für sein traditionsreiches Rennen oder dessen Integrität empfand. Die Attacke auf Switzer war nicht seine erste, sondern die letzte in einer Reihe von vielen – meist erfolglosen – Übergriffen. 1961 wurde einer der beiden führenden Läufer von einem Hund angefallen und stolperte daraufhin, was den Läufer jegliche Chancen auf den ersten Platz kostete. Semple stürzte sich auf den Hund und versuchte, ihm einen heftigen Tritt zu verpassen. Er verfehlte das Tier jedoch und flog auf die Nase. In einem anderen Jahr verfolgte er einen Teilnehmer, der in einer Uncle-Sam-Verkleidung mitlief, mit einem Tablett voller Wasserbecher und schüttete ihm einen nach dem anderen ins Gesicht. Wieder ein anderes Mal versuchte er, jemanden umzurennen, der mit Taucherflossen und einer Maske an den Start gegangen war. Er verfehlte auch diesen Mann, landete mit dem Gesicht voran am Boden und wurde von der Polizei aufgehoben, die ihn fast wegen versuchter Körperverletzung festnahm.

Über die Jahre wurde Jock immer wütender auf diejenigen Teilnehmer, die nur wegen eines Junggesellenabschieds oder einer verlorenen Wette dabei waren, das Rennen nicht ernst nahmen oder es sogar gefährdeten. Denn die dem Boston Marathon übergeordnete Amateur Athletic Union (AAU) erteilt den Veranstaltern Jahr für Jahr die Lizenz, um den Boston Marathon durchführen zu können. Semple stand immer wieder unter dem Druck nachzuweisen, dass bei seinem Rennen alles entsprechend der AAU-Regularien abläuft und damit vor allem auch die Sicherheit und Gesundheit aller Teilnehmenden geschützt ist.

Unter seiner Regie sollte der Boston Marathon fair, sicher und vor allem diszipliniert ablaufen. Jeder Teilnehmer musste damals vor dem Rennen ein ärztliches Attest vorlegen, um die körperliche Beschaffenheit für den Lauf nachzuweisen. In manchen Jahren war es Semple sogar so ernst damit, dass Ärzte mit ihren Stethoskopen bereitstanden und jeden Läufer vor dem Start auf dessen Tauglichkeit untersuchten.[7] Auf keinen Fall sollte jemand mit Jock Semples offizieller Startnummer während des Laufs kollabieren und dadurch die Lizenzierung durch die AAU gefährden.

Er hatte also zwei Feindbilder. Erstens, Menschen, die sein Rennen nicht ernst nahmen und zweitens diejenigen, die es gefährdeten. Frauen fielen nicht automatisch in dieses Muster. Bobbi Gibb, die sich wie bereits erwähnt ein Jahr vor Kathrin Switzer zunächst im Busch versteckt und dann inoffiziell am Rennen teilgenommen hatte, war auch im nächsten Jahr, in Kathrin Switzers Jahr, wieder dabei. Ein weiteres Mal ohne offizielle Startnummer, sie erinnert sich so daran:

> »Jock war überhaupt nicht feindselig. (...) Ich startete in dem Jahr in der ersten Reihe. Alle haben fröhlich mit mir geplaudert – die Offiziellen, die Presse. Kein Problem. Ich hatte keine Startnummer und niemand hat versucht, mich aufzuhalten. Ich

stand einfach am Straßenrand und wartete, bis etwa die Hälfte des Feldes an mir vorbeilief, damit ich mich den Läufern anschließen konnte, die in meinem Tempo liefen.«[8]

Gibb erzählt, dass Semple sie auch im Vorjahr schon gesehen hatte, aber weil sie keine offizielle Startnummer trug, hatte er kein Problem damit. Die AAU untersagte zu diesem Zeitpunkt noch Langstreckenläufe für Frauen, auf Empfehlung der amerikanischen Ärzteschaft. Es wurde als gesundheitsgefährdend und damit nachlässige Mitschuld gesehen, einer Frau die Motivation und einen Anlass zu geben, 42 Kilometer zu laufen. Das sei der Grund dafür, sagte Jock Semple später, dass er kein Problem damit gehabt habe, als Bobbi Gibb bereits zum zweiten Mal am Marathon teilnahm – der Boston Marathon übernahm keine Haftung für sie, da sie nie als offizielle Teilnehmerin akzeptiert worden war. Von Kathrin Switzer habe er sich aber arglistig getäuscht gefühlt.

Er wusste, aufgrund der AAU-Regularien hätte er selbst einer Frau die offizielle Teilnahme damals nie erlaubt und trotzdem sah er vor sich eine Läuferin mit der offiziellen Startnummer 261. Wie zur Hölle, fragte er sich, war sie überhaupt daran gekommen? Jock Semple roch eine Verschwörung. Er wusste nicht, ob die Läuferin eine Aktivistin, Sportlerin oder betrunkene Studentin war, aber sie hatte die strengen Vorsichtsmaßnahmen einfach übergangen und gefährdete damit nicht nur seinen monatelangen Einsatz, sondern die gesamte Zukunft des Rennens. Das würde er nicht mit sich machen lassen. Der ihm heilige Boston Marathon würde, egal für welchen Zweck, nicht unter seiner Aufsicht instrumentalisiert werden. Und vor allem würde er nicht unter Jock Semples Aufsicht die AAU-Akkreditierung verlieren.

Was folgte, ging um die Welt und wird bis heute oft so dargestellt, wie ich es in der ersten Hälfte des Kapitels getan habe. Jock

Semple als Antagonist, als Bösewicht. Ich möchte ihn aus dieser Rolle auch nicht ganz befreien, er hat sie sich selbst zuzuschreiben. Ich möchte nur zeigen, dass es auch eine weitere Sicht gibt, die komplexer ist.

Schuld und Sühne

Wie so oft können wir hier beobachten, dass jemand, der tief davon überzeugt ist, etwas Wichtiges und Richtiges zu beschützen, das Falsche tut. Nachsicht mit so jemandem zu zeigen, erhebt uns nicht nur moralisch über die andere Person, es gibt der oder dem anderen auch die Gelegenheit, die eigenen Fehler zu erkennen.

Semple änderte seine Einstellung gegenüber weiblichen Athletinnen in den folgenden Jahren. Er entschuldigte sich persönlich bei vielen Läuferinnen, denen er das Ausüben ihrer Leidenschaft erschwert hatte und schloss sich Switzers Bemühungen an, Frauen bei Langstreckenläufen in den USA und weltweit zur Selbstverständlichkeit zu machen.[9] »Die Tatsache, dass jemand sich so dramatisch verändern könnte«, sagte Switzer später, »gab mir Hoffnung, dass der Rest der Welt genauso groß und aufgeschlossen sein könnte.«[10]

Ich denke, das ist der Moment, in dem sie sich selbst aus Bescheidenheit zu klein macht. Denn dass Semple sich so dramatisch verändern konnte, von einem Feind zum Verbündeten, ist ihrer Nachsicht zu verdanken.

Switzer und Semple verband für den Rest ihrer gemeinsamen Zeit eine tiefe Freundschaft. Als er 1988 im Alter von 84 Jahren verstarb, war Switzer eine seiner letzten Besucherinnen. Sie sagt, die beiden hätten einen wunderbaren Tag miteinander verbracht.

Sechs Jahre später. Kathrine Switzer, Athletin und Jock Semple, ein geläuterter Mann im Anzug

Der letzte Stoiker

Ein weiteres Beispiel für eine besonders starke, nachsichtige Haltung ist in meinen Augen Mark Aurel*, der letzte bedeutende Vertreter der antiken stoischen Philosophie.

Schon als junger Mann machte Mark Aurel auf sich aufmerksam. Er sei wie besessen von der stoischen Philosophie gewesen und habe sich schon früh der Wahrheit und einem tugendhaften Leben verschrieben. Mit acht Jahren soll er in das Priesterkollegium der Salier aufgenommen worden sein – vor ihm war noch nie jemand vor dem Beginn des sechzehnten Lebensjahres in diesen erlesenen Kreis erwählt worden. Der römische Kaiser Hadrian veranlasste noch kurz vor seinem Tod, dass sein Nach-

* Auch als Marc Aurel oder Marcus Aurelius bekannt

folger Antoninus Pius den noch kleinen Mark Aurel unbedingt adoptieren solle. Antoninus folgte diesem Wunsch und erkannte auch selbst bald, was er an seinem Begleiter hatte. Trotz seines immer noch jungen Alters wurde Mark Aurel in die Geschicke des römischen Reiches einbezogen und Antoninus Pius tat sein Bestes, um ihn so früh wie möglich als seinen unumstrittenen Nachfolger zu installieren. Mit nur 18 Jahren wurde Mark Aurel, wiederum weit vor dem der Konvention entsprechenden Alter, zum Caesar erhoben und trat kurz darauf sein erstes Konsulat an. Als Antoninus Pius im Jahr 161 verstarb, war seine Zeit als Herrscher des römischen Reiches gekommen.

Der Philosophenkaiser

Aurel regierte Rom in den Jahren 161 bis 180. Er war der letzte der sogenannten »fünf guten Kaiser« und regierte in einer Zeit, die als *Pax Romana* oder »Römischer Frieden« bekannt geworden ist. Diese friedliche Ära endete mit Mark Aurels Tod.

Während seiner Herrschaft hätte er alles haben können, was er wollte. Seine Vorgänger hatten ihre Macht zur Genüge genutzt, das Leben eines römischen Kaisers war praktisch gleichbedeutend mit grenzenloser Lust. Die römischen Herrscher vor ihm frönten dem Geld, dem Sex und dem Wein. Mark Aurel wählte einen anderen Weg, den er schon seit seiner Kindheit klar vor sich sah – den Weg der Tugend. Wir kennen seine intimsten Gedanken über sich und seine Entscheidungen aus seinen »Selbstbetrachtungen«, eine Art Tagebuch, dass er wahrscheinlich zur Selbstvergewisserung und eigenen Orientierung zu seinen Lebzeiten verfasst hat, ohne je irgendwelche Bemühungen zur Veröffentlichung dieser Gedanken gemacht zu haben. Es ist ein intimer Einblick in die

Gedanken eines Mannes, der sich selbst ständig zu einem werteorientierten und rechtschaffenen Verhalten ermahnt:

> »Hüte dich, dass du nicht ein tyrannischer Kaiser wirst! Nimm einen solchen Anstrich nicht an, denn es geschieht so leicht. Erhalte dich also einfach, gut, lauter, ernsthaft, prunklos, gerechtigkeitsliebend, gottesfürchtig, wohlwollend, liebreich und standhaft in Erfüllung deiner Pflichten. Ringe danach, dass du der Mann bleibest, zu dem dich die Philosophie bilden wollte.«[11]

Als eine seiner ersten Amtshandlungen drängte der frisch erkorene Kaiser den Senat dazu, seinen Adoptivbruder Lucius Aelius Commodus ebenfalls in den Rang eines Imperators und damit zu seinem Mitregenten zu erheben. Mark Aurel führte damit vor knapp zweitausend Jahren, als mächtigster Mann der Welt, die geteilte Führungsposition ein, die wir heute an vielen Arbeitsplätzen erst wieder erstreiten müssen.

In den folgenden Jahren bemühten sich die beiden Herrscher darum, den römischen Frieden und Wohlstand zu bewahren und auszuweiten. Doch gleich zu Beginn ihrer Herrschaft wütet eine Seuche, die Forschung geht davon aus, dass es sich um eine Pockenpandemie gehandelt haben muss.[12] Dank konsequenter Impfungen ist die Welt heutzutage frei von Pocken, der letzte Fall wurde im Oktober 1977 gemeldet. Drei Jahre später hat die Weltgesundheitsorganisation Pocken für ausgerottet erklärt. Doch zu Mark Aurels Zeiten sollte die Pandemie zwei Jahrzehnte andauern und Millionen von Menschenleben kosten. Der Kaiser machte sich in dieser Phase Sorgen um den menschlichen Zusammenhalt in seinem Reich: »Die Verderbnis der Vernunft ist in einem viel höheren Maße eine Pest.«

Diesen Niedergang der Vernunft wollte er nicht in Kauf nehmen, vor allem nicht bei sich selbst. Denn ihm war klar, dass er aufgrund seiner Ausbildung, den Vorbildern, von denen er lernen durfte und der Zeit, die er mit Selbstreflexion verbringen konnte, in einer privilegierten Position war. Und er verstand, dass nicht jeder dieselben Möglichkeiten hatte, um diesen Ansprüchen gerecht zu werden:

> »Frühmorgens sage zu dir: Ich werde mit einem kleinlichen, undankbaren, unverschämten, falschen, neidischen, egoistischen Kerl zusammentreffen. Alle diese Eigenschaften haben Menschen, wenn sie nicht wissen, was gut und böse ist. Ich aber, der ich das Wesen des Guten erkannt habe, dass es schön ist, und des Bösen, dass es hässlich ist, und dass die Natur dessen, der sich an mir vergeht, mit mir verwandt ist, nicht weil er dasselbe Blut hat oder aus demselben Samen stammt, sondern weil er an demselben Geist und an denselben göttlichen Gaben teilhat, kann weder von einem dieser Menschen einen Schaden erleiden – denn niemand wird mich in Hässliches verstricken – noch kann ich meinem Verwandten zürnen oder Feind sein. Wir sind ja zur Zusammenarbeit geschaffen, wie die Füße, Hände, Augenlider oder die obere und untere Zahnreihe. Gegen einander zu arbeiten, ist wider die Natur. Unwillig sein und sich abwenden aber ist ein Arbeiten gegeneinander.«[13]

Trotz seiner ständigen Selbstermahnungen – oder gerade wegen ihnen – fühlte er sich erhaben und leitete daraus eine besondere Verpflichtung ab. Gerade seine Vernunft, sein Bemühen und seine Nachsicht sind es, die ihn von den anderen, die seinen hohen Ansprüchen nicht gerecht werden, unterscheidet.

Wie immer in der Geschichte Roms, kam es auch während der Regentschaft Mark Aurels in verschiedenen Teilen des Reichs zu gewaltsamen Grenzkonflikten. Er versuchte oft, sie mit Verhandlungen und Diplomatie zu lösen, um unnötiges Leid zu vermeiden. Er erkannte an, dass die Ursachen für diese Aufstände oft soziale Ungerechtigkeiten und Missstände waren, und bemühte sich, diese anzugehen, anstatt nur repressiv zu handeln. Auch im Inneren gab es Reformen: So wurde aus dem vormals römisch-italienisch dominierten Senat eine vielfältigere Versammlung Abgeordneter des gesamten Imperiums. Der Anteil der Senatoren, die nicht aus Rom stammten, stieg während der Regentschaft von Mark Aurel um 30 Prozent.[14] Am deutlichsten wird sein Bestreben um eine nachsichtige Haltung in einem Moment fünf Jahre vor seinem Tod, als sich Gerüchte um seine schwindende Gesundheit verbreiteten.

Verrat

Avidius Cassius war unter Mark Aurel Statthalter von Syrien. Zuvor hatte er in mehreren militärischen Konflikten sein hervorragendes Geschick als Feldherr bewiesen. Im Jahr 175 erreichte ihn ein sich langsam ausbreitendes Gerücht, der Kaiser des römischen Reiches, Mark Aurel, sei verstorben. Rom brauche angeblich einen neuen Anführer. Avidius Cassius fühlte sich, von seinen militärischen Erfolgen und seiner Popularität unter seinen Truppen beflügelt, dazu berufen. Er zögerte nicht lange, schon bald folgte seine Proklamation als neuer Kaiser. Zu seiner Überraschung erhielt er daraufhin jedoch die Kunde, dass sein Vorgänger weder Tod sei, noch im Sterben liege. Avidius Cassius hatte aber bereits Gefallen an seinem neuen Titel gefunden. Er lehnte eine gewaltfreie Beilegung der Angelegenheit ab und ließ es stattdessen auf einen Kampf mit Mark Aurel ankommen. Er trommelte seine Soldaten zusammen und marschierte Richtung Rom.

Zeitgleich erreichte Mark Aurel die Nachricht vom drohenden Bürgerkrieg. Zunächst behielt er die beunruhigenden Neuigkeiten für sich, er brauchte Zeit, um nachzudenken. Als sich nun wiederum in Rom die – diesmal auf wahren Gegebenheiten beruhenden – Gerüchte von der heranmarschierenden Armee verbreiteten, wendete er sich an seine Soldaten, unter denen sich bereits eine große Unruhe verbreitete. In seiner Ansprache, die er transkribieren und auch an den Senat verbreiten ließ, bezog er Stellung:[15]

> »Mitstreiter Roms: Ich trete vor euch, nicht um Empörung auszudrücken, sondern um mein Schicksal zu beklagen. (...) Ist es nicht schrecklich, dass wir uns immer wieder in Kriege verwickeln? Ist es nicht furchtbar, dass wir sogar in Bürgerkriege verwickelt sind? (...) gegen mich wurde eine Verschwörung von meinem liebsten Freund geschmiedet, und ich wurde gegen meinen Willen in einen Konflikt gezwungen (...) ich hätte (...) Cassius hierher einladen und vor euch oder dem Senat die Meinungsverschiedenheit zwischen uns erörtern wollen. Und ich hätte die höchste Macht gerne ohne einen Kampf an ihn abgegeben, wenn dies dem Wohl des Staates gedient hätte. (...)«

Doch selbst in diesem Moment, während er als höchster Anführer seiner Truppen die Soldaten auf eine heranschreitende Armee, die ihn und die ihm loyal Verbündeten unterwerfen wollte, auf einen bevorstehenden Krieg einstimmen musste, setzte er das Verhalten seines Gegenübers noch in eine wohlwollende Perspektive. Er versetzte sich in dessen Lage, versuchte ihn zu verstehen und öffnete ihm Wege, den Konflikt zu beenden.

> »Cassius hat vielleicht bereits seine Meinung geändert, als er gehört hat, dass ich noch lebe; denn sicherlich hat er dies nur unter der Annahme getan, dass ich tot bin. Aber selbst, wenn er seinen Kurs fortsetzt, wird er sicherlich, wenn er erfährt, dass wir uns nähern, seine Meinung ändern, aus Angst vor euch und aus Respekt vor mir.«

Aurel beendete seine Ansprache mit einem Appell. Er sagte, dass das einzige, wovor er sich fürchte sei, dass Cassius sein Leben verliere, »dass er entweder Selbstmord begehen wird, weil er sich schämt, vor uns zu treten, oder dass jemand anderes dies tun wird«. Denn das würde ihn des größten Preises berauben:

> »Einem Mann zu vergeben, der einem Unrecht getan hat. Demjenigen ein Freund zu bleiben, der die Freundschaft verletzt hat. (...) Vielleicht erscheint euch das alles unglaublich, aber ihr solltet es nicht bezweifeln; denn sicherlich ist nicht aller Anstand bereits vollständig von den Menschen verschwunden, sondern in uns ist noch ein Rest der alten Tugenden vorhanden. (...) Denn das wäre der einzige Nutzen, den ich aus unseren gegenwärtigen Übeln ziehen könnte. Wenn ich diese Angelegenheit gut lösen und allen Menschen zeigen könnte, dass es selbst in Bürgerkriegen einen richtigen, tugendhaften Weg gibt.«

Avidius Cassius Revolte fand ein jähes Ende, er wurde während seines langen Marsches auf Rom in einer Auseinandersetzung mit einem Offizier tödlich verletzt. Römische Soldaten trennten seinen Kopf vom Körper ab und wollten ihn, den damaligen Gepflogenheiten entsprechend, Mark Aurel zum feierlichen Geschenk machen, doch dieser lehnte ab. Er erhielt nie die Chance, seinen großen Traum vom friedlichen Ende des Bürgerkrieges wahr zu machen. Die Geschichte wurde einer hoffnungsvollen Anekdote beraubt.

Das dritte Beispiel, das für mich den Wert der Nachsicht besonders gut illustriert, handelt von einer fiktiven Person. Warnung: Es könnte sein, dass Sie mit diesem Charakter nicht viel anfangen können, wahrscheinlich kennen Sie ihn gar nicht. Wenn dem so ist, wenn Sie den nächsten Absatz befremdlich finden, überspringen Sie ruhig den Rest dieses Kapitels. Aber falls Sie noch jemand anderes kennen, der seine Teenagerzeit in den Neunzigerjahren verbracht hat, fragen Sie ihn, ob er weiß, was eine »Kamehameha« ist. Wenn er Sie erst verdutzt ansieht, dann mit »Natürlich!« antwortet, an Qigong erinnernde Handbewegungen macht und »KAAAAA MEEEEE« ruft, leihen Sie ihm kurz das Buch. Das letzte Beispiel in diesem Kapitel ist vielleicht eher für ihn. Aber ich hoffe, dass auch diejenigen, die mit dieser Welt von der ich erzählen möchte nichts anfangen können, neugierig geworden sind. Vielleicht kann ich Sie davon überzeugen, dass ein kleiner Ausflug dorthin sich lohnt. Und sei es nur, um etwas mehr Tiefe in einem Bereich zu entdecken, als man vorher erwartet hätte.

Son Goku

Auch wenn es heute schwer vorstellbar ist, führten Manga und Anime, also japanische Comichefte und animierte Serien, in der westlichen Welt vor gar nicht so langer Zeit ein absolutes Nischendasein. Das änderte sich mit *Dragon Ball Z*. Mit 240 Millionen verkauften Büchern ist es das zweiterfolgreichste Manga in der Geschichte. Als das auf den Comics basierende Anime während der Neunzigerjahre nachmittags auf RTL II lief, saßen regelmäßig so viele junge Zuschauer gefesselt vor ihrem Fernseher, dass *Dragon Ball* zusammen mit *Pokémon* und *Sailor Moon* zur wichtigsten Säule im Portfolio des Privatsenders wurde.

Die Serie handelt von den Abenteuern des Hauptcharakters Son Goku und seinen Freunden, die sich und ihren Heimatplaneten, die Erde, gegen immer neue und mächtigere Bedrohungen aus dem Universum verteidigen. Die Auseinandersetzungen werden dabei im waffenlosen Nahkampf ausgetragen. Die Charaktere haben übernatürliche Kräfte, darum finden diese Kämpfe oft fliegend statt, man schießt hervorgerufene Energiekugeln aufeinander, schleudert sich gegenseitig in Berge und hinterlässt dabei verwüstete, kraterdurchzogene Landschaften. Im deutschen Fernsehen gab es im Kinderprogramm nichts, was mit diesen epochalen Actionsequenzen mithalten konnte. Eine ganze Generation Heranwachsender war sofort in den Bann der Serie gezogen.

Der nachhaltige Erfolg und die bis heute andauernde Nostalgie für diese Charaktere lässt sich aber nicht nur durch die Kampfsequenzen erklären. Der fiktionale Charakter Son Goku war aufgrund seiner anhaltenden, weltweiten Popularität 2020 sogar der offizielle Botschafter der Olympischen Spiele in Tokio.

Sein Charakter in der Serie ist von Natur aus freundlich, naiv und oft sogar kindlich im Verhalten. Er verkörpert einen unschuldigen und immer gut gelaunten Helden, hat aber eine leidenschaftliche Liebe zum Kämpfen, die ihm genetisch veranlagt ist – er stammt von einem anderen Planeten, der von einer menschenähnlichen, aber extrem stolzen, alles dem Kampf unterordnenden Spezies bewohnt wird, den Saiyan.

Als der Heimatplanet der Saiyan dem Untergang geweiht ist, wird Son Goku, damals noch ein Säugling, von seinen Eltern auf der Erde ausgesetzt. Er wächst unter Menschen auf, der Umgang mit ihnen hat ihn sehr versöhnlich gemacht. Im Kampf – vor allem zur Verteidigung eben dieser Menschen – kommt sein Stolz und das Streben, besser zu sein als sein Gegenüber, aber immer wieder im genau richtigen Zeitpunkt hervor, um die »Bösen« zu besiegen.

Vegeta

Vegeta ist der wohl wichtigste Antagonist Son Gokus. Geboren als Prinz Vegeta definierte er sich durch die ihm verheißene Rolle als König und Anführer seinesgleichen. Er ist von Beginn an wild, stolz und ungeduldig. Seine Zukunftsträume lösen sich vor seinen Augen in Feuer und Luft auf, als er mit ansehen muss, wie sein Heimatplanet mit allen darauf noch lebenden Saiyan, inklusive des Königs der Saiyan, Vegetas Vater, von einem bösartigen Weltraumkriegsherrn zerstört wird.

Vegeta ist einer der letzten Überlebenden Saiyan im Universum und wird von eben jenem Kriegsherrn zwangsverpflichtet, der seine Heimat zerstört hat. Er schwört sich, eines Tages stark genug zu sein, um ihn zu besiegen. Als Teil seines Dienstes wird er auf die Erde geschickt, wo er zu seiner Überraschung auf Son Goku trifft – ein weiterer überlebender Saiyan! Dass dieser sich aber mit den Menschen angefreundet hat, anstatt sie durch seine Überlegenheit zu unterwerfen, ist Vegeta unbegreiflich und eines Saiyan seiner Meinung nach unwürdig.

Die beiden treten gegeneinander an. Vegeta bedroht dabei nicht nur Son Goku, sondern auch das Leben seiner Freunde. Nach einem langen Ringen erlebt Vegeta eine demütigende Niederlage. Er, der Prinz der Saiyan, dessen Aufgabe es war, als Stärkster seiner Art seinen gesamten Planeten anzuführen, wurde besiegt von einem verweichlichten Menschenfreund.

Vegeta stürzt in eine existenzielle Krise, er bleibt auf der Erde und trainiert unermüdlich, um seinen Rivalen Son Goku zu übertreffen. Mit der Zeit wird er jedoch widerwillig zu einem Verbündeten sowohl von Son Goku als auch von den Menschen auf der Erde. Gemeinsam bekämpfen sie den Kriegsherren, der den Heimatplaneten der Saiyan zerstört und damit Vegetas Leben ursprünglich aus den Fugen gehoben hatte.

Eine Biografie im Zeitraffer

Die Jahre vergehen. Vegeta erwacht eines Tages in einem Leben, dass er nicht mehr als das seine erkennt. Er hat mittlerweile eine menschliche Ehefrau und mit ihr ein gemeinsames Kind, für das er tatsächlich langsam Gefühle entwickelt. Es ist ein Leben, das nicht weiter weg sein könnte von dem, was er sich in seiner Kindheit und Jugend vorgestellt hat. Als er, im Regen stehend und in den Nachthimmel blickend, vor seinem inneren Auge diese Realität begreift, entsteht in ihm eine gewaltige Wut – wie konnte der Prinz aller Saiyan zu einem gewöhnlichen Familienvater werden, der Cargoshorts und rosa Hemden trägt? Der Freunde hat und sogar so etwas wie Zuneigung zu seinem Kind spürt? Der es nie geschafft hat, Son Goku zu besiegen und vielleicht sogar langsam den einst seine Identität definierenden Antrieb verliert, dies noch zu tun?

In seinem Zorn geht Vegeta einen furchtbaren Handel ein. Er tauscht seine Seele bei einem bösartigen Zauberer gegen mehr Stärke ein. Mit dieser neuen Macht wendet er sich gegen seine langjährigen Verbündeten, die es kaum glauben können.

Aber Son Goku weigert sich gegen Vegeta, den er mittlerweile als Freund sieht, ernsthaft zu kämpfen. Das facht Vegetas Wut nur noch mehr an. Als der Prinz der Saiyan eine unschuldige Menschenmenge angreift, begreift Son Goku den Ernst der Lage. Er stellt sich der Herausforderung und begibt sich in ein letztes Duell mit dem zu neuer Stärke gekommenen Vegeta.

Finale

Zeitgleich, und teilweise auch aufgrund von Vegetas Handlungen, entfesselt der bösartige Zauberer, der auch Vegeta stärker gemacht hat, ein neues Monster, welches sofort mit Zerstörung und Totschlag beginnt. Goku und Vegeta spüren die unermessliche Energie des Monsters und Goku fleht Vegeta an, ihren Kampf zu verschieben, um die Erde zu retten. Vegeta antwortet, dass ihm die Erde egal sei und dass er sich nicht die Gelegenheit nehmen lasse, Son Goku endlich zu besiegen. Aber als dieser ihn an seine Familie erinnert, an seine Frau und seinen Sohn, die auch ihr Leben verlieren, wenn das Monster nicht aufgehalten wird, passiert etwas in Vegeta. Er lässt sich darauf ein, den Kampf zu vertagen – aber nur unter der Bedingung, dass Son Goku diese Runde formell aufgibt. Dieser stimmt ohne zu zögern erleichtert zu und dreht sich um, um sich auf den Weg zum Monster zu machen. Vegeta nutzt diesen Moment der Unaufmerksamkeit, greift Son Goku von hinten an und schlägt ihn ohnmächtig. Wenn jemand dieses Monster besiegt, dann Vegeta. Und zwar allein.

Als Vegeta auf das Monster trifft, findet er dort auch seinen Sohn. Dieser ist mittlerweile ebenfalls ein ansehnlicher Kämpfer und eng befreundet mit Son Gokus Sohn, die beiden sind untrennbar – ein Umstand, der Vegeta nie gefallen hat. Vegetas Sohn ist vom Kampf mit dem Monster schwer gezeichnet, er hatte keine Chance. Aber Son Gokus Sohn ist nirgends zu sehen. Das Monster scheint ihn bereits getötet zu haben. Das erste Mal überhaupt scheint Vegeta Reue zu empfinden.

Er bekämpft das Monster nun mit all seiner Kraft, aber es ist nicht genug, es kommt immer wieder zurück. Vegetas Sohn hat sich in der Zeit langsam wieder erholt, er will seinem Vater zur Hilfe kommen und mit ihm gemeinsam die Erde retten. Angesichts der Zerstörung, die er verursacht hat, nimmt sich Vegeta einen Moment, um seinem Sohn direkt in die Augen zu sehen. Er sagt ihm, zum ersten Mal, dass er stolz auf ihn ist. Dann – wiederum zum ersten Mal überhaupt – nimmt er ihn in den Arm. Sein Sohn weiß nicht, wie ihm geschieht. Alle Anspannung löst sich von ihm, Tränen laufen über sein Gesicht. In diesem Moment schlägt Vegeta seinem Sohn, noch in der Umarmung, in den Nacken. Dieser fällt bewusstlos in sich zusammen. Vegeta lässt ihn zurück, verabschiedet sich von ihm und stellt sich noch einmal dem Monster. In einer finalen, verzweifelten Attacke bündelt er all seine Energie und gibt in einem letzten Angriff sein eigenes Leben, um das Monster zu besiegen. Sein letzter Akt ist seine erste selbstlose Tat.

Sympathy for the Devil

Vegetas Geschichte hat einen bleibenden Eindruck bei den Fans der Serie hinterlassen. Er ist ein Charakter, der trotz überwältigender Kämpfe und dem explosiven Spektakel der Welt von *Dragon Ball Z*, auf eine sehr menschliche Art fehlerhaft ist. Jemand, der eine immense Menge Stolz und Selbsthass in sich trägt, sich mit anderen vergleicht und katastrophale, selbstzerstörerische Entscheidungen trifft. Er erleidet immer wieder schwere Niederlagen. Er wacht eines Tages auf und kämpft mit der Einsicht, dass seine Träume niemals wahr werden.

Wie er mit seiner ständigen Wut auf sich selbst und alle anderen umgeht, wird sein Leben definieren. Immer wieder überträgt er seinen Hass auf andere und macht sie für sein Unglück verantwortlich. Aus diesem Hass wiederum zieht er aber auch einen unfassbaren Antrieb. Er ist kein eindimensionaler Charakter, sondern eine vielschichtige Sammlung von Komplexen, Sehnsüchten, Erwartungen und inneren Konflikten. Am Ende findet er seine Erlösung darin, andere zu beschützen. Für eine vermeintlich an Kinder gerichtete Cartoon-Serie, die nachmittags auf RTL II lief, sind das sehr tiefgreifende Themen.

Spezifisch in Bezug auf Vegeta, haben viele Fans eine ähnliche Entwicklung in ihrer Beziehung zu ihm gemacht. Als Kinder waren sie natürlich auf Son Gokus Seite, Vegeta ist der grimmige Bösewicht. Auf dem Spielplatz wollte jeder Son Goku sein. Aber als Teenager und junger Erwachsener kamen plötzlich Situationen, in denen man sich mehr und mehr mit anderen Vergleichen musste. In denen man anderen also zwangsläufig auch unterlegen war. Immer mal wieder gab es jemanden anders, der besser im Sport oder in Mathe war, jemand, der humorvoller, attraktiver oder erfolgreicher war, als man selbst. Ein Son Goku. Und plötzlich kamen diese neuen, sozial komplexeren Gefühle als in der Kindheit auf. Eifersucht. Tief sitzender Neid, nicht auf ein Spielzeug, sondern auf existenziell wichtige Dinge wie Ansehen, Beziehungen oder Persönlichkeit. Jähzorn. Der verlockende Ruf von Rache. Auf einmal konnte man Vegeta besser verstehen und entwickelte Sympathien für ihn. Und hatte er nicht letzten Endes doch das Richtige getan? War nicht Vegeta der eigentliche Held der Serie?

Son Gokus Superpower

Ich konnte die Sympathie für Vegeta immer nachvollziehen und teile sie sogar. Er ist einfach ein sehr interessanter Charakter. Vegeta kannte Schmerz, Selbstzweifel und Verlust. Die Frage, ob er seine inneren Dämonen bezwingen oder seinen großen Rivalen jemals überwinden kann, war immer spannender als die, ob Son Goku den nächsten Feind besiegt – denn die Antwort auf Letzteres war klar. Son Goku besiegte sie alle. Auch Vegetas letztes Opfer gegen das Monster ist übrigens tragischerweise vergebens gewesen, es hat seine Attacke überlebt. Son Goku besiegt es letztendlich, immerhin mit Vegetas Hilfe aus dem Jenseits. Mein jüngeres Ich war damals enttäuscht davon, dass Vegeta auch dieser Moment genommen wurde.

Wie viele andere Fans wendete ich mich damals von Son Goku ein wenig ab. Erst Jahre später wurde mir langsam klar, dass Vegeta für mich zwar der heimliche Hauptcharakter der Serie war, aber dass es wiederum Son Goku ist, ohne den Vegetas Entwicklung niemals möglich gewesen wäre. Ohne Son Goku wäre Vegeta ein hasserfüllter, arroganter, mordender Charakter geblieben. Es war Son Gokus Nachsicht, seine Bereitschaft, immer wieder an das Gute – selbst in Vegeta – zu glauben, die Vegeta zwar immer wieder an den Rand der Verzweiflung gebracht hat, ihm aber auch immer wieder die Gelegenheit bot, sich für die richtige Seite zu entscheiden. Son Goku, der ewig Stärkere der beiden, hat Vegeta vor und nach jedem Kampf die Hand gereicht. Und egal wie oft er versucht hat, sie auszuschlagen, letztendlich hat Vegeta sie angenommen und sich Son Goku angeschlossen.

Das ist Son Gokus stärkste Eigenschaft, die mir als Kind kaum bewusst gewesen ist. Im Laufe der Geschichte von *Dragon Ball* ist es nicht nur Vegeta, sondern es sind fast alle von Son Gokus ehemaligen Rivalen, die sich ihm und der Verteidigung der Erde letzten Endes anschließen. Sie alle hassen Son Goku an einem bestimmten Punkt, möchten ihn sogar vernichten, aber sie können nicht anders als ihn zu respektieren, wenn er sie zwar überwindet, aber nicht niedermacht. Und in vielen Fällen sind es gerade diejenigen, die er mit seiner zugewandten Haltung auf seine Seite gebracht hat, die ihm den entscheidenden Vorteil verschaffen. Son Gokus Superpower ist sein unzerstörbarer Glaube an das Gute in anderen. Er besiegt seine Feinde nicht einfach nur, er macht sie zu Freunden.

Von anderen lernen

Sich Vorbilder als Inspiration zu nehmen, ist eine jahrtausendealte Tradition, egal wohin man auf der Welt schaut. In früheren Zeiten haben die Menschen Schutzheilige, Propheten, mythische Figuren oder spirituelle Geister als Assoziationsflächen genutzt, um in sich selbst steckende Eigenschaften zu verstärken. Heute, in unserem modernen Leben, in dem viele von uns diese Krücken und Stützen zusammen mit der Religion hinter sich gelassen haben, fehlt uns das gelegentlich.

Es kann aber hilfreich sein, an Menschen, die wir persönlich kennen, berühmte Personen oder sogar fiktionale Charaktere zu denken, um die in uns selbst liegenden Eigenschaften zu stärken, die uns wichtig sind. Wenn wir mehr Gelassenheit brauchen, kann es uns helfen, an einen besonders entspannten Freund oder Balu den Bären zu denken und was sie uns sagen würden. Brauchen wir Mut, können wir uns Malala Yousafzai* oder Pippi Langstrumpf vor Augen führen. Und wenn wir nachsichtig sein möchten, obwohl es nicht leicht ist, können wir an Kathrin Switzer, Mark Aurel oder Son Goku denken.

Sich Vorbilder zu nehmen, ist aber nur eine von vielen Möglichkeiten, die eigene Fähigkeit zur Nachsicht zu stärken. Im nächsten Kapitel geht es darum, wie diese Fähigkeit wachsen kann.

---

* Malala Yousafzai ist eine pakistanische Bildungsaktivistin und Friedensnobelpreisträgerin, die sich bereits seit ihrem Kindesalter leidenschaftlich und unter Einsatz ihres eigenen Lebens für das Recht von Mädchen auf Bildung einsetzt.

Kapitel 9

How to Nachsicht

Nachsicht ist keine Eigenschaft, die man als Mensch nun einmal besitzt oder nicht. Genauso wie viele andere psychische Phänomene, wie Achtsamkeit und Disziplin, ist sie eine Fähigkeit, und als solche kann sie trainiert werden. Das Ziel ist dabei niemals, sie zum Automatismus zu machen. Nicht jede Situation und nicht jede Person verdient Nachsicht. Aber wie wir ausführlich festgestellt haben, wäre es für uns selbst in vielen Situationen von großem Vorteil, zur Nachsicht fähig zu sein. Wie stärken wir diese Fähigkeit nun? Durch Information und Übung.

Das muss auch gar nicht unbedingt anstrengend sein, sondern kann ganz nebenbei passieren. Zum Beispiel wenn wir lesen. Romane, Geschichten, Gedichte und Dramen unterhalten uns nicht nur, sie trainieren auch Bereiche in unserem Gehirn, die eine zentrale Rolle bei der Perspektivübernahme einnehmen.[1] Die Welt durch die Augen komplexer Charaktere zu sehen, ihre Motivationen und Überzeugungen zu verstehen und uns darin zu verlieren, hilft uns dabei, ganz grundsätzliche Basisbestandteile der Empathie zu stärken.

Die Forschung hat dies bereits ausführlich untersucht und dabei nicht nur die erwähnten Gehirnaktivitäten entdeckt, sondern auch wiederholte Hinweise darauf, dass das Lesen von Belletristik einen engen Zusammenhang mit sozialem Engagement, Wohlbefinden und sogar der Wahlbeteiligung haben kann.[2] Natürlich haben diese Zusammenhänge Grenzen. Selbstverständlich kann es auch Literatur geben, die in uns Sympathien für Misanthropen weckt und uns dadurch letztendlich zynischer zurücklässt. Aber im Großen und Ganzen befähigt sie uns dazu, andere Perspektiven einzunehmen. Und wenn wir das Verhalten anderer besser nachvollziehen und einordnen können, weil wir in der Lage sind, uns in ihre Rolle zu denken, fällt es uns sehr viel leichter, gelassen damit umzugehen.

Genau dazu befähigt uns auch die Psychologie selbst. Ihre Kernaufgabe ist es, das Denken, Erleben und Handeln von Menschen zu erklären. Wenn Psychologinnen und Psychotherapeuten auf viele Menschen einen besonders versöhnlichen Eindruck machen, dann liegt das unter anderem an ihrer Ausbildung. Psychologische Wissensvermittlung führt zwangsläufig zu mehr Nachsicht mit den Menschen. Die schlechte Nachricht: Das bedeutet auch, Abschied von einfachen, selbstwerterhaltenden Erklärungen zu nehmen.

Wie oft gaukeln wir uns vor, dass wir selbst moralisch richtig handeln und auf keinen Fall im Unrecht sind? Die Wahrheit ist, dass die Menschen in unserer Umgebung, unsere Nachbarn, Vertrauten und Verwandten, sich genauso bemüht haben und es bei ihnen – genauso wie bei uns – oft Gründe dafür gibt, wenn sie unsere Hoffnungen und Erwartungen enttäuschen. Es bedarf Erklärungen, die komplexer sind als »gut und böse«. Diese zu suchen, ist jedoch ein anstrengender Prozess, den unsere Psyche nicht gerne auf sich nimmt.

Attributionstheorie

Denken Sie an die letzte Situation zurück, in der Sie sich, zum Beispiel im Verkehr, nicht an die geltenden Regeln des Gesetzes oder des guten Anstands gehalten haben. Vielleicht sind Sie bei Rot über die Straße gegangen, während alle anderen stehen geblieben sind. Oder Sie haben sich, egal ob zu Fuß, auf dem Rad oder im Auto, etwas zu schnell an jemandem vorbeigedrängelt. Eventuell sind Sie dabei sogar laut geworden. Wenn ich Ihnen jetzt eine Videoaufnahme von diesem Moment zeigen würde, wie würden Sie Ihr Verhalten erklären?

Selbst wenn Ihnen keine Situation mehr einfällt oder Sie sich sogar noch nie daneben benommen haben, stellen Sie sich für einen Moment vor, es gäbe diese Aufnahme von Ihnen. Vielleicht nicht aus dem Verkehr, sondern als Sie mal unfair zu einer Verwandten oder unfreundlich zu einem Fremden im Supermarkt gewesen sind. Warum haben Sie so gehandelt? Was würden Sie selbst aus Ihrem eigenen Verhalten schließen? Wenn Sie ein Mensch sind – viele Grüße an die mitlesende Künstliche Intelligenz, sie ist nicht gemeint – werden Sie wahrscheinlich eine Begründung im Kontext suchen. Etwas wie:

- »Ich hatte schon seit Stunden nichts gegessen und war total unterzuckert, ich musste so schnell wie möglich nach Hause.«
- »Ich musste ganz dringend auf die Toilette.«
- »Ich musste meine Mutter zum Flughafen bringen und hatte es eilig, sonst hätte sie ihren Flug verpasst.«
- »Die Ampel steht an einer total unsinnigen Stelle, die braucht niemand.«
- »Ich hatte einfach einen sehr stressigen Tag und Ärger in der Arbeit, mein Kollege hat schon wieder extrem genervt.«

- »Es war so laut und voll dort, die Schlange an der Kasse war auch noch so lang, die Kinder haben schon den ganzen Tag nur Lärm gemacht und ich bin eigentlich auch schon seit einer Woche krank und habe trotzdem im Homeoffice gearbeitet, da ist mir einfach die Sicherung durchgebrannt.«

Umgangssprachlich könnte man das alles Ausreden nennen. Wenn ich das, nachdem Sie mir erklärt haben, was in Ihnen vorgeht, tun würde, wären Sie völlig zu Recht verärgert. Denn es wäre eine einfache, aber letztendlich unzureichende und extrem herablassende, abwertende Antwort. Und wenn sie uns selbst trifft, spüren wir, wie unfair sie ist. Also versuchen wir es mal besser. Komplexer.

In der Psychologie beschreibt man solche Erklärungen als *externe Attribution*. Attribution bedeutet so viel wie »Zuschreibung« und kann zum Beispiel meinen, dass wir einer Handlung eine Ursache zuweisen. Wenn wir etwas attribuieren, versuchen wir, Gründe oder Erklärungen für bestimmte Verhaltensweisen, Eigenschaften oder Ergebnisse zu finden. Die Attributionstheorie differenziert mehrere Kategorien. Eine Unterscheidung lautet extern (oder auch external) und intern (oder auch internal). Bei der internen Attribution wird das Verhalten oder das Ergebnis auf persönliche oder individuelle Merkmale oder Eigenschaften einer Person zurückgeführt, während es bei der externen Attribution auf externe, also situative Kontextfaktoren bezogen wird. Wenn eine Freundin ein gutes Ergebnis bei einer Prüfung erzielt, wäre die interne Attribution, dass sie besonders begabt, intelligent oder fleißig ist. Wenn wir stattdessen eine externe Attribution wählen, würden wir uns denken, dass die Prüfung dieses Mal besonders leicht gewesen ist, die Dozentin immer großzügig bewertet oder dass ihre Ausbildung generell eine besonders einfache ist.

Eine Frage der Perspektive

Wenn wir unsere eigenen Erfolge und Misserfolge bewerten, hat es verschiedene Vor- und Nachteile, intern oder extern zu attribuieren. Gelingt uns etwas gut, kann es unserem Selbstbewusstsein helfen, wenn wir intern attribuieren. Wird zum Beispiel unser Entwurf unter einer Gruppe von Einsendungen ausgewählt und besonders honoriert, können wir intern attribuieren, indem wir das darauf beziehen, dass wir gute Arbeit geleistet haben. Eine externe Attribution würde bedeuten, dass vielleicht alle anderen Einsendungen sehr schlecht waren oder die Jury sowieso auf unserer Seite gewesen ist. Übertreiben wir es mit der internen Attribution und sehen nie, dass uns auch externe Faktoren auf dem Weg zum Erfolg geholfen haben, droht uns Überheblichkeit anderen gegenüber und Selbstüberschätzung, die wiederum zu einem ganz eigenen Problem werden kann. Es kann dann zum Beispiel passieren, dass wir aus einer Laune heraus Twitter kaufen, es in X umbenennen und dabei zwanzig Milliarden Dollar verbrennen.[3]
Machen wir einen Fehler, kann es wiederum unseren Selbstwert schützen, wenn wir extern attribuieren. Wir verlieren im Tennis? Der Platz ist schlecht, der letzte Ball war klar im Aus und wir hatten die falschen Socken an. Ich übertreibe hier offensichtlich, aber auch in realistischeren und wichtigeren Fällen kann es hilfreich sein zu sehen, warum nicht alles nur unsere Schuld ist. Auf der anderen Seite droht auch hier ein Problem, wenn wir unsere Misserfolge immer nur extern attribuieren, um unseren Selbstwert zu schützen – wir lernen nicht aus Fehlern.
Es gibt also bei eigenem Erfolg oder Misserfolg kein richtiges, goldenes Maß an interner und externer Attribution. Aber wenn ich das Konzept mit Patienten bespreche, haben sie meistens ein gutes Gefühl dafür, ob sie sich vielleicht ein wenig in die eine oder an-

dere Richtung bewegen möchten. Menschen, die besonders streng zu sich sind, üben dann bei Erfolg den eigenen Anteil zumindest innerlich etwas öfter und expliziter zu benennen und bei Misserfolg auch die äußeren Faktoren angemessen zu sehen.

Es gibt aber noch ein paar weitere Kategorien der Attribution, die ich nur kurz erwähnen möchte, da es dort tatsächlich klare Empfehlungen gibt. Martin Seligman, bekannt als Begründer der *Positiven Psychologie*, unterscheidet die Attribution zusätzlich in »stabil versus variabel« und »generell versus spezifisch«.

Stabile Attribution bedeutet dabei, dass wir unsere Stärke oder Unfähigkeit als unveränderlich wahrnehmen. Wir können etwas einfach nicht, wir sind nicht begabt darin, es ist nicht unseres und daran wird sich nie etwas ändern. Variabel bedeutet, die Dinge als vorübergehend und durchaus veränderbar, trainierbar zu verstehen. »Ich bin künstlerisch einfach nicht begabt« wäre eine stabile Attribution. Eine variable Attribution könnte sein: »Ich habe in der Grundschule doofe Erfahrungen beim Malen gemacht, habe früh schlechte Noten bekommen und das hat mir ein schlechtes Gefühl gegeben. Darum habe ich leider das Interesse an Kunst verloren, ich hatte das Fach für mich abgeschrieben. Also habe ich einfach nie mehr geübt, zu zeichnen, zu basteln oder sonst irgendwie kreativ zu arbeiten. Es ist schade, dass es so gelaufen ist, aber jetzt wo ich merke, dass es mir fehlt, kann ich ja trotzdem anfangen mich auszuprobieren. Und mit der Zeit werde ich mich natürlich leichter damit tun, ist doch klar. Man kann alles trainieren.«

Generelle Attribution bedeutet, dass etwas allgegenwärtig und nicht auf bestimmte Situationen begrenzt ist. Wenn wir also zum Beispiel eine Prüfung nicht bestehen und danach denken, wir sind einfach insgesamt inkompetent, wäre das eine generelle Attribution. Eine spezifische Attribution wäre dagegen zu sagen, dass uns dieses Fach oder das spezifische Thema dieser Prüfung nicht gelegen hat, wir aber durchaus unsere Stärken besitzen und auch schon andere Prüfungen erfolgreich bestanden haben.

Seligman sagt, dass es die Entstehung von Depression fördert, negative Erlebnisse als *intern*, *stabil* und *generell* zu attribuieren. Es fördere hingegen die Resilienz und sei klar zu empfehlen, dass wir uns bemühen, bei Misserfolgen zumindest danach zu suchen, was *extern* anstatt intern, *variabel* anstatt stabil und *spezifisch* anstatt generell zu attribuieren ist. Und genau das bedeutet also, eine nachsichtige Haltung uns selbst gegenüber zu trainieren. Das Externe, Variable und Spezifische zu suchen. Erst wenn wir uns bewusst darum bemühen, sehen wir es immer klarer und automatischer.

Vom Tellerwäscher zum Millionär

Ich kann mir Ihren Einwand zum vorherigen Absatz gut vorstellen: »Wenn ich alle Erfolge immer auf mich beziehe und alle Misserfolge nur auf die Umstände, das ist doch arrogant? Das ist doch überheblich und falsch?« Sie haben recht. Natürlich geht es immer um das richtige Maß. Seligman hat sich mit seiner Empfehlung explizit an diejenigen gewendet, die dazu neigen, ihren eigenen Selbstwert durch zu große Strenge sich selbst gegenüber zunichte zu machen. In diesen Fällen teile ich seine Empfehlung mit voller Überzeugung, deswegen arbeite ich in der Psychotherapie auch oft mit der Attributionstheorie. Aber natürlich kann das zu weit gehen. Erfolg und Misserfolg nur als etwas Persönliches zu sehen, hat auch einen größeren, gesellschaftlichen Effekt. Und der zeigte sich, wie so vieles, in den USA schon sehr viel früher und stärker als hier.

Der amerikanische Traum, vom Tellerwäscher zum Millionär zu werden, war in der westlichen Welt die dominierende gesellschaftliche Erzählung des zwanzigsten Jahrhunderts. Im einundzwanzigsten Jahrhundert wird die Geschichte einerseits als Märchen enttarnt, auf der anderen Seite wird sie jedoch auf noch höhere Ebenen geführt. Mit dem richtigen *Mindset* muss man nicht mal mehr Teller waschen und schafft es gleich zum Milliardär, heißt es heute. Das Gerede vom Mindset klingt vielleicht neu, aber im Wesentlichen verbirgt sich dahinter das alte Versprechen, dass jeder und jede von uns an die Spitze der Gesellschaft gelangen kann, wenn wir nur bereit sind, genug Energie, Disziplin, Willen und Leistung aufzubringen. Nichts kann uns aufhalten. Das ist eine schöne Idee, die einigen auch tatsächlich weiterhilft. Menschen raffen sich auf, werden aktiv, gründen, starten, investieren, restrukturieren und verändern Dinge zum Positiven. Diejenigen, denen das alles gelingt, kommen selbstverständlich zur Überzeugung, dass das System funktioniert und das Beste aus jedem herausholt.

Das Problem ist: Wenn jemand wirklich an eine Gesellschaft glaubt, in der diejenigen, die es verdienen, an die Spitze gelangen, da es allein in ihrer eigenen Hand liegt – dann wird diese Person auch irgendwann zu der Überzeugung kommen, dass umgekehrt diejenigen, die am Boden bleiben, das ebenso verdienen. Eine sehr unnachgiebige Art, auf Mitmenschen herabzublicken.

Es gibt in der Ethnologie und der interkulturellen Sozialpsychologie das Konzept von individualistischen und kollektivistischen Kulturen. Individualistische Kulturen legen Wert auf persönliche Freiheit und Selbstverwirklichung, während kollektivistische Kulturen Gruppeninteressen über das Wohl von Einzelnen stellen. Es ist ein sehr umfassendes und komplexes Konzept, in dem nicht einfach eine Seite besser ist als die andere. Beides hat seine Vor-

und Nachteile. Während viele asiatische Länder kollektivistisch geprägt sind, gehören die USA und wir in Westeuropa zu den individualistischen Kulturen, was in Bezug auf unsere Einstellung zum Erfolg von Einzelnen sehr deutlich wird.

Das ist aber nicht immer so gewesen. Noch bis Mitte des neunzehnten Jahrhunderts wurden besonders arme, obdachlose Menschen im Englischen als »Unfortunates« bezeichnet, als »Unglückliche«, die ein schweres Schicksal erlitten hatten. Das veränderte sich mit der Industrialisierung. Sobald sich anekdotische Geschichten vom fabelhaften Aufstieg einzelner Personen verbreiteten, kippte unsere Perspektive. Das lässt sich auch in der Sprache ablesen, im zwanzigsten Jahrhundert verschwindet die nachsichtige Bezeichnung der »Unfortunates« aus der englischen Sprache und weicht abfälligeren Begriffen wie »Hobo« und »Bum«.[4]

Das hat nicht nur negative Folgen für das Miteinander, es übt auch einen gewaltigen Druck auf uns selbst aus. Wenn wir der individualistischen Erklärung für Erfolg und Misserfolg zu sehr glauben, ist jeder drohende Misserfolg nicht nur ein Problem an sich, sondern eine Katastrophe, weil er gleichzeitig eine Schande bedeutet. Man stelle sich vor, zu einem Klassentreffen eingeladen zu werden, nachdem man gerade gekündigt worden und arbeitslos ist. Wie leicht würde es Ihnen fallen, hinzugehen? In einer unnachgiebigen, individualistischen Kultur natürlich überhaupt nicht leicht. Denn Sie wissen, dass der Rückschlag Ihnen persönlich angerechnet werden könnte.

Diesen Druck tragen wir ständig mit uns herum, wenn wir uns dem turbo-individualistischen Menschenbild anschließen. Erfolg wird zu einer Daseinsberechtigung oder Rechtfertigung auf die allseits gefürchtete und Lampenfieber auslösende Frage »Und, was machst du so?«. Es bedeutet eine große Erleichterung für alle, Erfolg und Misserfolg etwas weniger persönlich, also weniger intern, zu attribuieren. Wenn wir Menschen auf Podeste erheben oder an den Pranger stellen, machen wir uns langfristig selbst kleiner.

Wir attribuieren aber noch bei ganz anderen Themen als Erfolg und Misserfolg. Wir tun dies auch in moralischen Fragen. Es geht dann um richtig und falsch. Anhand unserer Attribution entscheiden wir, ob jemand schuldig oder gar böse ist.

Der fundamentale Attributionsfehler

Kommen wir noch einmal zurück zu unserem eigenen Fehlverhalten, mit dem wir das Kapitel begonnen haben. Sie erinnern sich, die Situation, in der wir uns im Verkehr oder sonstigem Kontakt mit anderen nicht ganz korrekt verhalten haben. Wir wissen jetzt, mit den psychologischen Fachbegriffen gerüstet, dass unsere Erklärungen dafür sehr wahrscheinlich external sind. Wir begründen unser eigenes Fehlverhalten – zu Recht – normalerweise mit der externen Situation. Wir sind keine schlechten Menschen, wir hatten einfach einen schlechten Tag.

Bei anderen, vor allem fremden Personen, sind wir weniger gütig. Natürlich nicht ausnahmslos, vielleicht sind Sie ja bereits besonders nachsichtig. Aber im Durchschnitt und vor allem ganz unbeabsichtigt, weil automatisch, wählen wir eine einfachere Erklärung. Böse ist, wer Böses tut. Die Psychologie nennt das den *fundamentalen Attributionsfehler*. Der Psychologe Lee David Ross hat den Begriff geprägt, später wurde er noch ergänzt, beziehungsweise erweitert durch die *Korrespondenzverzerrung* (englisch: *correspondence bias*).[5] Fundamental ist der Fehler, weil er weitreichende persönliche und gesellschaftliche Auswirkungen hat.

Wenn wir auf dem Weg zur Arbeit plötzlich von jemandem auf der Straße zu schnell überholt und dabei geschnitten werden, ist die nachvollziehbare und wahrscheinlichste Reaktion, dass wir uns darüber aufregen, wie unsozial und egoistisch die andere Person ist. Vielleicht stimmt das auch. Aber die Möglichkeit, dass jemand möglicherweise sonst sehr rücksichtsvoll ist, sich aber jetzt aufgrund eines familiären Notfalls anders verhält, fällt uns meist nicht ein. »Unwahrscheinlich!«, könnte man einwenden. Mag sein. Aber wie hoch ist die Zahl an Menschen, die uns, wenn auch nur sehr kurz, auf unseren täglichen Wegen begegnen? Es kann gut sein, dass es eine dreistellige Zahl ist. Wie unwahrscheinlich ist es wirklich, dass manchmal, vielleicht einmal in der Woche, auch jemand dabei ist, der einen echten Notfall erlebt?

Unabhängig davon, was tatsächlich bei der anderen Person passiert, weiß die Psychologie sehr genau, was bei uns vorgeht. Der fundamentale Attributionsfehler führt dazu, dass wir schnelle Annahmen über die Persönlichkeit anderer Menschen treffen, sie also moralisch als ganze Personen beurteilen, ohne in Betracht zu ziehen, dass es möglicherweise auch einen komplexeren Grund für ihr Verhalten gibt. Eine Erklärung dafür ist, dass uns das besonders dann passiert, wenn wir nur wenig Informationen über die Situation anderer Leute haben. In unserem eigenen Leben haben wir alle Informationen, die uns betreffen. Wenn wir dünnhäutig reagieren, wissen wir, dass wir hungrig sind, Probleme in der Familie und Stress am Arbeitsplatz haben. Wenn die Sprechstundenhilfe schnippisch reagiert, haben wir diese Informationen aus ihrer Welt nicht. Wir folgern, dass sie eine unausstehliche Person ist, die sich mal lieber zusammenreißen und ihre Arbeit richtig machen sollte.

Das hat weitreichende gesellschaftliche Folgen. Wenn wir aus unserer Sicht moralisch verwerfliches Verhalten bei anderen Menschen als Hinweis für ihren schlechten Charakter sehen, ohne die

Kontextfaktoren richtig zu verstehen, bestätigen und füttern wir dadurch unsere Vorurteile. Bei Themen wie Diebstahl, Drogenkonsum und sonstiger Kriminalität suchen und finden wir die Schuld – wenn es um andere und nicht um uns selber geht – nur noch in der Person selbst und ignorieren systemische Faktoren. Durch den fundamentalen Attributionsfehler, durch die Fixierung auf die persönliche Schuld ohne jeden Einbezug der Kontextfaktoren, verfestigen sich die systemischen Faktoren, da sie nicht angemessen mitgedacht werden. Diskriminierung, soziale Ungleichheit, kulturelle Prägungen, Zugang zu gesellschaftlichen Ressourcen wie Gesundheitsversorgung, Kultur, Bildung und Sicherheit haben auf unser aller Verhalten gewaltige Auswirkungen. Durch den fundamentalen Attributionsfehler unterschätzen wir diese Effekte bei anderen, wenn sie sich nicht so verhalten, wie wir es gutheißen.

Reicht es denn, wenn wir aufgeklärter sind? Wenn wir sowohl den Kontext als auch den fundamentalen Attributionsfehler selbst kennen? Leider nein. In einer Studie wurden den Teilnehmenden politische Essays vorgelegt.[6] Einer Gruppe wurde gesagt, dass die Autoren ihr Thema selbst gewählt hatten, die andere Gruppe dachte, dass die Autoren die spezifische Anweisung hatten, in ihrem Text eine bestimmte politische Ausrichtung zu vertreten. Die Forscher waren vom Ergebnis selbst überrascht. Sogar, wenn den Teilnehmenden gesagt wurde, dass die Autoren sich weder ihr Thema noch die Einstellung, die sie vertreten sollten ausgesucht hatten, glaubten sie, dass die Autoren tatsächlich persönlich die beschriebene Haltung hatten. Dieser Effekt zeigte sich auch in weiteren Studien immer wieder, selbst wenn die Studienteilnehmer weitere Informationen zu den Autorinnen bekamen und explizit dazu aufgefordert wurden, vorschnelle Urteile zu vermeiden.[7]

Wenn Aufklärung und gute Vorsätze also nicht reichen, um den fundamentalen Attributionsfehler zu vermeiden, was braucht es noch? Woran scheitern wir, wenn wir fair über andere urteilen möchten? Es scheint, als ob die entscheidende Zutat mentale Kapazität ist. Es ist sehr anstrengend, einfache Urteile zu vermeiden. Unsere Psyche neigt dazu, den einfachsten Weg zu wählen um Entscheidungen zu treffen, vor allem, wenn sie schon stark beansprucht ist und die Entscheidung uns selbst nicht direkt spürbar betrifft. Um das Verhalten anderer zu bewerten, durchläuft unsere Verarbeitung drei Schritte.

1. Wir kategorisieren das Verhalten. Was macht die Person?
2. Wir treffen eine charakterliche Bewertung. Was bedeutet dieses Verhalten für die Persönlichkeit der Person?
3. Wir erwägen eine situative Korrektur, also Möglichkeiten für eine externale Attribution. Welche Aspekte der Situation können zu dem Verhalten beigetragen haben?

Die ersten beiden Schritte scheinen automatisch abzulaufen. Wir entscheiden uns nicht absichtlich für die charakterliche Bewertung und sie scheint uns keine Energie zu kosten. Aber der dritte Schritt bedeutet eine bewusste Anstrengung. Und die Forschung deutet darauf hin, dass dieser entscheidende dritte Schritt deswegen oft übergangen wird.

In einer raffinierten Studie sahen Teilnehmerinnen die Videoaufzeichnung eines Interviews, bei der eine befragte Person zu sehen war, die sich auffällig nervös verhielt.[8] Sie schien sich unwohl zu fühlen und machte einen unsicheren Eindruck. Das Video hatte keinen Ton, aber dafür Untertitel. Einer Gruppe wurden Untertitel gezeigt, aus denen zu lesen war, dass die Frau zu

Themen befragt wurde, die den meisten Menschen in einer unvorbereiteten und auf Kamera aufgezeichneten Interviewsituation unangenehm wären, wie zum Beispiel sexuelle Fantasien. Der anderen Gruppe wurden aber Untertitel eingespielt, in denen die Interviewfragen völlig harmlos oder sogar langweilig wirkten. Dabei ging es zum Beispiel darum, wo man gerne Urlaub machen würde. In einem Fall gab es also eine externe Erklärung – die unangenehmen Fragen – für das unruhige Verhalten der Frau, im anderen nicht.

Nun gab es noch einen weiteren Aspekt, den die Forscher in das Experiment einbauten. Sie manipulierten die kognitive Kapazität der Teilnehmerinnen. Einigen von ihnen wurde gesagt, dass es im Anschluss an das Video noch einen Gedächtnistest gäbe, bei dem sie zu den Inhalten des Interviews befragt würden. Diese Teilnehmerinnen waren also vom Geschehen im Bild abgelenkt, konzentrierten sich auf die Untertitel und versuchten, sich die Inhalte einzuprägen.

Die Ergebnisse bestätigten die Theorie der Forscher. Alle Teilnehmerinnen wurden im Anschluss zu ihrer Meinung und Einschätzung der Persönlichkeit der interviewten Frau befragt. Den abgelenkten Teilnehmerinnen passierte am häufigsten der fundamentale Attributionsfehler. Sie hatten die externe Erklärung für das angespannte Verhalten der interviewten Frau in den Untertiteln vor sich, ihr wurden sehr unangenehme Fragen gestellt. Die Teilnehmerinnen hatten sich sogar explizit darauf fokussiert, um es sich zu merken. Aber da ihre mentale Kapazität bereits mit der Konzentration besetzt war, hat sie nicht mehr für den dritten Schritt bei der Verarbeitung des Verhaltens gereicht. Diese Teilnehmerinnen meinten, dass die interviewte Frau einfach im Allgemeinen eine ängstliche Person sei. Wäre es ein Video von ihnen selbst gewesen, hätten sie sich natürlich darauf berufen, dass es ganz normal ist, in so einer Situation aufgeregt und unruhig zu sein. Aber nun ignorierten sie den Kontext. Nicht mit Absicht, nicht bewusst – sondern weil es weniger anstrengend ist und die Psyche diesen Weg automatisch wählt, wenn sie beschäftigt ist.

Im Zweifel für den Zweifel

Im Alltag bereiten wir uns zwar nicht auf Gedächtnisaufgaben vor, aber unsere mentale Kapazität steht täglich vor diversen Herausforderungen. Das ganz normale Leben hält so viele Entscheidungen, Überraschungen, Verluste und Erledigungen für uns bereit, dass es sehr nachvollziehbar ist, wenn einem der fundamentale Attributionsfehler passiert. Es ist menschlich. Und vor allem, wenn es uns selbst nicht gut geht, wenn unsere mentale Belastung also gerade besonders hoch ist, tendieren wir umso mehr dazu. Das ist keiner einzelnen Person vorzuwerfen.

Aber auf gesellschaftlicher Ebene hat der fundamentale Attributionsfehler schädliche Konsequenzen. Unser Denken wird voreingenommen. Wir unterschätzen systemische Probleme und es kann uns passieren, dass wir durch das Verurteilen einzelner Personen unsere eigenen Vorurteile ungerechtfertigt bestätigt sehen. Die zusätzliche mentale Mühe, die es kostet, das Verhalten anderer Menschen komplex zu beurteilen und zu versuchen, ihren Kontext zu verstehen, macht sich jedoch bezahlt: Sie macht uns zu weniger befangenen Personen. Studien zeigen sehr deutliche Hinweise, dass Menschen, die weniger anfällig für den fundamentalen Attributionsfehler sind, auch weniger zu Rassismus tendieren.[9] Diese Personen sind motivierter, menschliches Verhalten umfassend zu verstehen, bevorzugen komplexe Antworten gegenüber einfachen und haben ein stärkeres Bewusstsein für die Macht des

Kontextes auf unser Verhalten. Nachsicht zu zeigen, ist ein bewusster, ein anstrengender Akt. Aber einer, der sich für uns selbst und andere sehr lohnt. Und die Voraussetzungen dafür sind am besten, wenn wir uns gleichzeitig – soweit eben möglich – auch gut um uns selbst kümmern, damit wir überhaupt die notwendigen mentalen Ressourcen dafür haben.

Nachsicht zu trainieren bedeutet, Empathie und emotionale Intelligenz auszubilden. Also eigene und fremde Gefühle zu erkennen oder zu regulieren, sich in andere hineinzuversetzen und den Standpunkt des Gegenübers tatsächlich zu verstehen. Egal ob es Verwandte, Freundinnen, Kolleginnen oder (Achtung, Endboss!) Politiker sind, es gibt überall Gelegenheiten, diese Fähigkeiten zu trainieren. Wir müssen jemand anderem nicht zustimmen, um zu verstehen, warum die andere Person so handelt oder denkt wie sie es tut. Wenn wir der Versuchung der einfachen Erklärung (»Idiot, Egoist, xxx-ist«) widerstehen und uns tatsächlich bemühen, uns eine differenzierte, sinnvolle Argumentation aus der Sicht unseres Gegenübers zu überlegen, können wir trotzdem bei unserer eigenen Haltung bleiben, aber gleichzeitig unsere mentale Komplexität stärken. Im Zweifel lernen wir selbst aus der vielschichtigen Erklärung mehr, als aus der einfachen Verurteilung. Diese verständnisvolle Haltung kann auf erheblichen Widerstand stoßen, da sich in einem Konflikt die polarisierten Extreme beider Seiten die einfachsten Erklärungen wünschen. Darum ist Nachsicht oft nicht nur ein bewusster und anstrengender, sondern auch ein besonders mutiger Akt.

You can't always get what you want – but you can try

Bei aller Nachsicht für die Verfehlungen anderer – was ist, wenn wir etwas von ihnen wollen? Wenn unsere und ihre Interessen sich widersprechen? Ich habe behauptet, dass Nachsicht uns auch hier weiterhelfen kann. Dafür greifen wir noch einmal den Kiesler-Kreis auf und sehen uns an, wie wir ihn dazu nutzen können, unseren eigenen Willen durchzusetzen.

Noch mal kurz zur Erinnerung, die Idee beim Kiesler-Kreis ist, dass wir mit unserem eigenen Verhalten die Reaktion unseres Gegenübers beeinflussen können. Das heißt nicht, dass wir die passende Antwort garantiert bekommen, aber dass wir die Chance dafür erhöhen.

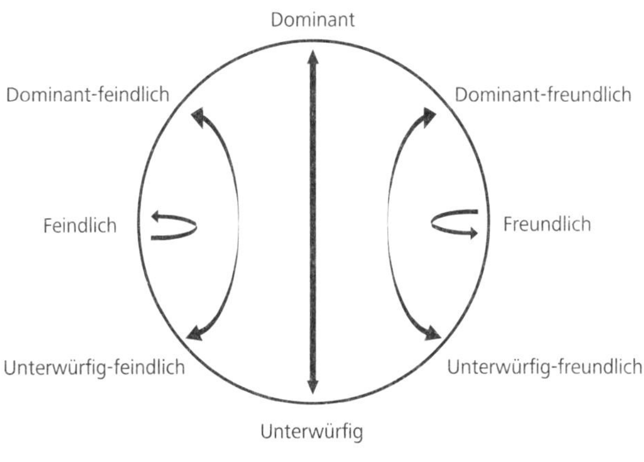

Bei einer chronischen Depression kann es passieren, dass wir in ein feindseliges Kommunikationsmuster verfallen und dadurch auch weniger positive Erfahrungen mit anderen Menschen machen. Aber wenn wir bei guter Gesundheit sind und mentale Kapazitäten frei haben, können wir den Kiesler-Kreis dazu nutzen, bessere Erfahrungen zu machen. Und das gilt eben nicht nur für akut oder ehemals chronisch Depressive, sondern umso mehr für alle von uns. Denn wenn ein Werkzeug aus der Psychotherapie selbst in den schwierigsten Umständen funktioniert, dann sind die Voraussetzungen sehr gut, dass wir auch im Alltag davon profitieren können. Sehen wir uns an einem konkreten Fallbeispiel eines ehemaligen Patienten an, wie der Kiesler-Kreis helfen kann.

Der Patient berichtete mir von einem Mitarbeitergespräch, bei dem seine Chefin mal wieder seinen Urlaubsantrag abgelehnt hatte, da zu derselben Zeit auch andere Mitarbeiter Urlaub machen wollten und irgendwer vor Ort bleiben musste. Das passiere ihm immer wieder, er habe auch letzten Sommer schon seine Pläne anpassen müssen, erklärte er mir. Er hätte sich damals und auch dieses Mal wieder nicht dagegen wehren können. Die Frage, warum er das nicht konnte, hat viele komplexe Antworten, die während der Einzeltherapie eine große Rolle spielten. Wir hatten das in der Vergangenheit schon besprochen, aber in dieser Sitzung sollte es darum gehen, was er konkret tun konnte, um sein Bedürfnis besser durchzusetzen.

Ich bat den Patienten – dem ich den Kiesler-Kreis bereits vorher erklärt hatte – das Mitarbeitergespräch genau zu beschreiben. Dann übernahm ich die Rolle seiner Chefin und wir stellten die Situation im Rollenspiel nach. Verkürzt dargestellt verlief die Unterhaltung ungefähr wie folgt:

»Ich würde gerne Ende August zwei Wochen Urlaub nehmen, ist das ok?«
»Sie wissen doch, dass wir im August sowieso immer sehr dünn besetzt sind und Ihre Kollegen haben da auch schon Urlaub an-

gemeldet. Leider brauchen wir Sie da einfach Herr X. Ich muss mich auf Sie verlassen können und bin ihnen auch dankbar, dass Sie die Abteilung so tatkräftig unterstützen.«

»In Ordnung …«

Anschließend bat ich ihn, seine eigene Kommunikation im Kiesler-Kreis zu bestimmen. Wie ist er aufgetreten? Seinem eigenen Empfinden nach war er unterwürfig-freundlich. Meine Einschätzung deckte sich mit seiner. Nun bat ich ihn, meine Reaktion als sein Rollenspiel-Chef im Kiesler-Kreis zu bestimmen. Auch hier waren wir uns einig, ich sei dominant-freundlich gewesen. Siehe da, es entsprach exakt der Vorhersage im Kiesler-Kreis.

Nun kam die wichtige Frage: Was ist sein Ziel bei dieser Interaktion?

Der Patient nannte zwei Dinge. Er wollte seinen Urlaub bekommen, also sein Bedürfnis durchsetzen. Das würde er schneller erreichen, wenn er dominant aufträte. Aber er wollte auch die Beziehung zur Vorgesetzten nicht schädigen, das wäre für seine Zukunft im Unternehmen nachteilig. Er wollte dementsprechend auch kooperativ sein, also freundlich auftreten. Als wir das benannt hatten, konnten wir uns mit dem Kiesler-Kreis eine Strategie überlegen: Er würde insgesamt eine dominant-freundliche Kommunikation brauchen, um damit, im besten Fall, bei seiner Chefin eine unterwürfig-freundliche Reaktion zu provozieren. Idealerweise sollte die Chefin seiner Forderung zustimmen und dabei freundlich bleiben. Doch damit war unsere Arbeit noch nicht getan.

Ich bat den Patienten zur zweiten Runde des Rollenspiels, mit der Vorgabe, dominant-freundlich aufzutreten. Jetzt passierte etwas sehr Interessantes, an dem wir sehen, dass es in der Psychotherapie nicht nur mit reiner Einsicht und dem, was wir uns vornehmen, getan ist. Der Patient verschränkte die Arme, war sehr kurz angebunden und fokussierte mich beim Sprechen mit versteinerter Miene.

> »Ich möchte Ende August zwei Wochen Urlaub nehmen.«
> – Stille –

Wir hatten vereinbart, dass ich meinem spontanen Empfinden nach reagieren würde, damit wir sehen konnten, welche Antwort er bei mir auslöst. Ich wurde selbst kurz angebunden und deutlich kühler im Ton.

> »Herr X, Sie wissen, dass im August alle Urlaub nehmen möchten. Sie sind da nicht der Einzige. Und die anderen sind schneller gewesen als Sie.«
> – Wieder Stille –

Der Patient antwortete nicht mehr, sondern verzog eine unzufriedene Miene. Ich beendete das Rollenspiel und bat ihn, sich im Kiesler-Kreis einzuordnen. Wie war seine Kommunikation diesmal? Er war sich unsicher, vermutete aber dominant. Ich fragte ihn, wie es denn mit der Freundlichkeit gewesen sei, ob er diese auch mitgenommen habe. Darauf antwortete er mir ausweichend und meinte, es hätte zwar mehr sein können, aber grundsätzlich ja. Er sei relativ freundlich gewesen, aber ich hätte wiederum etwas unfreundlich reagiert.

Ich erklärte ihm, dass ich seine Mimik, Körperhaltung und Sprache zwar als dominant, aber auch als eher distanziert, also als etwas unfreundlich empfunden hatte. Das löste bei mir keinen Willen zur Kooperation aus, darum hat er mich wahrscheinlich auch nicht als freundlich empfunden. Zum Glück hatten wir das

Rollenspiel, wie vorher vereinbart, aufgezeichnet. Nachdem mein Patient sich die Aufnahme mehrmals angesehen hatte, stimmte er mir zu und wunderte sich, was passiert war. Er wollte doch freundlich sein!

Um es an dieser Stelle ganz deutlich zu machen: Freundlich zu bleiben war kein moralisches oder von mir empfohlenes Ziel. Es war aus dem Kiesler-Kreis abgeleitet. Freundlich-dominantes Verhalten war für ihn in diesem Fall, laut Kiesler-Kreis, die vielversprechendste Position, um seine eigenen Ziele zu erreichen.

Im Gespräch kamen wir auf zwei mögliche Erklärungen für das, was passiert war. Der Patient verhielt sich eigentlich nie dominant, darum war es eine sehr ungewohnte Rolle für ihn und kein Wunder, dass er nicht einfach spontan dominant-freundlich auftreten konnte. Außerdem, das ist die zweite Erklärung, kannte der Patient aus seiner Erziehung Dominanz nur als etwas Feindliches. Seine Mutter ist zu ihm und auch zu anderen sehr häufig dominant-feindlich gewesen. Darum hat er bei meiner Vorgabe dominant aufzutreten einfach die Art von Dominanz nachgespielt, die er am besten kannte. Feindliche Dominanz. Beides war für ihn, unbewusst, untrennbar miteinander verbunden.

Nach drei weiteren Versuchen, bei denen der Patient jedes Mal sicherer und selbstbewusster wurde, fand er schließlich eine passende Formulierung, Körperhaltung, Gestik und Mimik, die wir beide als dominant-freundlich empfanden und mit der er sich wohlfühlte.

»Hallo Frau X, wie geht's Ihnen?«
»Herr X, danke, es ist viel zu tun, ansonsten gut. Ich hoffe Ihnen auch. Was kann ich für Sie tun?«
»Ich wollte Ihnen mitteilen, dass ich Ende August zwei Wochen Urlaub nehmen werde.«

»Herr X, Sie wissen doch, dass wir im August immer sehr dünn besetzt sind. Ihre Kollegen haben da auch schon Urlaub angemeldet. Ich brauche Sie einfach. Ich muss mich auf Sie verlassen können und bin ihnen auch dankbar, wenn Sie die Abteilung tatkräftig unterstützen.«

»Ja, ich verstehe, dass es im August problematisch ist, wenn viele gleichzeitig Urlaub machen. Jetzt ist es aber so, dass ich schon letztes Jahr meinen eigenen Urlaub nach hinten verlegt habe, damit die Kollegen ihre Wunschtermine bekommen. Das werde ich nicht noch einmal machen, das wäre einfach unfair. Ich verstehe, dass Sie dadurch in eine blöde Situation kommen, da Sie letztendlich die Verantwortung dafür haben, dass die Abteilung nicht unbesetzt bleibt. Aber ich kann Ihnen anbieten, Sie bei der Suche nach einer Vertretung zu unterstützen.«

Wie vorher vereinbart folgte ich auch hier meinem spontanen Empfinden. Ich fühlte mich ein wenig unter Druck und versuchte auf Zeit zu spielen.

»Hm ... Ja, also es wird definitiv nicht einfach da eine andere Vertretung zu finden.«

»Das verstehe ich. Aber es ist ja noch Zeit bis dahin, ich kann auch selbst mal herumfragen und sehen, ob ich jemanden finde. Aber ich muss leider wirklich darauf bestehen, diesmal endlich meinen Urlaub so zu nehmen wie gewünscht. Ich werde dann auch eine saubere, gute Übergabe machen. Sie wissen, dass ich Qualität bei meiner Arbeit sehr ernst nehme und dass Sie sich darauf verlassen können, dass ich meine Vertretung gut vorbereite.«

Er sah mir freundlich, aber bestimmt in die Augen. An diesem Punkt blieb mir nicht mehr viel übrig, als mich auf das Angebot einzulassen.

»Nun gut Herr X, dann machen wir es so.«

Nach dem Rollenspiel verstärkte ich den Patienten in dieser für ihn neuen und ungewohnten Haltung. Ich fokussierte ihn direkt im Anschluss an den erfolgreichen Versuch auf sein Gefühl. Was fühlte er? Stolz? Kraft? Mut? Leichtigkeit? Wo fühlte er es? Im Bauch? Im Kopf? In den Schultern? Im ganzen Körper? Wie fühlte es sich an? Warm? Kribbelnd? Pulsierend? Genauso wichtig, wenn nicht noch viel wichtiger als das Ergebnis im Rollenspiel, war es für den Patienten, dieses neue Gefühl als etwas Positives kennenzulernen und zu speichern. Die Lust an diesem Gefühl ist die beste Motivation für die kommenden Situationen, auf die er sich in Zukunft mit Hilfe des Kiesler-Kreis vorbereiten möchte.

Der Kiesler-Kreis zeigt, dass Dominanz und Unterwürfigkeit unabhängig davon sind, ob wir freundlich sind. Genauso, wie es passiv-aggressives Verhalten (Kiesler-Kreis: feindlich-unterwürfig) gibt, können wir auch nachsichtig und trotzdem selbstbewusst (Kiesler-Kreis: freundlich-dominant) agieren. Wir brauchen nur Übung darin. Es wird aber auch deutlich, wie viel komplexer, anstrengender dieser Weg ist. Die richtigen Formulierungen zu finden ist nicht leicht. Die entscheidende Zutat ist dabei die Empathie. Um freundlich-dominant aufzutreten, müssen wir beide Standpunkte verstehen und würdigen, auch den unseres Gegenübers. Im Rollenspiel hatte der Patient das mehrmals (»... ich verstehe, dass es im August problematisch ist ... Ich verstehe, dass Sie dadurch in eine blöde Situation kommen, da Sie letztendlich die Verantwortung dafür haben ...«) gemacht und dadurch sein Gegenüber, also mich, ruhig gehalten. Wenn wir das nicht tun, rutschen wir leicht ins Feindlich-Dominante und verspielen die Chance auf Kooperation, also letztendlich die Chance, dass wir ohne Drohungen oder Gewalt das bekommen, was wir möchten.

Perspektivwechsel

Es gibt eine letzte psychotherapeutische Intervention, die ich erwähnen möchte. An ihr wird wunderbar deutlich, dass ein besserer Umgang mit uns selbst und anderen sich gegenseitig befruchten kann. Es geht um die Übung zum inneren Kritiker, die ich diesmal allgemein beschreibe, anstatt an einem konkreten Beispiel. Sie existiert noch unter vielen weiteren Namen wie innere Richterin, Perfektionist, Zyniker, Zensorin oder Nörgler. Die Übung zum inneren Kritiker soll dabei helfen, eine besonders starke Tendenz zur Selbstkritik oder Selbstabwertung, die manche Menschen haben, zu erkennen und zu verändern. Sie kann dabei helfen, den Selbstwert zu stabilisieren und den sehr strengen Umgang mit sich selbst abzumildern.

Diese Übung wird oft als Stuhlarbeit durchgeführt. Das bedeutet, dass neben der Patientin noch ein oder mehrere leere Stühle stehen, die verschiedene Aspekte oder Anteile ihrer Person darstellen können. Bei der Arbeit zum inneren Kritiker bekommt eben dieser einen eigenen Stuhl und die Patientin tritt in einen Dialog mit ihm.

Dabei teilt die Patientin zunächst ihre Erfahrungen mit dem inneren Kritiker. In welchen Situationen wird er besonders laut? Macht er eher eigene Erfolge kaputt (»Das hast du nicht verdient, du hattest doch nur Glück!«) oder haut er drauf, wenn man sowieso am Boden ist (»Da siehst du was du davon hast, war doch klar, dass du versagst!«). Ich ermutige dann auch, dem Kritiker eine Form zu geben. Wie groß ist er, wie sieht er aus, eher wie ein Geist, ein Tier oder eine Person?

Im nächsten Schritt wechselt die Patientin die Perspektive. Sie setzt oder stellt sich auf den Stuhl des Kritikers und übernimmt dessen Rolle. Sie wird ermutigt, ruhig eine neue Körperhaltung, Gestik und Mimik anzunehmen, ganz so wie es zum Kritiker passt. Wenn sie bereit ist, spricht sie dann genau die abwertenden Sätze aus, die normalerweise von ihm kommen. Sie richtet diese an ihren ursprünglichen, jetzt leeren, Stuhl. Es ist für die Patienten oft spannend und komplett neu, diese Perspektive zu spüren.

Im Anschluss wieder Perspektivwechsel, die Patientin kehrt auf ihren ursprünglichen Stuhl zurück. Sie spürt noch einmal die davor ausgesprochenen Sätze – der Therapeut kann diese auch noch einmal wiederholen – und soll ihre Reaktion darauf beschreiben. Was löst es in ihr aus? Welche Impulse? Fühlt sie sich nun aktiver oder passiver? Impulsiver oder entmutigt? In den meisten Fällen löst die Selbstabwertung eher eine Kraftlosigkeit aus.

Und gleich wieder Perspektivwechsel. Die Patientin geht zurück in die Rolle des Kritikers und soll sich ihr Werk auf dem leeren Stuhl ansehen. Die klein gemachte, schwache, hilflose Person. Nun kommt eine entscheidende Frage von Seiten des Therapeuten an den Kritiker. »War das Ihr Ziel? Möchten Sie, dass X so klein und schwach ist? Ist es das, was Sie erreichen möchten?«

In den meisten Fällen kommen hier bereits Zweifel und die Patientin, in der Rolle des Kritikers, fühlt sich missverstanden. Wenn der Zweifel nicht von selbst entsteht, kann der Therapeut ihn aktiv suchen. »Ich glaube, Sie wollen gar nicht primär nur etwas zerstören, sondern es gibt etwas, dass Ihnen ganz, ganz wichtig ist, aber Sie finden noch nicht die richtigen Worte. Sie haben irgendwann in Ihrer eigenen Vergangenheit schlechte Erfahrungen gemacht, Sie wurden verlassen oder abgewertet, weil Ihnen etwas nicht gelungen ist, und jetzt wollen Sie X davor bewahren, kann das sein? Darum sind Sie so verbissen und werden so frustriert, wenn sie doch scheitert?«

In den allermeisten Fällen ist es möglich, beim inneren Kritiker gute Intentionen zu finden, die einfach nur nicht gut genug vermittelt werden können. Er möchte uns vor etwas schützen, aber macht es leider nur noch schlimmer dadurch, wie er mit uns spricht. Die Übung geht noch mit einigen weiteren Perspektivwechseln weiter und endet oft darin, dass ein Kompromiss, eine Art Vereinbarung zwischen Patientin und Kritiker geschlossen wird. Sie sieht dann oft so aus, dass die Patientin den Kritiker und sein Anliegen wahrnimmt, dieser aber dafür eine gewisse Zeit lang auf die abwertende Kommunikation verzichtet. Nach einiger Zeit wird dann gemeinsam evaluiert, ob alle Seiten damit nicht besser leben können.

Warum ist diese Übung hier wichtig, was hat sie mit Nachsicht zu tun? Einerseits führt sie natürlich zu einem nachsichtigeren Umgang mit uns selbst. Aber der ausschlaggebende Punkt ist, dass wieder die kognitive Flexibilität gestärkt wird. Der entscheidende Schritt ist das Übernehmen einer anderen Perspektive, selbst wenn diese in uns selbst steckt. Das Suchen und Finden einer positiven Intention hinter einer ungestümen Kommunikation kann dabei helfen, den inneren Teufelskreis der Abwertung zu durchbrechen. Es ist anstrengend, komplex, schwierig und niemand kann von uns verlangen, das zu tun. Aber wir werden uns selbst und andere sehr viel besser verstehen, wenn wir es schaffen, diese Fragen zu stellen:

- Was ist deine Intention?
- Wovor hast du Angst?
- Was versuchst du gerade zu beschützen?

Mit Nachsicht, mit kognitiver Flexibilität, sind wir in der Lage, auf diese Fragen mehr als die eine einfache Antwort zu finden. Wir werden gelassener im Umgang mit uns selbst und anderen, da wir die Wut, Verzweiflung und Angst, die uns entgegenschlägt, nicht mehr so persönlich nehmen. Wir lernen, dass wir auch mit uns selbst nicht immer freundlich sprechen, da wir alle keine perfekten Kommunikationsmaschinen sind. Und wenn wir verstehen, dass wir uns sogar selbst oft Unrecht tun, obwohl wir die Experten und Expertinnen für unser eigenes Leben sind und alles wissen, was es uns schwer macht – dann ist nicht mehr verwunderlich, dass es unseren Partnern, Eltern, Geschwistern, Freundinnen und Kollegen auch passiert. Obwohl es weiterhin komplex ist, wird es dadurch leichter, Nachsicht für uns selbst und andere zu empfinden.

Kapitel 10

Wut

Beim Schreiben dieses Buches hatte ich vor allem eine große Sorge. Was, wenn es so wirkt, als wollte ich die Wut schlechtmachen? Die Wut und unser Verhältnis zu ihr ist ein so großes Thema, dass es ein eigenes Buch dazu bräuchte, darum hatte ich mich ursprünglich dazu entschieden, sie auszuklammern.

Aber dann dachte ich an die vielen Menschen, mit denen ich in der Psychotherapie und in Workshops gearbeitet habe. An die Hörerinnen und Protagonisten des Psychologiepodcasts »Die Lösung«, den ich ein Jahr schreiben und moderieren durfte. Menschen, die uns von ihren persönlichen Geschichten geschrieben und sehr berührendes, wohlwollendes Feedback gegeben haben. Das Publikum, die Hörer- und Leserinnenschaft psychologischer Inhalte wie bei dem Podcast und wahrscheinlich auch bei diesem Buch, ist meiner Erfahrung nach ein sehr gutherziges, bemühtes und liebenswertes Publikum. Eines, das sich manchmal schwertut, so wie wir alle, die versuchen ein gutes Leben zu führen und gut zu uns selbst sowie gut zu anderen zu sein.

Gerade diese Menschen haben oft keinen einfachen Zugang zur eigenen Wut. Mich dazu nicht zu positionieren könnte möglicherweise dazu beitragen, diesen Zugang weiter zu verschlechtern, was natürlich überhaupt nicht meine Absicht ist. Was, wenn jemand diesen Text liest und sich danach die eigene Wut (noch?) weniger erlaubt oder sich (weiterhin?) für sie schämt? Die Botschaft pro Nachsicht könnte als Abgesang auf die Wut missverstanden werden – nichts liegt mir ferner.

Die eigene Wut zu unterdrücken kann leicht dazu führen, dass wir unsere Bedürfnisse gleich mit begraben. Wenn wir uns in der Folge nur noch für andere aufopfern, kann das allen Beteiligten schaden. Ein Beispiel dafür habe ich noch sehr präsent, da es direkt mit einem Fehler zusammenhängt, den ich als Psychotherapeut in meiner Ausbildung gemacht habe.

Zu viel des Guten

Während meiner Ausbildung arbeitete ich in unterschiedlichen Kliniken, unter anderem in einer teilstationären psychiatrischen Station. Die Patienten waren oft in einem besorgniserregenden Zustand, eine ambulante Versorgung reichte definitiv nicht mehr, aber es war noch nicht so weit, dass unbedingt ein vollstationärer Aufenthalt nötig war. Die Patientin, an die ich bis heute denken muss, kam mit einer Reihe von Symptomen zu uns. Depressive Stimmung, Freudverlust, Selbstwertprobleme, Selbstvorwürfe, sich aufdrängende Gedanken an den Tod, Schlafstörungen, Appetitverlust. Die Diagnose ihres einweisenden Arztes, die auch wir bestätigten, lautete mittelgradige depressive Episode.

Ohne auf ihren biografischen Hintergrund einzugehen, der natürlich von großer Bedeutung ist, möchte ich nur kurz einen kleinen Ausschnitt ihrer Lebenssituation nennen. Sie hatte eine Vollzeitarbeitsstelle in Führungsposition und seit Jahren Überstunden im dreistelligen Bereich sowie aufgeschobene Urlaube angesammelt. Sie hatte außerdem noch sehr junge Kinder, mit deren Erziehung sie sich große Mühe gab. Sie sollten die schöne Kindheit bekommen, die ihr selbst verwehrt worden war. Als sie mir von all dem erzählte, was sie in den letzten Monaten für ihre Arbeit und ihre Familie geleistet hatte, erdrückte mich die schiere Menge an Verantwortung, die sie zu tragen hatte. Ich versuchte, dies validierend zum Ausdruck zu bringen und dabei auch ihre große Kraft und Stärke zu betonen, um nicht nur defizitorientiert zu arbeiten.

In dieser Klinik blieben die meisten Patienten nur wenige Wochen, und währenddessen gab es pro Woche nur ein oder maximal zwei psychologische Gespräche. Unsere Hauptaufgabe war die Diagnostik und die Abklärung der idealen Folgebehandlung. Mit der wenigen Zeit, die danach noch blieb, konnten wir versuchen, bei der akuten Krisenbewältigung zu helfen. Im besten Fall stabilisierten sich die Patienten im Laufe des Aufenthalts soweit, dass sie mit einer ambulanten Weiterbehandlung wieder zurück in ihr Leben kehren konnten. Im schlechteren Fall verschlimmerten sich die Krisen so weit, dass unsere teilstationäre Versorgung nicht mehr genügte und den Patienten empfohlen wurde, sich in einen längeren, stationären Aufenthalt zu begeben.

Bei dieser Patientin wollte ich das unbedingt verhindern. Aus ihren Berichten wurde klar, wie wichtig sie als Bezugsperson für ihre Kinder ist. Ein stationärer Aufenthalt würde bedeuteten, dass ihre Kinder sie vielleicht monatelang nur noch am Wochenende sehen könnten.

Am Tag ihrer Aufnahme, es war ein Freitag, saß mir die blasse Patientin mit glasigen Augen gegenüber. Nachdem wir ihre Anamnese und ihre aktuelle Symptomatik besprochen hatten, blieben noch ein paar Minuten, um das anstehende Wochenende zu besprechen, das sie zu Hause verbringen würde. Die Patientin war bis zum Vortag noch in der Arbeit gewesen, hatte seit Wochen schlecht geschlafen und war, wie zuvor beschrieben, in einem allgemein sehr schlechten Zustand. Es war offensichtlich, dass sie Ruhe brauchte. Aber sie hatte andere Pläne. Am Samstag habe ihr Kleiner Geburtstag, dafür müsse sie heute noch einkaufen und backen.

Ich blickte auf die Uhr und versuchte einzuschätzen, wie viel Einfluss ich in den letzten Minuten noch auf ihr Wochenende nehmen konnte. Vielleicht könnte sie sich zumindest den Sonntag frei halten, um sich selbst etwas Gutes zu tun? Aber sie hatte noch gar nicht fertig gesprochen. Denn es ging nicht nur um einen Kuchen, sondern einen für jede Feier. Am Samstag fände der große Kindergeburtstag mit den Freunden ihres Sohnes statt. Am Sonntag sollte derselbe Geburtstag noch mal im Rahmen der Familie gefeiert werden – dafür müsse natürlich auch ein eigener Kuchen gebacken werden, weil eine gute Mutter das ihrer Meinung nach eben mache. Und am Montag würde der Geburtstag natürlich auch noch im Kindergarten nachgeholt, auch dafür sollte es einen besonders ausgefallenen, selbst gebackenen Kuchen geben, denn sonst stehe ihr Sohn ja vor den anderen Kindern schlecht da. Die Kuchen müssten natürlich frisch sein, also war ihr Plan, jeden Tag nach den Feiern wiederum für den nächsten Tag zu backen.

Die Gesprächszeit war mittlerweile überschritten, vor der Tür wartete meine nächste Patientin. Ich weiß noch genau, dass ich mich fühlte, als ob ich in Zeitlupe einem Verkehrsunfall zusähe. Die Patientin, sowieso schon am Rande des Abgrunds, würde komplett einbrechen, wenn sie so weitermachte. Ich war noch am Beginn meiner Ausbildung und wusste nicht, wie am besten damit umzugehen war. Fast schon panisch suchte ich nach einer Formulierung, um noch irgendwas an diesem horrend aufgeladenen Wochenende zu verändern. Wenigstens eine der drei Geburtstagsfeiern abzusagen erschien mir schon als unerreichbares Ziel, ich entschied mich für den in meinen Augen kleinsten möglichen Kompromiss. Vielleicht, meinte ich zu ihr, wäre es eine gute Idee, wenigstens die Kuchen zu kaufen, von einer guten Konditorei? Sie hielt nichts von dem Vorschlag. Ihre Kinder würden auf keinen Fall einen gekauften Kuchen zum Geburtstag bekommen. So eine Mutter sei sie nicht. Ich erinnere mich noch genau an meine darauffolgenden Worte, da ich sie sofort und bis heute bereuen sollte. Ich sah ihr in die Augen und versuchte so empathisch, aber auch eindringlich wie möglich auf sie einzuwirken:

> »Ich glaube, es ist für Ihre Kinder sehr viel wichtiger, wenn ihre Mutter wieder gesund wird, als dass sie selbst gebackene Kuchen bekommen.«

In diesem Moment hatte ich die Patientin verloren. Ich habe es sofort in ihrem Blick gesehen und noch versucht, meine Worte wieder einzufangen, Verständnis für ihre Situation zu zeigen und unsere therapeutische Arbeitsbeziehung zu retten. Aber es war zu spät. Bei der anschließenden Visite wünschte sie sich bei der Chefärztin, nicht mehr von mir, sondern von einer weiblichen Therapeutin behandelt zu werden, die selbst Kinder hatte.

Bei der gemeinsamen Besprechung aller Patienten in den Teamsitzungen bekam ich ihren weiteren Verlauf noch mit. Sie hatte alle drei Geburtstage veranstaltet. Für jeden einzelnen davon gab es jeweils andere, von ihr selbst am Vortag gebackene Kuchen. Sie verpasste deswegen am Montag ihre Behandlungstermine in der Klinik, sie hatte die Nacht vorher kaum geschlafen, da sie so viel von den beiden vorherigen Veranstaltungen aufräumen, dann noch backen und danach noch einmal aufräumen musste. Ihr Zustand verschlechterte sich. Am Ende des Aufenthalts wurde sie in eine stationäre, auf sechs bis acht Wochen geplante Behandlung überwiesen.

Ich bereue mein übereiltes Vorgehen, mit dem ich ihr Vertrauen verloren habe, nicht nur wegen ihres weiteren Verlaufs. Natürlich frage ich mich, ob ihr Einbruch und der damit verbundene stationäre Aufenthalt hätte verhindert werden können, wenn ich kompetenter gehandelt hätte. Aber ich denke auch deswegen noch so reumütig an diese Patientin zurück, weil ich sie mittlerweile so gut verstehe. Sie wollte das, was ihr am wichtigsten ist, denen geben, die ihr am wichtigsten sind. Ein nobler Gedanke, der leider katastrophale Folgen haben kann.

Wir alle denken manchmal so, es passiert auch mir, so wie in dem Moment damals, oft genug. Wir denken, dass wir das, was für uns selbst am wichtigsten ist – vielleicht weil wir es nie hatten, oder weil es uns genommen wurde, oder weil wir es eben doch immer hatten und es uns Sicherheit gegeben hat – weitergeben müssen. Koste es, was es wolle. Wir überkompensieren unsere eigenen Probleme. Wir übertragen unsere Bedürfnisse auf andere, anstatt Menschen als selbstständige Wesen zu begreifen, die eigene Bedürfnisse haben, die sich von unseren unterscheiden und die wir nicht immer erahnen können. Wir geben also, was andere unserer Meinung nach brauchen, anstatt sie vorher zu fragen. Zu erkennen und zu verstehen, dass wir gerade eventuell unsere eigenen Bedürfnisse in andere hineinprojizieren, setzt sehr viel Selbsterkenntnis voraus. Bei aller Freundlichkeit und Nachsicht, ist es also ebenso wichtig, dass wir auch auf unsere eigenen Grenzen achten und diese respektieren. Wenn wir uns ungefragt zu Märtyrern machen, weil wir denken genau zu wissen, was am besten für andere ist, helfen wir damit oft nicht, sondern schaden gerade diesen anderen und auch uns selbst.

Zurück zur Wut

Die Selbstaufopferung ist natürlich ein spezifisches Extrem. Aber es kann auch bizarre Formen annehmen, wenn wir unseren eigenen Ärger einfach nur unterdrücken anstatt ihn zu verstehen und, falls er berechtigt ist, auch zum Ausdruck zu bringen. Ein besonders anschauliches Beispiel ist mir während meiner Ausbildung in einem Seminar begegnet, bei dem ich Teilnehmer war. Die Seminarleiterin fragte nach Freiwilligen zur Veranschaulichung einer Methode zur Wertearbeit. Eine Kollegin meldete sich und sollte ein aktuelles Anliegen nennen, dass ihren Werten entsprach, mit dem sie aber Probleme bei der Umsetzung hatte. Die angehende Psychotherapeutin berichtete von einem manchmal in ihr auftauchenden Ärger über ihren Partner, wenn dieser mal wieder seine Socken überall in der Wohnung am Boden liegen lasse, oder sein Geschirr ins Spülbecken lege, anstatt es direkt in die Spülmaschine zu sortieren. Sie bemühe sich schon sehr, ihn so zu akzeptieren wie er sei, aber manchmal komme trotzdem Zorn in ihr auf. Sie formulierte ihr Ziel für die Übung – sie wollte mehr Nachsicht mit ihrem Freund zeigen.

Ein paar Augenbrauen gingen bei anderen Gruppenteilnehmern in die Höhe, aber die Dozentin ließ sich, falls sie ebenfalls irritiert war, nichts anmerken. Sie schrieb das Ziel groß auf einen Zettel und legte diesen ein paar Meter von der Teilnehmerin entfernt auf den Boden, sodass diese ihn lesen konnte. Ich spare hier einige Einzelheiten der Übung aus, aber im Groben sollte die Teilnehmerin sich nun noch einmal eine ganz konkrete Situation, in der sie Ärger empfunden hatte, bewusst machen und sich Schritt für Schritt auf das Ziel zubewegen. Mit jedem Schritt sollte sie vor allem in ihren Körper hören und versuchen zu beurteilen, wie sich ihr emotionaler Zustand veränderte, wo sie körperliche

Veränderungen spürte und ob diese sich befreiend anfühlten oder nicht. Die Idee ist, zu überprüfen, wie sehr das Ziel tatsächlich den eigenen Werten entspricht und wenn es dies tut, über das positive Gefühl eine Sicherheit darüber und eine Motivation für den Weg dahin zu entwickeln.

Was bei dieser Teilnehmerin auf dem Weg passierte, werde ich nie vergessen, es war mir eine wichtige Lektion. Schritt für Schritt wurde sie etwas blasser. Schweißperlen bildeten sich auf ihrer Stirn. Nach ein paar Schritten, kurz vor ihrem vermeintlichen Ziel, sagte sie, dass ihr schwarz vor Augen würde und sie sich für einen Moment hinsetzen müsse.

Die Übung wurde an dem Punkt abgebrochen. Später, als sie sich wieder erholt hatte und bereit war, uns von ihrem Erleben zu berichten, meinte sie, dass sich plötzlich alles in ihrem Körper gegen dieses Ziel gestrebt hatte. Sie sei total überrascht davon gewesen. Sie hatte gedacht, sie müsse einfach nur mehr Nachsicht zeigen, dann wäre alles gut.

Entweder, oder?

Psychotherapie bedeutet für mich im Kern immer die Erweiterung von Optionen. Wenn ich in diesem Buch für Nachsicht plädiere, bezwecke ich damit nicht die totale Abkehr von Wut. Oft ist unser Ärger angebracht. Wenn wir diesen überhaupt nicht zum Ausdruck bringen, sucht er sich andere Wege. Wir entwickeln psychische und körperliche Symptome oder richten den Ärger auf andere Ziele als die, die es eigentlich verdienen. Wir verschieben ihn auf unsere Partner, Kinder, Eltern, Fremde oder sogar auf uns selbst.

Nachsicht soll die Wut und den Ärger, wo sie angebracht sind, nicht ersetzen. Ich bin allerdings davon überzeugt, dass es viele Situationen gibt, in denen Nachsicht mit uns selbst und den Menschen, mit denen wir interagieren, dabei hilft, den Ärger sogar zu präzisieren und so zum Ausdruck zu bringen, dass wir produktiv etwas an der Situation verbessern können. Wenn die Kollegin aus dem Seminar ihren Partner (Achtung, Kiesler-Kreis, feindlich-dominant) beschimpft, erniedrigt und ihm gnadenlose Ultimaten stellt, wird sich ihre Situation wahrscheinlich nicht bessern. Aber dass es auch nicht funktioniert, wenn sie ihren Ärger für immer weiter in sich hineinfrisst, hat ihr Körper eindrucksvoll demonstriert. Die Lösung liegt wahrscheinlich dazwischen. Und wir brauchen sowohl Nachsicht als auch unseren Ärger, um diesen Zwischenraum zu erkunden. Wut und Nachsicht sind keine binären Kategorien.

Wenn ich merke, dass ein Patient in der Therapie Wut und Nachsicht gegeneinander aufwiegt, versuche ich es immer mit einem Vergleich zu erklären. Wenn er sich über einen gesünderen Lebensstil informiert, wenn er in Büchern liest, in Dokumentationen hört und von seiner Ärztin gesagt bekommt, dass es sehr wichtig für ihn ist, mehr Sport zu treiben, bedeutet es, dass er weniger schlafen soll? Natürlich nicht. Obwohl Schlaf und Sport am entgegengesetzten Ende des Spektrums unseres Aktivitätsniveaus sind, also irgendwie das Gegenteil voneinander darstellen, bedeutet die Empfehlung zu mehr Sport auf gar keinen Fall, dass wir uns bewegen sollen *anstatt* zu schlafen. Eigentlich ist das Verhältnis der beiden Dinge zueinander sogar so, dass sie sich gegenseitig begünstigen. Machen wir mehr Sport, schlafen wir besser. Schlafen wir gut, fühlen wir uns eher im Stande, Sport zu treiben.

Genauso ist es auch mit Nachsicht und Wut. Im ersten Moment wirken sie wie entgegengesetzte Kräfte, dabei sind sie beide immens wichtig für ein erfülltes Leben, für unser psychisches Wohlbefinden. Sie befördern sich gegenseitig. Wenn wir uns die eigene

Wut verbieten oder keinen Zugang zu ihr kultivieren, werden wir in Situationen geraten, in denen unsere Grenzen übertreten werden und wir dem anderen gegenüber wehrlos sind. Das verbittert uns und macht es uns wiederum schwer, in anderen Momenten Nachsicht zu empfinden. Wenn die Welt so unfair zu uns ist, warum sollten wir dann fair mit anderen umgehen?

Gefühlt. Gesagt. Getan.

Im Umgang mit Emotionen wie der Wut ist es wichtig, die Emotion selbst von der Handlung zu trennen. Eine Emotion zu spüren ist immer, ausnahmslos, in Ordnung. Aber natürlich ist nicht jede Handlung angebracht. Wenn wir als Kind wütend auf unsere Eltern, Geschwister oder andere Kinder sind, kann es sein, dass wir erst schreien, dann zuschlagen. Ganz entscheidend ist, ob wir lernen, dass es nicht die Emotion selbst ist, die wir uns verbieten sollen. Vermitteln wir unseren Kindern dann, dass Wut böse ist, und sie nicht wütend sein dürfen, werden sie langfristig Probleme bekommen, die uns Psychotherapeuten tagtäglich in der Praxis begegnen. Dabei ist nicht die Wut, die böse ist, mit der wir ein Tabu gebrochen haben, sondern die Handlung – und das ist ein entscheidender Unterschied. Wenn uns beigebracht wird, dass die Wut in Ordnung, aber das Schlagen anderer Menschen falsch ist, können wir einen anderen Umgang mit Wut lernen, statt sie uns einfach zu verbieten.

Das ist so elementar wichtig, weil die Wut, wie jede andere Emotion, wichtige Funktionen erfüllt. Wut ist ein natürlicher Schutzmechanismus. Wenn wir uns körperlich bedroht fühlen oder eine Bedrohung für unsere Lieben sehen, kann die Wut eine Reaktion sein, die uns antreibt und Kraft gibt. Sie hilft uns dabei, uns zu verteidigen oder eine Gefahr zu bekämpfen. Wenn ein anderer Erwachsener unser Kind schlägt oder bedroht, kann uns natürlich die in uns aufsteigende Wut Kraft geben, das Kind zu beschützen. Wut kann uns Energie und Entschlossenheit geben, wenn uns unfaire Hindernisse in den Weg gelegt werden. Sie kann uns motivieren, hartnäckig zu sein und für unsere Rechte oder Überzeugungen einzustehen. Sie kann uns dabei helfen, persönliche Grenzen zu setzen und unangemessenes Verhalten von anderen Menschen zurückzuweisen.

Sie hat außerdem, wie jede Emotion, auch eine Signalwirkung. Sie kommuniziert etwas nach außen. Die Nachricht lautet: »Bis hier hin und nicht weiter! Stopp! Das lasse ich mir nicht mehr gefallen!« In so einem Moment ist es Wut, die uns Energie gibt, die uns hilft, aufgestaute Emotionen in Worte und Gesten zu fassen, uns aus toxischen Beziehungen zu lösen und damit schon lange notwendige Veränderungen endlich umzusetzen. Die Wut kann uns eine wunderbare Freundin sein. Und weil viele von uns, ich schließe mich da selbst mit ein, diese Freundin über lange Zeit schlecht behandelt, sie in eine böse Ecke gestellt und ignoriert haben, hat die Wut in den letzten Jahrzehnten vor allem aus der psychologischen Literatur viel Zuspruch erhalten – zu Recht!

Viele Psychologinnen haben, so wie auch ich selbst in Einzeltherapien und im Podcast, versucht, die Wut zu rehabilitieren. Wir haben dafür geworben, die eigene Empörung zu entdecken, Grenzen zu setzen, das innere Kind zu schützen, sich durchzusetzen, sich achtsam auf sich selbst zu konzentrieren, von negativen Einflüssen zu distanzieren und selbstbewusst in die Welt zu gehen. Das Pendel hatte bis dahin für viele Menschen lange genug zu weit in Richtung Anpassung und sich selbst kleiner machen ausgeschlagen. Die Zeit war gekommen, es zu bewegen. Ich hatte über die letzten Jahre hinweg, als jemand, der diese Veränderung durch die eigene Arbeit mit angeschoben hat, nur manchmal die Sorge, dass das Pendel vielleicht ein Stück zu weit in die andere Richtung schwingen könnte. Nicht bei einzelnen Personen, aber im gesellschaftlichen Mittel. Ein Effekt, der in solchen Situationen oft geschieht und vielleicht auch notwendig ist. Manchmal fallen wir von einem Extrem ins andere, wenn wir lange gebraucht haben, um uns davon zu befreien. Aber wenn wir die Welt und unsere Mitmenschen nur noch mit Wut im Bauch betrachten, kann es uns passieren, dass wir nicht nur Hindernisse überwinden, sondern auch alles und jeden nur noch als potenzielles Hindernis wahrnehmen. Wenn ein Mensch uns dann im Weg ist, kann es sein, dass wir energisch, selbstbewusst und auf uns selbst fokussiert über die Person hinweggehen, ohne zu bemerken, dass sie uns gar nicht im Weg steht, sondern liegt. Am Boden.

Vielleicht ist sie uns ja nur im Weg, weil sie selbst gestolpert ist? Um das zu erkennen, müssen wir einen Moment innehalten, der Person ins Gesicht blicken und entscheiden, ob dies ein Moment nur für Wut ist oder nicht auch für Nachsicht. Will uns da jemand tatsächlich etwas Böses, oder ist er nur selbst daran gescheitert, sein Bestes zu geben, sein Leben so zu führen, wie es für ihn oder sie sinnvoll erscheint?

Wenn wir es schaffen, die Welt nicht nur als Haifischbecken zu sehen, in dem jede auf sich allein gestellt ist, als Ellbogengesellschaft, in der nur die Stärksten überleben, dann können wir unser Gegenüber nicht nur als Hindernis betrachten, sondern als Mitmensch. Dann können wir Nachsicht walten lassen und uns vielleicht sogar die Zeit nehmen, dieser anderen Person die Hand zu reichen, weil wir selbst am besten wissen wie es ist, wenn man sich so gut es geht bemüht, ein erfülltes Leben zu führen und niemandem zu schaden. Und wie es ist, wenn man dann doch wieder andere verletzt hat, ohne es zu wollen. Wenn wir die Nachsicht in uns finden, um dieser anderen Person aufzuhelfen, werden wir besser darin, auch zu uns selbst freundlicher zu sein, wenn wir mal wieder gestolpert und gescheitert sind. Dann reichen wir uns auch selbst, unseren manchmal ungeliebten, schwachen, verletzlichen Anteilen – unserem Schatten – die Hand.

Danke

Ich habe kaum etwas von der Welt verstanden, bevor ich sie durch die ehrlichen Augen so vieler Patientinnen und Patienten sehen durfte. Es ist für mich das wahre Privileg des Berufs als Psychotherapeut, dass ich so intim an ihren Perspektiven oder Biografien teilnehmen und daraus lernen darf. Ich weiß noch immer wenig – aber vieles von dem, was ich gelernt habe, verdanke ich ihnen.

Ich möchte mich bei meiner Familie für die lebenslange, bedingungslose und absolute Unterstützung bedanken. Darüber nachzudenken, was sie bereit waren und wären, für mich zu tun, ist überwältigend.

Julia Sterthoff hat ihre Arbeit als Lektorin viel zu gut gemacht. Ich traue mir kaum mehr zu, eine E-Mail allein zu verfassen, weil ich weiß, dass sie mit ihrer Hilfe besser wäre.

Mein Agent Alfio Furnari wurde mir von einer Freundin als »der beste und sehr nette« Agent empfohlen. Er hat meine Erwartungen trotzdem noch übertroffen.

Natürlich bin ich einer gewaltigen Menge an Autoren und Wissenschaftlerinnen dankbar für ihre Arbeit, auf die ich mich beziehe. Im Literaturverzeichnis sind sie alle gelistet. Für ihre persönliche

Hilfe möchte ich Dieter Grießhaber vom Geschichts- und Kulturverein Köngen, Prof. Dr. Philipp Gerlach von der Hochschule Fresenius und Philip E. Schreur von der Stanford University Library hervorheben. Es ist immer wieder eine Freude, wenn man eine unbedarfte Anfrage über die Unendlichkeit des Internets verschickt und am anderen Ende bei so freundlichen, hilfsbereiten und kompetenten Leuten landet.

Meine Freunde wissen, dass ich kaum etwas im Leben mehr schätze als ihre Gesellschaft. Dass ich so ein positives Menschenbild habe, ist auch einfach dem Glück geschuldet, dass ich Zeit mit so tollen Menschen verbringen kann.

Und dann gibt es noch jemanden. Eine Person, von der ich weiß, dass es ihr unangenehm wäre, hier namentlich erwähnt zu sein. Darum möchte ich mich stattdessen bei Ulla und Helmut dafür bedanken, dass sie die wichtigste Person in meinem Leben in die Welt gesetzt haben. Ohne sie wäre alles nichts. Mit ihr zu sein ist alles, was zählt.

Bildnachweise

Getty Images: 181, 193 (Bettmann)

Katrin Schubert: 28 (unter Verwendung des Bildmaterials von Cad Lab Studio / Studio Alternativi gemäß des Milgram Experiments), 251

Anmerkungen

Vorwort

1 Drury, J. et al.: The Nature of Collective Resilience: Survivor Reactions to the 2005 London Bombings. International Journal of Mass Emergencies and Disasters 2009

Kapitel 1 – Der Mensch ist dem Menschen ein Wolf …

1 Watson, J. B.: Behaviorism (Revised edition). University of Chicago Press 1930

2 Time. Sigmund Freud. 27.10.1924 https://content.time.com/time/covers/0,16641,19241027,00.html & Time. Sigmund Freud. 23.04.1956 https://content.time.com/time/covers/0,16641,19560423,00.html abgerufen am 31.10.2023

3 Freud, S.: Eine Schwierigkeit der Psychoanalyse. In: Imago: Zeitschrift für Anwendung der Psychoanalyse auf die Geisteswissenschaften 1917

4 Asch, S. E.: Effects of Group Pressure on the Modification and Distortion of Judgments. In: Groups, Leadership and Men. Carnegie Press 1951

5 Sherif, M. et al: Intergroup Conflict and Cooperation: The Robbers Cave Experiment. The University Book Exchange 1954/1961

6 Milgram, S. und Shotland, L.: Television and Antisocial Behavior: Field Experiments. Academic Press 1973 & Blass, T.: The Man Who Shocked the World: The Life and Legacy of Stanley Milgram. Basic Books 2004

7 Blass, T.: The Roots of Stanley Milgram's Obedience Experiments and Their Relevance to the Holocaust. Analyse & Kritik 1998

8 Russell, N. J. C.: Stanley Milgram's Obedience to Authority Experiments: Towards an Understanding of Their Relevance in Explaining Aspects of the Nazi Holocaust (Version 1). University of Wellington 2009
9 Perry, G.: Behind the shock machine: The untold story of the notorious Milgram psychology experiments. New Press 2013
10 Sullivan, W.: 65% in Test Blindly Obey Order to Inflict Pain. Yale Experiment Shows Many Became Distraught Over Cruelty but Did Not Stop. In: The New York Times 1963
11 Maslach, C.: Emperor of the Edge. In: Psychology Today 2000
12 https://entertainment.time.com/2005/10/16/all-time-100-novels/slide/all/, abgerufen am 31.10.2023
13 https://www.bbc.com/culture/article/20151204-the-100-greatest-british-novels, abgerufen am 31.10.2023
14 https://www.imdb.com/title/tt0066921/awards/, abgerufen am 31.10.2023
15 https://www.thegreatestfilms.com/Film/1971/A-Clockwork-Orange, abgerufen am 31.10.2023
16 https://de.statista.com/themen/257/lesen/#topicOverview, abgerufen am 31.10.2023

Kapitel 2 – … zumindest so lange, bis man sich kennt

1 Turchin, P: Ultrasociety: How 10,000 Years of War Made Humans the Greatest Cooperators on Earth.
2 Rosling, H.: Factfulness – wie wir lernen, die Welt so zu sehen, wie sie wirklich ist. Ullstein 2018
3 Pinker, S.: Aufklärung jetzt. Für Vernunft, Wissenschaft, Humanismus und Fortschritt. Eine Verteidigung. Fischer 2018
4 https://www.zeit.de/news/2022-07/26/erfasste-straftaten-auf-tiefststand-seit-jahrtausendwende, abgerufen am 18.12.2023
5 Gómez, J. M. et al: The phylogenetic roots of human lethal violence. In: Nature 2016
6 Asch, S. E.: Social Psychology. Prentice-Hall 1952
7 Friend, R., Rafferty, Y. und Bramel, D.: A puzzling misinterpretation of the Asch 'conformity' study. In: European Journal of Social Psychology 1990

8 Asch, S. E.: Opinions and social pressure. In: Scientific American 1955
9 Levine, J: Solomon Asch's legacy for group research. In: Personality and social psychology review 1999
10 Asch, S. E.: The doctrine of suggestion, prestige, and imitation in social psychology. In: Psychological Review 1948
11 Billig, M.: Social psychology and intergroup relations. In: Academic Press 1976
12 Perry, G.: The Lost Boys: Inside Muzafer Sherif's Robbers Cave Experiment. Scribe Publications 2018
13 Kévorkian, R.: Le génocide des Arméniens. Odile Jacob Publishing 2006
14 Trotter, R. J.: Muzafer Sherif: a life of conflict and goals. In: Psychology Today 1985
15 Batur, S.: Muzaffer Şerif'in Türkçe metinleri neden okunmalı? Muzaffer Şerif Sempozyumu 2013 (Übersetzt: Warum sollten die türkischen Texte von Muzaffer Şerif gelesen werden? Muzaffer Sherif Symposium)
16 Sherif, M.: Irk psikolojisi. Üniversite Kitabevi Istanbul 1943 (Übersetzt: Rassenpsychologie. Universitätsbuchhandlung Istanbul)
17 Bregman, R.: Humankind: A Hopeful History. Bloomsbury Publishing 2020
18 Ayfer, D. et al: Norms, Groups, Conflict, and Social Change: Rediscovering Muzafer Sherif's Psychology. Transaction Publishers 2015
19 Harvey, O. J.: Muzafer Sherif. In: American Psychologist 1989
20 Milgram, S.: Behavioral Study of Obedience. In: Journal of Abnormal and Social Psychology 1963
21 Blass, T.: From New Haven to Santa Clara: A historical perspective on the Milgram obedience experiments. American Psychologist 2009
22 Fermaglich, K: American Dreams and Nazi Nightmares: Early Holocaust Consciousness and Liberal America. Brandeis Publishing 2007
23 Milgram, S.: Obedience to Authority: An Experimental View. Harper & Row 1974
24 Milgram, S.: The Small World Problem. Psychology Today 1967
25 Banuazizi & Movahedi: Interpersonal dynamics in a simulated prison: A methodological analysis. In: American Psychologist 1975
26 Lovibond, M. & Adams: The effects of three experimental prison environments on the behaviour of non-convict volunteer subjects. In: Australian Psychologist, 1979

27 Koros, E.: Zimbardo donates papers to University archives. In: The Stanford Daily 2011
28 Blum, B.: The Lifespan of a Lie. The most famous psychology study of all time was a sham. Why can't we escape the Stanford Prison Experiment? In: Medium 2018
29 Le Texier, T.: Debunking the Stanford Prison Experiment. In: American Psychologist 2019
30 https://gen.medium.com/the-lifespan-of-a-lie-d869212b1f62 abgerufen am 31.10.2023
31 Carey, J.: William Golding: The Man Who Wrote Lord of the Flies. Free Press 2010
32 Jordison, S.: Live webchat with Judy Carver on The Spire by William Golding. In: The Guardian 2010
33 Bregman, R.: The real Lord of the Flies: what happened when six boys were shipwrecked for 15 months. In: The Guardian 2010
34 Lewis, R.: Anthony Burgess. Faber and Faber 2002
35 Vidal, G.: Not so poor Burgess. In: The Guardian 1993
36 http://www.masterbibangers.net/ABC/index.php?option=com_content&view=article&id=50:autoportrait&catid=37:by-ab&Itemid=62 abgerufen am 31.10.2023
37 McCrum, R.: William Golding's crisis. In: The Guardian 2012
38 Sansom, I.: The Children of Lovers by Judy Golding – review. In: The Guardian 2011
39 Lewis, R.: Anthony Burgess. Faber and Faber 2002
40 Burgess, A.: Little Wilson and Big God. Grove Weidenfeld/Evergreen
41 Lakotta, B.: Daten zur Gewaltkriminalität – Wie sicher ist Deutschland? In: Der Spiegel 2018
42 Dreißigacker, L. et al.: Jugendliche in Niedersachsen. Ergebnisse des Niedersachsensurveys 2022. Kriminologisches Forschungsinstitut Niedersachsen e.V. 2023

Kapitel 3 – Hauptsache überleben

1 Chabris, C. und Simons, D.: The Invisible Gorilla: How Our Intuitions Deceive Us. Harmony 2011
2 McNab, F. und Klingberg, T.: Prefrontal cortex and basal ganglia control access to working memory. In: Nature Neuroscience 2008

3 Awh, E. und Vogel E. K.: The bouncer in the brain. In: Nature Neuroscience 2008
4 Kensinger, E. A.: und Schacter, D. L.: When the Red Sox shocked the Yankees: Comparing negative and positive memories. Psychonomic Bulletin & Review 2006
5 Baumeister, R. F. und Bratslavsky, E.: Bad Is Stronger Than Good. In: Review of General Psychology 2001
6 Amabile, T. M.: Brilliant but Cruel: Perceptions of Negative Evaluators. In: Journal of Experimental Social Psychology 1983
7 Tugend, A.: Praise Is Fleeting, but Brickbats We Recall. In: The New York Times 2012
8 Kensinger, E. A.: Negative Emotion Enhances Memory Accuracy: Behavioral and Neuroimaging Evidence. In: Psychological Science 2007
9 Kensinger, E. A.: Remembering the Details: Effects of Emotion. In: Emotion Review 2009

Kapitel 4 – Die süße Gefahr

1 Grajek, M. et al: Nutrition and mental health: A review of current knowledge about the impact of diet on mental health. In: Frontiers in Nutrition 2022
2 Aiello, L.C.: The Expensive-Tissue Hypothesis: The Brain and the Digestive System in Human and Primate Evolution. In: Current Anthropology 1995
3 Hoffmann, B. U. und Lumpkin, E. A.: A gut feeling. Gut-brain signaling involves neurotransmission from gut sensory epithelial cells. In: Science 2018
4 Kobayashi, K. und Hsu, M.: Common neural code for reward and information value. In: Proceedings of the National Academy of Sciences of the United States of America 2019
5 McLaughlin, B. et al: Caught in a Dangerous World: Problematic News Consumption and Its Relationship to Mental and Physical Ill-Being. In: Health Communication 2022
6 https://www.ipsos.com/en-uk/perils-perception-2017 abgerufen am 31.10.2023
7 https://www.worldbank.org/en/publication/poverty-and-shared-prosperity abgerufen am 31.10.2023

8 https://www.ipsos.com/en-uk/perceptions-are-not-reality-what-world-gets-wrong abgerufen am 31.10.2023

Kapitel 5 – Willkommen im Internet

1 Brophy, I. N.: The luxury of anti-Negro prejudice. In: Public Opinion-Quarterly 1946

2 Pettigrew, T. F. und Tropp, L.: A Meta-Analytic Test of Intergroup Contact Theory In: Journal of Personality and Social Psychology 2006

3 Wilner, D. M., Walkley, R. P., & Cook, S. W.: Human relations in interracial housing: A study of the contact hypothesis. In: University of Minnesota Press 1952

4 Wagner, U. et al.: Proportion of Foreigners Negatively Predicts the Prevalence of Xenophobic Hate Crimes within German Districts. In: Social Psychology Quarterly 2020

5 Guess, M.: How do social media feed algorithms affect attitudes and behavior in an election campaign? In: Science 2023

6 Brady, W. J.: How social learning amplifies moral outrage expression in online social networks. In: Science Advances 2021

7 Grawe, K. D.: Neuropsychotherapie. Hogrefe 2004

8 Tesser, A. et al: Self-Evaluation Maintenance and the Mediational Role of Emotion: The Perception of Friends and Strangers. In: Journal of Personality and Social Psychology 1989

9 Festinger, L.: A Theory of Social Comparison Processes. In: Human Relations 1954

10 Hartanto, A. et al.: Does Social Media Use Increase Depressive Symptoms? A Reverse Causation Perspective. In: Frontiers 2021

11 Tiggemann, M. und Anderberg, I.: Social media is not real: The effect of 'Instagram vs reality' images on women's social comparison and body image. In: New Media & Society 2019

12 Yalom, I.: The Theory and Practice of Group Psychotherapy - Fourth Edition. Basic Books 1995

13 Muchnik, L. et al.: Social Influence Bias: A Randomized Experiment. In: Science 2013

Kapitel 6 – Der Teufelskreis der Distanz

1 Winnicott, D.: Home is where we start from. Penguin 1945

2 Carter, J. und Irons M.: Are economists different, and if so, why? In: Journal of Economic Perspectives 1991

Frank, R. et al: Does studying economics inhibit cooperation? In: Journal of Economic Perspectives 1993

Frank, R. et al: Do economists make bad citizens? In: Journal of Economic Perspectives 1996

Frank, R. et al: Does economics make citizens corrupt? In: Journal of Economic Behavior & Organization 2000

Childs, J.: Demonstrating the need for effective business ethics. An alternative approach. In: Business and Society Review 2012

López-Pérez, R. und Spiegelman, E.: Do economists lie more? Department of Economic Analysis, Universidad Autónoma de Madrid 2009

Cadsby, C. und Maynes, E.: Choosing between a socially efficient and free-riding equilibrium: Nurses versus economics and business students. Journal of Economic Behavior & Organization 1998

Selten, R. und Ockenfels, A.: An experimental solidarity game. Journal of Economic Behavior & Organization 1998

Wang, L. et al: Economics education and greed. Academy of Management Learning & Education 2011

Cappelen, A. et al: Social Preferences in the Lab: A Comparison of Students and a Representative Population. The Scandinavian Journal of Economics 2015

Grimm, V. et al: In-group favoritism and discrimination among multiple out-groups. Journal of Economic Behavior & Organization 2017

Haucap, J. und Müller, A.: Why are economists so different? Nature, nurture, and gender effects in a simple trust game. Düsseldorf Institute for Competition Economics 2014

Van Lange, P. et al: Who volunteers in psychology experiments? An empirical review of prosocial motivation in volunteering. Pers Individ Dif. Personality and Individual Differences 2011

Marwell, G. und Ames, E. R.: Economists free ride, does anyone else? Journal of Public Economics 1981

3 Frey, B. und Meier, S.: Are Political Economists Selfish and Indoctrinated? Evidence from a Natural Experiment. In: Economic Inquiry 2003

4 Gandal, N. et al.: Personal value priorities of economists. In: Human Relations 2005
5 Frank, R. H. et al.: Does Studying Economics Inhibit Cooperation? In: The Journal of Economic Perspectives 1993
6 Gerlach, P.: The games economists play: Why economics students behave more selfishly than other students. In: PLOS One
7 Frank, R. H. et al: Does studying economics inhibit cooperation? Economic Perspective 1993
López-Pérez, R. et al: Do Economists Lie More? Universidad Autónoma de Madrid 2012
Haucap, J. und Müller A.: Why are economists so different? Nature, nurture, and gender effects in a simple trust game. Düsseldorf Institute for Competitive Economics 2014
8 McCullough, J.: Treatment for chronic depression using Cognitive Behavioral Analysis System of Psychotherapy 2003
9 Kiesler, D. J.: The 1982 Interpersonal Circle: A taxonomy for complementarity in human transactions. In Psychological Review 1983

Kapitel 7 – What's in it for me?

1 Linde, K. et al.: Effectiveness of psychological treatments for depressive disorders in primary care: systematic review and meta-analysis. In: Annals of Family Medicine 2015
2 Munder, T. et al.: Is psychotherapy effective? A re-analysis of treatments for depression. In: Epidemiology and Psychiatric Sciences 2019
3 Cuijpers, P. et al.: Psychotherapies for depression: a network meta-analysis covering efficacy, acceptability and long-term outcomes of all main treatment types. In: World Psychiatry 2021
4 Beutler, L. E. et al.: Therapist Variables. In: Bergin and Garfield's Handbook of Psychotherapy and Behaviour Change 2004
5 Nissen-Lie, H. A. et al.: Psychotherapists` self-reports of their difficulties and interpersonal functioning in practice as predictors of patient outcome. In: Psychotherapy Research 2013
Nissen-Lie, H. A. und Rønnestad, M. H.: The empirical evidence for psychotherapist humility as a foundation for psychotherapist expertise. In: Psychotherapy Bulletin 2016

Nissen-Lie, H. A. et al.: Love Yourself as a Person, Doubt Yourself as a Therapist? In: Clinical Psychology & Psychotherapy 2017
6 https://de.statista.com/statistik/daten/studie/2140/umfrage/anzahl-der-deutschen-studenten-nach-studienfach/ abgerufen am 18.09.2023
7 https://www.spiegel.de/lebenundlernen/uni/philosophie-gehen-deutschland-die-denker-aus-a-576093.html abgerufen am 18.09.2023
8 Bartlett, M. Y. und DeSteno, D.: Gratitude and Prosocial Behavior: Helping When It Costs You. In: Psychological Science 2006
9 Chancellor J. et al.: Everyday prosociality in the workplace: The reinforcing benefits of giving, getting, and glimpsing. In: Emotion 2018
10 Aknin, L. B. et al.: Prosocial spending and well-being: cross-cultural evidence for a psychological universal. In: Journal of Personality and Social Psychology 2013
11 MacBeth, A. und Gumley, A.: Exploring compassion: a meta-analysis of the association between self-compassion and psychopathology. Clinical Psychology Review 2012
12 Neff, K. D. und Germer, C. K.: A pilot study and randomized controlled trial of the mindful self-compassion program. Journal of Clinicial Psychology 2013
13 Marshall, S. L. et al.: Is Self-Compassion Selfish? The Development of Self-Compassion, Empathy, and Prosocial Behavior in Adolescence. Journal of Research on Adolescence 2020
14 Pagano, M. E. et al.: Helping other alcoholics in alcoholics anonymous and drinking outcomes: findings from project MATCH. Journal of Studies on Alcohol and Drugs 2004
15 Brown, S. et al.: Providing Social Support May Be More Beneficial Than Receiving It: Results from a Prospective Study of Mortality. In: Psychological Science 2003
16 Spiegel, D. et al.: Effect of Psychosocial Treatment on Survival of Cancer Patients with Metastatic Breast Cancer. Lancet 1989
17 Sullivan, S. and Sullivan, M.: Promoting Wellness in Cardiac Rehabilitation: Exploring the Role of Altruism. In: Journal of Cardiovascular Nursing 1997
18 Arnstein, P. et al.: From Chronic Pain Patient to Peer: Benefits and Risks of Volunteering. In: Pain Management Nurses 2002

Kapitel 8 – Der Klügere ~~gibt~~ sieht nach. Die Stärkere auch.

1 Switzer, K.: Marathon Woman: Running the Race to Revolutionize Women's Sports. Da Capo Press Inc: Boston 2017

2 Switzer, K.: Marathon Woman: Running the Race to Revolutionize Women's Sports. Da Capo Press Inc: Boston 2017

3 Knechtle, B. et al.: Women outperform men in ultradistance swimming: the Manhattan Island Marathon Swim from 1983 to 2013. In: The International Journal of Sports Physiology and Performance 2014

4 Burfoot, A.: Who Was That Guy Who Attacked Kathrine Switzer 50 Years Ago? In: Runner's World 2017

5 Burfoot, A.:Who Was That Guy Who Attacked Kathrine Switzer 50 Years Ago? In: Runner's World 2017

6 Murphy, T., Kelley, J. und Semple, J.: Just Call Me Jock – The Story of Jock Semple, Boston's Mr. Marathon. Waterford Publishing Co.: Tampa 1981

7 https://www.runnersworld.com/races-places/a20812475/how-many-races-require-a-doctors-note/ abgerufen am 22.09.2023

8 Burfoot, A.: Who Was That Guy Who Attacked Kathrine Switzer 50 Years Ago? In: Runner's World 2017

9 Burfoot, A.: Who Was That Guy Who Attacked Kathrine Switzer 50 Years Ago? In: Runner's World 2017

10 Jock Semple dies at 84 In: The Berkshire Eagle: Pittsfield 1988

11 Aurelius, M.: Selbstbetrachtungen. Diverse Auflagen.

12 Manley, J.: Measles and Ancient Plagues: A Note on New Scientific Evidence. In: Classical World 2014

13 Aurelius, M.: Selbstbetrachtungen. Diverse Auflagen.

14 Harms, B.: Auguren, Ahnen, Aquädukte. Die römische Kultur in Entwicklung und Struktur. Verlag Grundlagen und Praxis 1986

15 Cassius, D.: Historia Romana. Buch 72. Diverse Auflagen.

Kapitel 9 – How to Nachsicht

1 Kidd, D. C. und Castano, E.: Reading Literary Fiction Improves Theory of Mind. In: Sciene 2016

2 Tamir, D. et al.: Reading fiction and reading minds: the role of simulation in the default network. In: Social Cognitive and Affective Neuroscience 2016

3 https://www.theguardian.com/technology/2023/mar/26/elon-musk-twitter-value-leaked-memo-less-than-half-paid aufgerufen am 09.10.2023

4 https://books.google.com/ngrams/graph?content=unfortunates&year_start=1900&year_end=2019&corpus=en-2019&smoothing=7&case_insensitive=true /
https://books.google.com/ngrams/graph?content=Bum&year_start=1900&year_end=2019&corpus=en-2019&smoothing=7&case_insensitive=true /
https://books.google.com/ngrams/graph?content=hobo&year_start=1900&year_end=2019&corpus=en-2019&smoothing=7&case_insensitive=true

5 Ross, L. D.: The intuitive psychologist and his shortcomings: Distortions in the attribution process. In: Advances in experimental social psychology 1977

6 Jones, E. E. und Harris, V. A.: The attribution of attitudes. In: Journal of Experimental Social Psychology 1967

7 Gawronski, B.: Theory-based bias correction in dispositional inference. European Review of Social Psychology 2004

8 Gilbert, D. T. et al.: On cognitive busyness: When person perceivers meet persons perceived. In: Journal of personality and social psychology 1988

9 Tam, K.-P. et al.: Attributionally more complex people show less punitiveness and racism. In: Journal of Research in Personality 2018

Welche Beziehungsmodelle machen uns wirklich glücklich?

»Ein mutiges, kluges Buch über Formen intimen Zusammenlebens, über Nähe, Liebe, Sexualität – und das Ende der Romantiknorm. Ein Nachdenken, das neue Perspektiven öffnet!«

Gerd Scobel

KÖSEL
www.koesel.de